ISBN 978-1-5280-3964-2
PIBN 10912984

This book is a reproduction of an important historical work. Forgotten Books uses
state-of-the-art technology to digitally reconstruct the work, preserving the original format
whilst repairing imperfections present in the aged copy. In rare cases, an imperfection in
the original, such as a blemish or missing page, may be replicated in our edition. We do,
however, repair the vast majority of imperfections successfully; any imperfections that
remain are intentionally left to preserve the state of such historical works.

English
Français
Deutsche
Italiano
Español
Português

www.forgottenbooks.com

Mythology Photography **Fiction**
Fishing Christianity **Art** Cooking
Essays Buddhism Freemasonry
Medicine **Biology** Music **Ancient
Egypt** Evolution Carpentry Physics
Dance Geology **Mathematics** Fitness
Shakespeare **Folklore** Yoga Marketing
Confidence Immortality Biographies
Poetry **Psychology** Witchcraft
Electronics Chemistry History **Law**
Accounting **Philosophy** Anthropology
Alchemy Drama Quantum Mechanics
Atheism Sexual Health **Ancient History**
Entrepreneurship Languages Sport
Paleontology Needlework Islam
Metaphysics Investment Archaeology
Parenting Statistics Criminology
Motivational

VIE DU COMTE FÉLIX DE MÉRODE.

I.

INTRODUCTION.

Emotion profonde causée par la mort du comte FÉLIX DE MÉRODE. — Manifestation solennelle des sympathies et des regrets de la Chambre des Représentants. — Hommage rendu par la presse de toutes les nuances aux vertus de l'homme et au patriotisme du citoyen. — La représentation nationale assiste en corps aux funérailles du comte. — Discours prononcés par le président de la Chambre des Représentants, par le ministre de l'Intérieur et par le comte de Theux. — Composition et marche du cortège. — Attitude respectueuse et recueillie du peuple de la capitale. — Service solennel célébré en présence du corps épiscopal de Belgique. — Oraison funèbre prononcée par le cardinal-archevêque de Malines. — Souscription nationale pour l'érection d'un monument destiné à rappeler à la postérité les services rendus par l'illustre défunt. — Empressement de toutes les classes de la société à concourir à cette œuvre patriotique. — Lettres d'un ministre, d'un évêque et d'un curé de village. — But de l'auteur en écrivant la vie du comte FÉLIX DE MÉRODE.

On peut difficilement se figurer l'émotion douloureuse et profonde avec laquelle la Belgique entière accueillit la nouvelle inattendue de la mort du comte Félix de Mérode.

Expression légale des sentiments patriotiques du pays, la Chambre des Représentants fut la première à rendre un éclatant hommage à l'illustre citoyen qui, pendant plus d'un quart de siècle, avait constamment siégé dans son enceinte.

Pour mettre en évidence la vivacité des regrets et l'unanimité des sentiments qui régnaient sur tous les bancs de l'assemblée, il suffit de transcrire un fragment du procès-verbal de la séance du 9 février 1857 :

« M. le Président. Depuis notre dernière
» séance, Messieurs, nous avons perdu un de nos
» meilleurs collègues, le pays un de ses enfants
» les plus illustres, les plus vertueux, les plus
» dévoués; M. le comte Félix de Mérode est mort
» samedi au soir, et la famille adresse à la Cham-
» bre une lettre pour lui annoncer ce triste évé-
» nement.

» Après avoir donné lecture de la lettre, M. le
» président dit : « Je propose à la Chambre de
» suivre les précédents et d'adresser une lettre
» de condoléance à la famille de notre regretté
» collègue. (Oui! oui!)

» Je laisserai à la Chambre le soin de décider

» comment elle entend assister au service funèbre
» de M. de Mérode. »

» M. ROGIER (*pour une motion d'ordre*). La
» perte de notre honorable collègue, M. de Mé-
» rode, sera vivement sentie sur tous les bancs de
» cette Chambre, car chacun de nous se souvient
» des vertus privées et publiques qui distinguaient
» l'éminent citoyen que le pays vient de perdre
» et qui le recommandaient si haut à l'estime de
» tous. L'élévation du caractère de M. de Mérode
» et ses ardentes convictions lui avaient concilié
» la considération de ses adversaires politiques.
» Dans un jour comme celui-ci, il n'y a plus
» d'adversaires; il n'y a que des hommes qui s'u-
» nissent pour rendre hommage à une vie hono-
» rable, à une des gloires les plus pures du pays,
» au citoyen dévoué et généreux qui a travaillé
» puissamment à l'indépendance de la patrie.
» (*Très-bien! très-bien!*)

» Le comte de Mérode était un grand citoyen,
» un noble caractère, dont les titres de gloire sont
» attachés à l'organisation de notre indépendance
» nationale. Il n'a cessé de défendre avec énergie
» et courage ce qu'il avait puissamment contri-
» bué à édifier. A ce titre, sa mort peut être con-
» sidérée comme un malheur public. (*Mouvement*).

» A cette existence illustre, la Chambre doit

» une démonstration (*Oui! oui!*), pour rappeler à
» tous que le pays n'oublie pas ceux qui le servent
» bien et qu'il garde le souvenir des services ren-
» dus. Je laisse à la Chambre le soin de déterminer
» à quelle sorte de démonstration il convient de
» s'arrêter. Toutefois, je crois qu'il y a des anté-
» cédents qui indiquent la marche à suivre. Lors-
» que mourut le comte Frédéric de Mérode, frère
» de notre collègue, d'une blessure reçue en
» combattant pour la patrie, le Congrès national,
» pour rendre hommage à l'héroïque dévouement
» d'une grande victime de la révolution, décida
» de se rendre en corps aux funérailles du cou-
» rageux citoyen mort pour la patrie. Je demande
» donc que la Chambre fasse de même et qu'elle
» assiste pareillement en corps au service funèbre
» d'un collègue dont la perte sera longtemps sentie
» parmi nous.

» M. du Mortier (*avec émotion*). La motion de
» M. Rogier est celle que je comptais faire moi-
» même; je m'y rallie donc, et il n'y aura qu'une
» voix pour la sanctionner. (*Oui! oui!*) La perte
» que le pays vient de faire est immense. La
» patrie perd un de ses meilleurs citoyens, la
» Chambre une de ses colonnes.

» Réunissons-nous donc dans une commune
» pensée pour rendre les derniers devoirs à celui

» que la nation vient de perdre et dont le sou-
» venir vivra toujours parmi nous!

» Vous vous rappelez tous, Messieurs, le dé-
» vouement patriotique de notre honorable col-
» lègue ; tous vous savez quelle part active il
» a prise à notre indépendance nationale, et quel
» courage il a déployé pour le redressement des
» griefs en 1829. Il fut l'un des premiers à prendre
» l'initiative patriotique qui devait renverser le
» gouvernement du roi Guillaume, et un de ceux
» qui montrèrent le plus d'énergie pour consolider
» l'œuvre de la révolution.

» M. le comte de Mérode, notre regrettable
» collègue, était le dernier de quatre frères qui
» tous ont pris une part à la révolution. Depuis
» 1830, il n'a pas cessé de faire partie du Congrès
» et de la Chambre, et, dans cette longue et glo-
» rieuse carrière, vous avez pu apprécier la no-
» blesse de son caractère, son grand désintéres-
» sement, son vif attachement à nos institutions ;
» tous les actes de sa vie politique ont eu pour
» but le bonheur et la gloire de la patrie. Son
» attachement au devoir était sans bornes et sa
» place restera longtemps vide parmi nous. Mais
» l'émotion m'empêche d'aller plus loin. (*Mou-
» vement.*)

» M. DE THEUX. Je félicite l'honorable M. Ro-

» gier d'avoir fait sa motion; il lui appartenait
» de prendre cette initiative, car, comme membre
» du gouvernement provisoire, il put apprécier
» mieux que personne les grandes qualités du
» collègue que nous venons de perdre. Je me
» borne à appuyer cette motion, et je propose
» à la Chambre de la voter par acclamation.
» (*Oui! oui!*)

» M. LE PRÉSIDENT. La Chambre assistera donc
» en corps aux deux services funèbres qui seront
» célébrés pour notre collègue M. le comte de Mé-
» rode? (*Oui! oui!*) »

A la suite de cette résolution, le président
adressa au fils aîné du défunt la lettre suivante,
qui ne sera pas l'un des titres les moins glorieux
des archives de sa noble famille :

« ... A l'unanimité et par acclamation, la
» Chambre des Représentants a décidé qu'elle
» assisterait en corps aux funérailles d'un collègue
» si regretté. Associant le pays au deuil de votre
» famille, la Chambre a voulu de plus que ses
» travaux fussent suspendus le jour de l'inhuma-
» tion.

» Cette manifestation, sans précédents, est jus-
» tifiée par l'éclat des longs et glorieux services

» rendus à la patrie par le comte Félix de Mé-
» rode.

» Il lui a dignement payé la dette qu'impose
» un grand nom, un nom historique.

» Fondateur courageux de notre indépendance
» et de notre nationalité; vétéran du régime par-
» lementaire qu'il a puissamment aidé à créer;
» homme d'intelligence et de cœur, avant tout
» homme de bien, il emporte avec lui les regrets,
» l'estime, l'affection de tous.

» La grandeur de la carrière qu'il a si noble-
» ment parcourue élève sa mort à la hauteur
» d'un deuil national.

» Puisse la pensée que cette perte est ressentie
» par tout un pays contribuer au moins à soulager
» votre légitime douleur ! La Chambre des Repré-
» sentants est l'organe du sentiment général en
» s'unissant à vos larmes. Il appartient à la reli-
» gion seule de les essuyer ! »

Les divergences d'opinion s'étaient effacées, les
dissentiments politiques avaient disparu : toutes
les âmes et tous les cœurs s'étaient unis pour
payer un tribut de reconnaissance et de regrets
au fondateur de l'indépendance nationale, au patriote courageux et désintéressé, au chrétien d'é-
lite chez lequel la ferveur de la foi avait eu pour

compagne assidue l'amour ardent de la liberté.

Jamais les sentiments des représentants du pays ne furent mieux en harmonie avec les sentiments de toutes les classes de la nation. Depuis la capitale jusqu'au dernier des villages, on vit se manifester des signes non équivoques de la douleur publique. Les journaux de toutes les nuances, sans en excepter les rares organes du radicalisme, firent trève à leur polémique quotidienne, pour apporter leur part à cet imposant et solennel témoignage de la reconnaissance nationale. Comme tous les hommes d'État formés à la rude mais salutaire école de la liberté, le comte de Mérode avait eu ses détracteurs et ses adversaires. A plusieurs reprises, sa réélection au parlement avait été vigoureusement combattue. Plus d'une fois, une presse hostile avait dénaturé ses actes, calomnié ses intentions et nié ses services. Au milieu des luttes passionnées de la tribune, il avait souvent entendu des paroles acerbes et des reproches immérités. Aujourd'hui l'heure de la justice, de la justice pleine, entière, définitive, avait enfin sonné. Le deuil de sa famille était le deuil de tout un peuple (1)!

(1) « A l'heure où tombe un des plus fermes et des plus constants appuis de l'indépendance nationale, » disait l'*Indépendance belge*, « les opinions s'effacent, les questions de parti disparaissent

Les obsèques solennelles du noble défunt furent célébrées le 11 février 1857.

Considérons dans tous ses détails ce touchant et magnifique spectacle. Il renferme à la fois une grande leçon pour les uns et une grande consolation pour les autres.

Le vestibule, l'escalier d'honneur et une vaste salle du rez-de-chaussée de l'hôtel de Mérode avaient été transformés en chapelle ardente. Les murs, entièrement cachés par des draperies noires à franges d'hermine, n'avaient d'autre ornement que l'écusson des de Mérode, avec cette mâle et fière devise : *Plus d'honneur que d'honneurs.* Au fond du vestibule, entre les deux rampes de l'escalier, le cercueil, recouvert d'un poêle de velours noir croisé de drap d'or, portait, outre les Ordres du défunt, le costume de ministre d'État. Deux lignes de sous-officiers de l'armée, le crêpe au bras et l'arme inclinée, veillaient autour de la bière. Au dehors, les troupes de la garnison, au complet et en grande tenue, atten-daient le moment de prendre leur place dans le

et le pays tout entier ne se souvient plus que des services rendus et du noble désintéressement d'une carrière sans tache. Pour nous, qui avons toujours été au premier rang des adversaires du comte de Mérode, nous regardons comme un devoir d'être aussi les premiers à venir payer à sa mémoire un juste tribut d'hommages et de re-grets. » (*Indépendance du 8 février* 1857).

cortége. Une foule immense, où toutes les classes de la capitale étaient largement représentées, remplissait les rues avoisinantes. Pas un cri, pas un murmure ne s'échappait du sein de cette multitude. Immobile, grave, recueillie, elle tenait à prouver que le peuple aussi voulait donner aux funérailles du grand citoyen les proportions d'une solennité religieuse et nationale (1).

(1) Parmi les insignes déposés sur le cercueil, on voyait avec émotion le grand-cordon de l'Ordre de Léopold. Deux jours auparavant, M. le vicomte Vilain XIIII, ministre des affaires étrangères, avait adressé la lettre suivante à M. le comte Werner de Mérode, fils aîné de l'illustre défunt :

« *A Monsieur le comte* WERNER DE MÉRODE.

» MONSIEUR LE COMTE,

» Aux fêtes anniversaires du mois de juillet dernier, le Roi résolut de conférer le grand-cordon de son Ordre aux hommes dont la vie publique se rattachait essentiellement à l'origine de la monarchie nouvelle. Un des premiers noms qui s'offrit à la pensée de Sa Majesté fut celui de Monsieur votre père dont le pays déplore avec vous la perte inattendue.

» L'illustre défunt se déroba à cette haute distinction, ne voulant point que, pour un motif qui lui fût personnel, on soumît à un déplacement les électeurs dont il était le mandataire dévoué. Ce scrupule de délicatesse ne nous étonna pas; il était le résultat de ses habitudes constantes de modestie et d'abnégation.

» Le Roi sut comprendre et apprécier un si noble sentiment; mais ayant à cœur de maintenir ce témoignage éclatant de sa bienveillance, Sa Majesté me charge de remettre entre vos mains, M. le comte, les insignes de grand-cordon qu'Elle avait destinés au comte Félix de Mérode, en vous confiant le triste devoir de les déposer sur son cercueil.

» Je vous prie d'agréer, M. le comte, les assurances de ma haute considération.

» *Le ministre des affaires étrangères,*
» Vte VILAIN XIIII.

» Bruxelles, 9 février 1857. »

Aux termes de la loi du 11 juillet 1832, tout membre des Cham-

Les vastes salons de l'hôtel furent bientôt insuffisants pour contenir les notabilités de tout rang accourues afin de s'associer à la douleur d'une famille aussi illustre que chère aux Belges. Au milieu d'une foule de personnages de distinction, on remarquait les chefs de la maison civile et de la maison militaire du roi, les officiers d'ordonnance du duc de Brabant et du comte de Flandre, tous les ministres en costume officiel, les ministres d'Etat, tous les membres survivants du gouvernement provisoire, les sommités de la magistrature et de l'administration, les hommes occupant une place éminente dans les arts et les lettres, une députation de tous les corps d'officiers de la garnison, un grand nombre de sénateurs, et enfin la Chambre des Représentants tout entière, venant — la première fois depuis son existence — assister en corps aux funérailles d'un de ses membres.

A midi, lorsque le clergé se présenta pour procéder à la levée des dépouilles mortelles du comte, la famille, les ministres et les collègues du défunt se groupèrent autour du cercueil,

bres qui accepte une nomination dans l'ordre de Léopold, à un autre titre que pour services militaires, est soumis à la réélection.

Le comte de Mérode était grand-cordon de l'ordre de Léopold, grand-croix de l'ordre du Christ de Portugal, commandeur de l'ordre de St-Grégoire-le-Grand, officier de la légion d'honneur et décoré de la croix de fer.

et M. Delehaye, président de la Chambre des Représentants, prononça, au nom de cette assemblée, le discours suivant :

« Messieurs,

» La douleur vraie est sobre de plaintes : elle » se résigne et ne s'étale point.

» La patrie a perdu un de ses enfants les plus » nobles et les plus dévoués; la Chambre des » représentants, en le proclamant devant une » tombe où la vérité seule est écoutée, la Chambre est l'organe fidèle du sentiment national.

» Dirai-je, Messieurs, au nom de cette Chambre, au nom de la Belgique, quels titres avait » M. le comte Félix de Mérode à la reconnaissance de tous? A quoi bon, et qui les ignore? » Le peuple belge a la mémoire du cœur. Il sait » qu'aux jours du péril, pour la patrie menacée, » Félix de Mérode, avec un courage dont le désintéressement atteignait seul la hauteur, exposa sa fortune et sa tête. Il sait que ce regretté » collègue, pendant une carrière politique de » vingt-sept années, a voué au bien de tous son » intelligence, ses forces, ses convictions, avec » une inébranlable constance, une franchise, une » loyauté sans égales.

» Héritier d'un nom illustre, Félix de Mérode

» en a relevé l'éclat par ses services et ses vertus.

» Pour lui *noblesse obligeait*. Son âme géné-
» reuse l'avait compris. Si grande que fût l'il-
» lustration de sa famille, l'obligation qu'elle im-
» posait a été patriotiquement et grandement
» acquittée.

» Nous, ses collègues, qui l'avons aimé
» comme tous l'estimaient, nous avons le droit
» aussi de rappeler, au moment de la sépara-
» tion, ces qualités précieuses du cœur qui nous
» le rendaient si cher; mais pourquoi insister sur
» les mérites de l'homme privé?

» La foule reconnaissante, les malheureux que
» Félix de Mérode soulageait avec une inépui-
» sable charité, attendent au seuil de cette de-
» meure, pour lui rendre un dernier et respec-
» tueux hommage de gratitude. Les indigents le
» pleurent avec nous. Les larmes du pauvre sont
» toutes-puissantes sur la miséricorde de Dieu.
» Elles forment le plus beau cortège que puisse
» avoir la pompe funèbre des grands de la terre.

» Ne retardons pas, Messieurs, les manifes-
» tations de ces sentiments.

» A notre exellent collègue, à l'homme de
» bien, au citoyen dévoué, disons un dernier
» adieu, où plutôt au revoir dans un monde meil-
» leur, ou nul de nous ne sait à quelle heure
» Dieu l'appellera.

» Félix de Mérode, au nom du pays, merci
» pour ta longue et honorable carrière! Au nom
» de tes collègues, de tes amis, au nom de tous,
» adieu! »

Alors, au milieu de cette foule silencieuse et
profondément émue, le ministre de l'Intérieur,
M. P. de Decker, s'avança et prit la parole en
ces termes :

« Messieurs,

» Une double pensée de regrets personnels et
» de reconnaissance publique nous réunit autour
» de ce cercueil qui renferme les restes mortels
» d'un des principaux fondateurs de notre indé-
» pendance nationale.

» Interprète des sentiments de la Belgique en-
» tière, je voudrais pouvoir dérouler le tableau
» de cette existence toute consacrée à l'exercice
» des plus éminentes vertus, toute devouée au
» bonheur du pays.

» L'existence du comte Félix de Mérode se
» confond avec l'histoire de la Belgique indépen-
» dante et libre.

» Accouru l'un des premiers à l'appel de la
» patrie en armes, accompagné de son frère, le
» glorieux martyr de Berchem, il prêta au gou-

» vernement improvisé sous le feu des barricades
» l'appui d'un grand nom et d'un noble cœur.
» Bientôt après, il contribua au sein de notre
» immortel Congrès à fonder l'édifice de nos li-
» bertés constitutionnelles, que sa constante préoc-
» cupation fut toujours de conserver intactes et
» respectées.

» Dès son premier pas dans la carrière parle-
» mentaire qu'il a parcourue avec un éclat sou-
» tenu, il se révèle tout entier : nature droite,
» intelligence prime-sautière, caractère loyal.
» Tout le pays connaît le programme de sa poli-
» tique naturellement chrétienne par son esprit,
» essentiellement nationale par son but. A cette
» politique dont il avait puisé les éléments dans
» les traditions de sa famille, autant que dans les
» inspirations de son cœur, il se montra fidèle
» jusqu'au bout.

» Il aimait instinctivement et d'un amour égal
» l'autorité et la liberté ; mais il les voulait faites
» à son image : l'autorité paternelle et dégagée
» de tout abus de pouvoir ; la liberté honnête
» et ennemie de tout excès. Passionné pour la
» vérité et la justice, il défendait ses convictions,
» tantôt par la puissance de l'autorité que donne
» un beau caractère, tantôt avec le charme d'une
» originalité pleine d'esprit et de bon sens.

» Qui de nous ne se rappelle, avec un bonheur
» mêlé d'attendrissement, quelque épisode de ces
» discussions dont les derniers échos semblent
» résonner encore à nos oreilles !

» Sa haute position, sa longue expérience des
» hommes et des affaires, son indépendance et son
» désintéressement, et par-dessus tout son incon-
» testable dévouement au pays, lui avaient, pour
» ainsi parler, donné le droit de dire à tout le
» monde, et sans froisser personne, de coura-
» geuses vérités. Mais aussi, il savait payer de
» sa personne, sans marchander son concours.
» Il ne reculait devant aucun sacrifice pour as-
» surer le triomphe des principes dans lesquels
» il voyait le triomphe des grands intérêts du
» pays. Son bienfaisant patronage était acquis à
» toute œuvre utile, à toute entreprise nationale.
» Restauration de nos vieilles gloires historiques,
» encouragement de nos gloires naissantes, il
» embrassait tout dans l'étreinte de son patrio-
» tisme.

» Est-il étonnant que le décès inattendu de cet
» homme de bien soit devenu le sujet d'un deuil
» national ?

» C'est que chacun comprend quel vide laisse
» au milieu de nous la disparition de ces hautes
» influences qu'assure la rare réunion de la vertu,

» du talent et de la naissance. C'est que chacun
» comprend combien importent au salut de la
» société ces organisations privilégiées, dévouées
» au culte du devoir, du devoir noblement com-
» pris et généreusement accompli. C'est que cha-
» cun comprend combien il est nécessaire de
» conserver à notre patrie ces défenseurs natu-
» rels de nos jeunes institutions dont l'esprit s'est
» incarné en eux, et dont ils sont d'autant plus
» jaloux de maintenir l'honneur, qu'elles furent
» leur œuvre, le fruit de leurs luttes et de leurs
» travaux, le couronnement de leurs patriotiques
» espérances.

» Heureusement, il est dans les vues de la Pro-
» vidence que ces hommes d'élite soient utiles
» encore dans leur mort même. Le souvenir de
» leur existence devient un enseignement fécond
» en impulsions salutaires.

» A leur mort, il s'opère, comme à l'insu de
» tous, un travail mystérieux dans les esprits et
» dans les cœurs. Les passions se taisent, et, dans
» ce silence plein de recueillement, la conscience
» générale parle.

» Les instincts généreux se réveillent; les bons
» sentiments reprennent le dessus, un cri d'ad-
» miration et de respect s'élève de la foule. Les
» bons citoyens se rassurent, en voyant la place

» que la vertu occupe dans l'organisation de notre
» société, et l'influence irrésistible qu'elle conti-
» nue d'exercer sur nos destinées.

» Que les cœurs se relèvent donc!

» Qu'ils ne s'affligent pas comme les cœurs de
» ceux qui n'ont pas d'espérance; mais qu'ils se
» retrempent à la source des grandes et divines
» consolations!

» Que l'âme du grand citoyen que nous venons
» de perdre repose en paix, au sein de ce Dieu
» qu'il a aimé et glorifié. Que sa mémoire soit
» bénie à travers les générations!

» Et nous, poursuivons courageusement l'ac-
» complissement de la mission sociale que la
» nation nous a imposée. Que la Providence
» perpétue au milieu de nous la race des hom-
» mes consciencieux et dévoués, et la Belgique
» vivra prospère, honorée et libre! »

La Chambre avait manifesté ses sentiments par
le discours de son président. Le pays officiel
avait eu pour organe la voix éloquente du ministre de l'Intérieur. Il ne restait plus qu'à donner la parole à l'amitié. Cette dernière et touchante mission avait été confiée à M. le comte
de Theux qui, lui aussi, pouvait se prévaloir
d'une vie tout entière consacrée à la défense des

droits, des intérêts et des libertés du pays. Il s'exprima ainsi :

« Messieurs,

» Admis depuis 1813 dans l'illustre famille du
» comte de Mérode, j'ai pu apprécier ses senti-
» ments les plus élevés, le patriotisme éclairé
» et dévoué de tous, et en particulier de l'honora-
» ble comte Félix. Ses qualités se sont montrées
» au grand jour et au plus haut degré en 1830,
» lorsqu'il prit une part si décisive et si périlleuse
» au gouvernement provisoire de la Belgique.
» Préoccupé de l'avenir moral et politique du
» pays, il soutint et contribua à décréter la liberté
» de l'enseignement, en même temps que la li-
» berté des cultes, des associations et de la presse.
» Le Congrès national, dont il fut également
» membre, proclama ces libertés dans la Cons-
» titution. Elles sont une des grandes bases de
» notre édifice politique et de notre indépendance.
» Ces libertés, il leur a été fidèle constamment,
» soit comme membre de la Chambre des Repré-
» sentants, soit comme membre du gouverne-
» ment, sans toutefois en flatter les abus.
» Depuis l'avénement du roi Léopold, il fut
» honoré de son amitié inaltérée. Toujours aussi

» il fut dévoué au Roi et au trône constitutionnel.

» Investi sans interruption du mandat de re-
» présentant de la nation, il le remplit avec con-
» science, avec indépendance, zèle et dévoue-
» ment.

» Inébranlable dans ses croyances religieuses,
» ferme dans ses opinions politiques, il fut tou-
» jours tolérant, bienveillant et juste pour ses
» contradicteurs.

» La vie privée du comte de Mérode fut tou-
» jours digne de ses ancêtres, honneur qui se
» perpétue dans ses descendants. Il fut le soutien
» et le protecteur de ce qui est bien, bon père,
» ami dévoué et constant.

» Confident de ses pensées intimes, nous l'avons
» vu le même pendant plus de quarante années.

» Sa mort fut, comme sa vie, celle d'un chré-
» tien vraiment digne de ce nom.

» Tel fut l'homme que tous nous honorons de
» nos regrets et dont le souvenir sera conservé
» à la postérité, pour l'honneur du pays et pour
» l'exemple des vertus publiques et privées.

» Le comte de Mérode a rempli avec dévoue-
» ment et avec simplicité les devoirs que sa po-
» sition sociale et les événements politiques lui
» imposaient. Eloigné de toute ambition, les
» honneurs ont entouré sa vie; les témoignages

» d'estime et d'amitié du Roi, les honneurs
» exceptionnels que lui rend la Chambre des
» Représentants sont ratifiés par la nation.

» Le cri d'adieu, expression de la confiance
» et de la fraternité chrétiennes, sort de tous les
» cœurs.

« Adieu, noble ami! adieu! »

A la sortie du corps, un feu de bataillon
salua les restes vénérés du comte; puis le
cortége se mit en marche dans l'ordre suivant :
Un escadron des guides; les blessés et les combattants de Septembre, avec leur vieux drapeau; le général commandant en chef la division
territoriale; l'école mil:taire; le régiment des
grenadiers; le général commandant l'escorte spéciale du corps; un nombreux clergé, précédé
de la croix; le cercueil, porté par les huis-
siers de la Chambre, les coins du poêle étant
tenus par MM. Rogier, Delehaye, de Theux
et Mercier; les membres de la famille; la
Chambre des Représentants; les sénateurs;
les autorités et les notabilités de la capitale; le
régiment des chasseurs-carabiniers; le onzième
régiment de ligne; le régiment des guides; deux
compagnies d'artillerie; la gendarmerie à cheval,
et enfin des milliers d'ouvriers représentant toutes

les branches d'industrie exercées en Belgique.

Au milieu d'un silence funèbre qu'interrompaient alternativement le chant des prêtres et le bruit du canon tonnant dans le lointain, cet immense cortége parcourut lentement les places et les rues conduisant à l'église des Minimes. Les absoutes y furent récitées par le curé de la paroisse; puis le corps fut déposé dans le chœur, pour être le lendemain conduit à sa dernière demeure, à Rixensart, lieu de sépulture des comtes de Mérode (1).

La semaine suivante, la belle église paroissiale fut témoin d'une cérémonie non moins imposante, mais cette fois exclusivement religieuse. Un service solennel y fut célébré en présence du cardinal-archevêque de Malines, entouré de

.

.

(1) En rendant compte de cette triste mais imposante cérémonie, un journal de Bruxelles rapporte une particularité qui ne doit pas être oubliée. « Dans tout le quartier des Minimes, dit-il, régnait » une véritable consternation. Sur le passage du cortége, les pau- » vres, qui malheureusement abondent dans ce quartier, et qui » avaient eu tant d'occasions d'apprécier la généreuse bienfaisance » du comte de Mérode, se découvraient en pleurant. Celui dont on » célébrait les obsèques était le père de tous les malheureux, le » bienfaiteur de toutes les infortunes : et ce cortége d'indigents, » qui suivaient en pleurant sa dépouille mortelle, en disait plus en » l'honneur du défunt que toutes les manifestations officielles qui » récompensaient ses services publics. » (*Etoile belge*, du 12 fé- vrier 1857).

Voy., à l'*Appendice*, le récit de l'inhumation à Rixensart, em- prunté au *Journal de Bruxelles* (L. A.).

tous les évêques du royaume. Après les regrets manifestés par le roi, par le gouvernement et par la représentation nationale, les chefs spirituels du peuple le plus religieux de l'Europe se faisaient un devoir d'attester que la religion portait, elle aussi, le deuil du grand citoyen que la patrie venait de perdre. Agenouillés au pied de l'autel, ils proclamaient, par la grandeur même de l'hommage, l'incomparable éclat des vertus chrétiennes qui brillaient dans l'âme de l'un des défenseurs les plus énergiques et les plus désintéressés des libertés modernes.

Le temple tout entier était transformé en chapelle ardente. De même que les colonnes et les murs, les fenêtres de toutes les parties de l'édifice avaient disparu sous d'épaisses draperies noires frangées d'hermine, ayant pour seul ornement l'écusson de la famille de Mérode avec sa glorieuse devise. Pas un rayon du jour ne pénétrait dans cette vaste enceinte, où des milliers de cierges, les uns placés sur des candélabres, les autres étagés en longues lignes au-dessus du maître-autel, répandaient une clarté funèbre. Au centre du transsept, sous un dais immense s'élevant jusqu'à la voûte, était placé le catafalque, recouvert, comme le jour des funérailles, des insignes et des décorations de l'illustre défunt.

Sous ces arceaux silencieux et sombres, où tout rappelait, en même temps que le néant des choses humaines, la gloire et les espérances immortelles du chrétien fidèle, on vit encore une fois accourir toutes les notabilités de la capitale. Le duc de Brabant et le comte de Flandre, en grand uniforme et le crêpe au bras ; la Chambre des Représentants ; les membres survivants du gouvernement provisoire et du Congrès national ; le nonce du Pape et les envoyés des puissances étrangères ; les ministres et les chefs de toutes les administrations publiques, vinrent se ranger dans le chœur, où les prélats avaient pris place dans les stalles. Après l'évangile, le cardinal-archevêque monta en chaire, et, par une exception bien rare en Belgique, il prononça l'éloge funèbre du comte. Il le fit en termes simples et touchants, dictés par le cœur. Il s'attacha surtout à mettre en évidence la foi vive, la piété fervente, la modestie, le dévouement, l'abnégation et l'inépuisable charité du noble défunt, comme autant d'exemples à suivre dans tous les rangs de la société ; mais il n'oublia pas de rappeler à son brillant auditoire la part glorieuse que son illustre ami avait prise à l'émancipation politique du pays : trouvant ainsi, dans l'admirable ensemble des vertus religieuses, civiles et politiques qui distinguaient un homme aimé de tous, la réfutation éloquente des sophismes à l'aide desquels on conteste aujourd'hui la possibilité d'être à la fois fidèle à l'Etat et à l'Eglise, chrétien fervent et citoyen irréprochable.

Après ce discours, qui produisit une impression profonde sur les assistants, le clergé de la paroisse accomplit les cérémonies religieuses, et le cardinal-archevêque, assisté de tous ses suffragants, dit lui-même les absoutes.

Mais tous ces hommages ne suffisaient pas, au gré du pays, pour honorer dignement la mémoire de cet homme simple et bon, dont la vie entière avait été un exemple permanent de toutes les vertus publiques et privées. Au milieu des ovations funèbres que nous venons de rappeler, on vit se produire un de ces mouvements populaires, qui, lorsqu'ils se manifestent en dehors de l'influence officielle, et alors surtout qu'il s'agit des morts, attestent toujours l'existence d'un sentiment universel de reconnaissance et d'admiration.

Deux journaux de Bruxelles ayant émis l'idée d'ériger, aux frais de la nation, un monument à la mémoire du comte de Mérode, des centaines d'adhésions arrivèrent immédiatement de tous les points du pays. Le noble et l'ouvrier,

le soldat et le prêtre, le ministre et l'humble
employé placé au dernier échelon de la hiérarchie administrative, toutes les classes et toutes
les professions s'empressèrent de contribuer à la
réalisation de cette belle et patriotique pensée.
De longues listes de souscription remplirent les
colonnes des deux feuilles, et plusieurs milliers
de francs furent recueillis en quelques jours.

Pour faire ressortir la portée réelle de cette
dernière manifestation, nous devrions pouvoir
reproduire les lettres dont une foule de souscripteurs accompagnèrent l'envoi de leurs dons; car
toutes ces lettres expriment, sous les formes les
plus variées, les sentiments du milieu dans lequel elles ont été écrites, et plusieurs révèlent
des actes de bienfaisance ou de piété jusque-là
soigneusement dérobés à la connaissance du public. Forcé de faire un choix, nous copierons
trois d'entre elles, écrites par un ministre du roi,
par un évêque et par un humble curé de village.

« *Bruxelles, le 10 mars 1857.*

» Monsieur le Président (1),

» Mes honorables collègues et moi, nous sommes
» heureux de contribuer à l'érection d'un monu-

(1) M. le baron de Gerlache.

» ment consacré à la mémoire du comte Félix
» de Mérode, en reconnaissance des services
» éminents rendus par cet homme de bien à la
» Belgique indépendante et libre.

» M. Mercier ayant déjà souscrit, j'ai l'hon-
» neur de vous envoyer la somme de 500 fr.,
» produit des cinq souscripteurs : MM. Vilain
» XIIII, Nothomb, Greindl, Dumon et moi.

» Agréez, Monsieur le président, les nouvelles
» assurances de mes sentiments les plus dis-
» tingués.

» P. De Decker,
» ministre de l'intérieur. »

« Monsieur le Directeur (1),

» Si la patrie s'afflige avec raison de la mort
» de M. le comte Félix de Mérode, d'un citoyen
» qui a si bien mérité d'elle, l'Eglise n'est point
» étrangère à l'affliction commune. Son deuil
» est même d'autant plus grand, qu'elle se croit
» plus obligée envers l'illustre défunt, ayant à
» reconnaître les services qu'il a rendus au pays
» comme ceux qu'il a rendus à elle-même.

» Parmi ces services, elle met au premier rang

(1) Du *Journal de Bruxelles*.

» les exemples de toutes les vertus chrétiennes,
» pratiquées au grand jour et avec une simplicité
» si noble ; son inépuisable bienfaisance, non-
» seulement envers toutes les œuvres qui inté-
» ressaient la gloire de Dieu, mais encore et
» surtout envers celles qui intéressaient les pau-
» vres, cette classe privilégiée dans ses affec-
» tions, comme elle l'est dans l'amour de Dieu
» et de l'Eglise ; son dévouement à la cause de
» la religion et sa constance à en défendre les
» droits et la liberté.

» Pour nous, qui savons que la vertu chré-
» tienne porte ses regards et ses espérances au
» delà du temps, et que nos faibles hommages
» sont trop au-dessous de si grands mérites, si
» nous nous reposons du soin de récompenser
» et de glorifier les œuvres d'une si belle vie
» sur Celui qui seul en connaît toute l'étendue :
» nous croirions cependant manquer à un devoir,
» si nous ne manifestions pas notre reconnaissance
» comme notre douleur. Aussi m'empressé-je de
» venir joindre ma modeste offrande à celle de
» nos concitoyens, pour élever un monument à
» cet homme de bien et perpétuer, non la mé-
» moire de sa vie, qui est impérissable, mais le
» témoignage de nos justes regrets et de notre
» estime. En le faisant, je n'acquitte pas seule-

» ment une dette comme citoyen, comme évêque
» et comme ami, j'obéis encore à l'inspiration
». d'une pensée toute religieuse : *le monument*
» *élevé à un homme vertueux est une leçon de*
» *vertu pour la postérité.* Placé à côté de celui
» de son frère, le comte Frédéric de Mérode, ce
» nouveau monument donnerait à cet adage une
» double et solennelle consécration (1).

    » Recevez, Monsieur le directeur, l'assurance
» d'une parfaite considération.

        » THÉODORE, évêque de Liége.

    » Namur, 19 février 1857.

    » P. S. Veuillez m'inscrire sur votre liste pour
» trois cents francs. »

        « Maeter, le 13 février 1857.

    » MONSIEUR LE DIRECTEUR DE L'ÉMANCIPATION,

    » Curé de la plus pauvre commune des deux
» Flandres, depuis dix ans je me suis adressé
» aux hommes les plus renommés pour leur

---

(1) Mgr l'évêque de Liége fait ici allusion au monument érigé,
dans l'église de Sainte-Gudule, à la mémoire du comte Frédéric de
Mérode. Nous en parlerons plus loin.

» bienfaisance. Parmi le petit nombre de per-
» sonnes charitables qui m'ont prêté leur con-
» cours, je dois citer en tête le bon Félix de
» Mérode. Cet homme de bien, ne connaissant
» de moi que le titre que je porte, a eu la grande
» bonté de m'envoyer annuellement une somme
» de 200 à 500 francs.

» Cette somme m'était d'autant plus précieuse,
» que, par la même occasion, il m'adressait une
» lettre d'encouragement et me stimulait à con-
» tinuer mon œuvre. Je conserve ces lettres
» comme le gage de son amour pour les pau-
» vres.

» Veuillez, Monsieur, recevoir ce billet de
» vingt francs pour l'érection d'un monument au
» plus grand bienfaiteur chrétien de la patrie.

» P.-J.-Goossens, curé. »

En attendant que la Belgique reconnaissante
érige au comte Félix de Mérode un monument
destiné à perpétuer le souvenir de ses services
et de ses vertus, nous tâcherons de raconter
succinctement les principaux épisodes de cette
existence si pure et si bien remplie. Nous nous
efforcerons de montrer comment, à une époque
d'âpres convoitises, cet homme, appartenant à

l'une des maisons les plus opulentes du pays, ne perdit pas un seul jour les sympathies et l'affection des classes inférieures ; comment ce chrétien fervent, observateur scrupuleux de tous les préceptes et de toutes les pratiques de l'Eglise, dévoua sa fortune et sa vie à la défense des libertés constitutionnelles ; comment cet homme d'Etat, jeté dans les luttes ardentes de la tribune et de la presse, conserva constamment l'estime et l'amitié de ses adversaires ; en un mot, comment le représentant d'un nom illustre sut ajouter à ce nom même un nouvel et durable éclat, au sein des agitations et des orages qui forment l'histoire de la première moitié du dix-neuvième siècle (1).

(1) Voy., à l'*Appendice* (L. B.), quelques détails sur les hommages rendus à la mémoire du comte de Mérode par les journaux étrangers.

II.

LE COMTE DE MÉRODE AVANT 1830.

(1791—1830).

Naissance du comte Félix de Mérode — Sentiments religieux et politiques de son père, le comte de Mérode-Westerloo. — Education chrétienne que celui-ci fait donner à son fils. — Ce dernier épouse mademoiselle Rosalie de Grammont. — Influences à la fois libérales et religieuses qu'il subit dans la famille de sa femme. — Raisons qui le font applaudir à la chute du premier empire. — Son séjour en France sous la Restauration. — Il publie son premier écrit politique en 1828. — Il suit avec intérêt toutes les phases du mouvement national qui se manifeste en Belgique contre les tendances anticatholiques du roi Guillaume Ier. — Coup d'œil rétrospectif. — Situation de la Belgique sous le régime néerlandais. — Les vœux du congrès de Vienne méconnus par le souverain des Pays-Bas. — Déplorables erreurs commises par ce prince. — Attitude de la famille de Mérode au milieu des résistances chaque jour plus vives de la nation. — Le comte de Mérode-Westerloo s'associe au pétitionnement général organisé en 1828. — Son nom figure le premier sur les pétitions demandant la liberté de l'enseignement et la liberté de la presse. — Ses fils suivent son exemple. — Mécontentement du roi. — Irritation des députés hollandais — Les

3

pétitionnaires insultés à la tribune des États Généraux. — Attitude menaçante du gouvernement de La Haye. — Message
royal du 11 décembre 1829. — Le comte Félix arrive à Bruxelles
au moment où l'on y reçoit la nouvelle de la chute du trône de
Charles X.

Le comte Félix de Mérode était le deuxième
fils du comte de Mérode-Westerloo, prince de
Rubempré et grand d'Espagne de première classe.
Sa mère, dernier rejeton des deux grandes maisons d'Ongnyes et de Mérode-Deynze, était la
fille du prince de Grimberghe, grand écuyer de
la cour du prince Charles de Lorraine. Il naquit le 13 avril 1791, à Maestricht, ville où
son père avait acquis le droit de bourgeoisie et
dans le voisinage de laquelle sa famille possédait
le domaine de Petersheim, seigneurie immédiate
de l'Empire germanique.

Il est rare que les impressions reçues dans
l'enfance et la première jeunesse n'exercent pas
une influence décisive sur tous les actes de notre
existence. Dans les luttes inévitables de la vie,
l'homme, quelle que soit la violence des passions,
jette un regard en arrière et trouve, dans ces
premières et ineffaçables leçons, un encouragement ou un reproche. On dirait que le milieu
dans lequel s'épanouit notre âme la marque en
quelque sorte d'une empreinte indélébile. Heu-

reux celui qui, au moment de franchir le seuil
de la demeure paternelle, emporte dans son cœur
une boussole qui lui montre sans cesse la voie
de la vertu, de l'honneur, du dévouement et du
sacrifice !

Cet inappréciable bonheur, plus rare qu'on
ne pense au dix-neuvième siècle, était réservé
au comte Félix de Mérode.

A une époque où l'incrédulité faisait chaque
jour de nouveaux ravages dans les rangs supérieurs de la société, son père, le comte de
Mérode-Westerloo, avait conservé toute la ferveur
de ses convictions religieuses. Chrétien d'élite,
il trouvait dans les sublimes préceptes de l'Evangile, largement et sincèrement appliqués, le
moyen de ménager les droits et de s'attirer les
sympathies de tous. Se compter pour peu de
chose, se sacrifier au bonheur des autres, mettre
la volonté de Dieu au-dessus des faveurs passa-
gères du monde, respecter sous les inégalités
sociales la dignité de la nature humaine rachetée
par le sang de Jésus-Christ : telles étaient ses
maximes favorites. Il n'est pas nécessaire de dire
qu'un tel homme prit les précautions requises
pour inculquer à son fils les principes qui faisaient la règle et le bonheur de sa vie. Il le
confia successivement à trois prêtres instruits et

pieux, et leurs leçons n'eurent pas de peine à pénétrer dans une âme naturellement accessible aux émotions religieuses.

Mais le comte de Mérode-Westerloo n'était pas seulement un chrétien d'élite : il était de plus citoyen d'un pays où le despotisme n'avait jamais su prendre racine, et où la nation ne prêtait serment de fidélité au prince, que lorsque celui-ci, dans l'assemblée générale des Etats, avait juré de respecter les droits et les libertés du peuple. Joseph II, alors souverain des provinces belges, l'avait comblé de faveurs et de distinctions. Capitaine de cavalerie à vingt ans, il était, à vingt-cinq, chambellan de l'empereur et ministre plénipotentiaire du cabinet de Vienne à la Haye. La faveur dont il jouissait était sans bornes, lorsque, pendant un séjour momentané à la cour de Toscane, il apprit que les tracasseries et les abus de pouvoir de celui que Frédéric II appelait si bien « mon frère le sacristain », avaient enfin amené l'insurrection des Belges. Comme membre de la noblesse du Hainaut, il faisait partie des Etats de cette province, et ses concitoyens le pressaient vivement de venir y prendre sa place; de sorte que, sous tous les rapports, cette nouvelle était bien propre à le jeter dans des perplexités cruelles. Il n'hésita pas un instant! La

voix de l'ambition et de l'intérêt, la voix même
de la reconnaissance fut impuissante à lui faire
oublier un seul instant ses devoirs envers son
pays. Ce fut en vain que l'archiduc Léopold lui
promit de rétablir les priviléges des Belges aussitôt qu'il serait monté sur le trône, moment qui
ne pouvait être éloigné, puisque l'empereur était
atteint d'une maladie mortelle et incurable. Rien
ne put arrêter la manifestation courageuse et désintéressée de son patriotisme. Il se démit de ses
fonctions diplomatiques, renvoya sa clef de chambellan à Vienne, prit le chemin du Hainaut,
devint l'un des membres du Congrès belge de
1790, et partagea tous les périls et toutes les
souffrances de ses concitoyens jusqu'à l'arrivée des
Français. Il émigra alors en Allemagne avec toute
sa famille, et ne revint en Belgique qu'après
l'établissement du consulat (1).

On le voit : l'enfant destiné à jouer l'un des
premiers rôles dans l'émancipation politique de
sa patrie subit, dès le berceau, la douce influence des vertus religieuses et civiles qui furent
constamment la source de ses inspirations et le

(1) *Souvenirs du comte de Mérode-Westerloo*, p. 36. — Un fait
qui mérite d'être rapporté, c'est que, malgré son opposition au
gouvernement autrichien, le comte de Mérode fit un don de
40,000 florins, pour aider Léopold II à lutter contre la République française.

mobile de ses actes : l'amour de la religion, le respect des petits et des faibles, le dédain des préjugés, le désintéressement, le patriotisme et le dévouement aux libertés nationales.

En 1809, à peine âgé de 18 ans, le comte Félix épousa Mademoiselle Rosalie de Grammont, fille du marquis de Grammont, nièce de M. de La Fayette et petite-fille de cette sainte duchesse d'Ayen qui, immolée à Paris le même jour que sa mère octogénaire et sa sœur, la maréchale et la vicomtesse de Noailles, fut l'une des plus touchantes victimes de la Terreur. Depuis lors et jusqu'en 1830, il partageait une partie de son temps entre la maison de son père à Bruxelles, le château d'Everberg près Louvain et l'habitation du marquis de Grammont en Franche-Comté. Eloigné des affaires publiques et presque toujours retiré à la campagne, il profitait de ses nombreux loisirs pour se livrer à l'examen approfondi des questions politiques, religieuses et sociales qui préoccupaient ses contemporains.

Ce fut surtout en France, pendant les épreuves politiques et religieuses de l'Empire, comme pendant les luttes passionnées de la Restauration, qu'il se forma lentement pour la vie publique, en se raffermissant de plus en plus dans ces convictions à la fois chrétiennes et libérales dont

il ne s'est jamais départi. Par une coïncidence
heureuse, il avait retrouvé parmi les parents de
sa femme, sous d'autres formes il est vrai, la
double influence au milieu de laquelle il avait
vécu dans la maison paternelle. Les femmes de
cette famille, et surtout la comtesse de Mérode,
étaient chrétiennes ferventes et se livraient à
toutes les pratiques d'une piété austère; mais les
hommes, malgré les rudes épreuves de la Révolution, n'avaient pas tous rompu avec les doctrines délétères du dix-huitième siècle, et la
famille entière subissait, à des degrés divers,
l'influence de ce libéralisme généreux dont le
général La Fayette s'était constitué le champion
dans les deux mondes. Les traditions du passé,
les aspirations et même les erreurs·du présent
étaient représentées autour de l'homme qui devait figurer, au premier plan, parmi les guides
et les modérateurs d'une révolution nouvelle,
précisément destinée à opérer une conciliation
large et féconde entre les vieilles croyances religieuses et les libertés politiques de l'ère moderne.

Partisan convaincu des garanties constitutionnelles, ami de la paix et adversaire déclaré de
toutes les mesures attentatoires à l'indépendance
des peuples, le comte de Mérode avait applaudi .

à la chute du premier Empire. Vivant ordinairement en France et se croyant destiné à y
passer la plus grande partie du reste de ses
jours, il vit avec bonheur le retour des descendants de saint Louis, qui, tout en s'agenouillant
au pied des autels, apportaient pour don d'avénement deux tribunes respectées et libres, l'une
et l'autre destinées en même temps à l'expansion
des idées libérales et à la glorification nouvelle
des institutions anciennes du pays. Mais, ainsi
qu'il le dit, quelques années plus tard, dans un
discours prononcé au Congrès national, il ne
partageait ni les tendances étroites d'un royalisme suranné, ni les passions intolérantes d'un
libéralisme non moins aveugle et n'ayant de libéral que la devise inscrite sur sa bannière. Au
principe généreux de la liberté politique, il voulait
unir le principe non moins fécond de la liberté religieuse. Il se refusait à voir des libéraux dignes
de ce nom dans les orateurs et les publicistes qui,
tout en protestant contre les empiétements de
l'Etat, refusaient aux catholiques la liberté d'association et la liberté d'enseignement; c'est-à-dire
que, pour nous servir de ses propres paroles,
« il désirait la diffusion de ces larges idées de
» tolérance destinées à se répandre par tout l'uni
» vers, en dépit des fanatiques apostoliques de

» Portugal ou d'Espagne, comme des fanatiques
» anglicans ou voltairiens de la Grande-Bretagne
» et de la France (1). »

En 1828, il développa ces loyales et généreuses pensées dans une brochure dont le titre seul
révèle déjà la tendance et le but : *Les Jésuites,
la Charte, les Ignorantins, l'enseignement mutuel. Tout peut vivre quoi qu'on en dise.* Dé-
solé de voir user en luttes haineuses et stériles
les forces vives de la France, dont l'action exerce
toujours une si grande influence sur les destinées générales de l'Europe, il s'efforça de prouver que le régime libéral établi par la Charte,
largement et franchement pratiqué, suffisait pour
sauvegarder tous les intérêts et donner un libre
essor à toutes les aspirations légitimes. Après
avoir demandé qu'on respectât à la fois les droits
de l'Etat et les droits de l'Eglise, les prérogatives du gouvernement et les prérogatives non
moins essentielles des pères de famille, il termina son travail par les réflexions suivantes,
qui rappellent si bien les grands principes politiques auxquels il fut constamment fidèle dans
sa longue carrière parlementaire : ... « Ne soyons
» pas libéraux pour nous seuls et à demi, et

(4) Discours du 42 janvier 4834. Huyttens, *Discus. du Congrès
nat.*, t. II, p. 440.

» nous ferons bien des prosélytes qu'aujourd'hui
» nous croyons impossibles à rendre des nôtres..
» Les diatribes, la mauvaise foi, la violence,
» les proscriptions, l'intolérance philosophique,
» ne servent pas plus la liberté que les intrigues,
» la police, les gendarmes, l'inquisition et la cen-
» sure ne protégent utilement la religion. — Au
» lieu d'accabler d'accusations de toutes les formes
» et de toutes les couleurs ce qu'on appelle *parti*
» *prêtre;* au lieu de crier au *Jésuite* du matin
» au soir; au lieu de rechercher et de publier
» avec méchanceté et un air de triomphe toutes
» les fautes et les maladresses que peuvent com-
» mettre beaucoup d'ecclésiastiques parmi plu-
» sieurs milliers qui desservent nos paroisses;
» au lieu de rappeler tous les ouvrages antire-
» ligieux qui ont paru sous l'ancien régime et
» perverti la morale, qu'on montre au clergé
» les avantages qu'il pourrait recueillir d'insti-
» tutions sociales protectrices des droits et du
» bien-être de tous. Nulle religion dans le siècle
» où nous sommes n'a plus besoin de liberté que
» le catholicisme. C'est un fait qu'ignorent pres-
» que tous les faiseurs de gazettes et de bro-
» chures, lorsqu'ils parlent au hazard d'ultra-
» montanisme. C'est ce qu'ignore particulièrement
» ce qu'on appelle église gallicane. Un ouvrage

» intitulé : *Des avantages des gouvernements*
» *libres pour l'Eglise catholique* serait le plus
» utile à l'époque actuelle. Quand cessera-t-on
» de tourner dans un misérable cercle vicieux
» d'entreprises antichrétiennes, d'essais rétro-
» grades, de vils moyens inspirés par la fourbe-
» rie et un mensonge quotidien qui tue le bon
» sens?... Instruire, redresser les erreurs, calmer
» les défiances, voilà la mission dè tout homme
» capable et vraiment bon, de tout esprit éclairé,
» sincèrement religieux ou libéral... *Mes vœux*
» *sont et ne cesseront d'être, quoi qu'il arrive,*
» *l'accord de la religion et des institutions li-*
» *bres qui dérivent de la Charte.* Au lieu de
» tendre à cette réunion si nécessaire de part
» et d'autre, on met chaque jour aux prises,
» sans ménagement et en dépit des intérêts les
» plus chers de la France, le culte que professe
» la grande majorité de la nation et les libertés
» raisonnables dont cette même nation voudrait
» jouir : déplorable combat d'où ne peut résulter
» que la ruine de tout bien politique et moral! »

Avec ces sentiments et ces idées, le comte
de Mérode ne pouvait manquer de prendre un
vif intérêt au mouvement à la fois religieux et
libéral qui, surtout depuis 1825, se manifestait
dans sa patrie.

Le lecteur nous pardonnera d'entrer ici dans quelques détails. Les événements que nous allons raconter amenèrent le comte de Mérode sur le terrain de la politique active et décidèrent de l'avenir de sa vie.

Au point de vue des intérêts matériels, la réunion de la Belgique et de la Hollande sous le sceptre de la maison d'Orange était une combinaison des plus heureuses. Les Belges et les Hollandais, soumis à des destinées communes après une séparation de plus de deux siècles, formaient un ensemble d'autant plus remarquable que chaque peuple apportait à la communauté les forces productives qui manquaient à l'autre. Les Hollandais possédaient une marine nombreuse, des colonies pleines d'avenir, un pavillon connu sur toutes les plages, des relations commerciales établies depuis des siècles, et tout un peuple de matelots. Les Belges avaient des terres fertiles, une agriculture avancée, une multitude d'agents naturels faciles à approprier, des richesses minérales inépuisables, et de plus une rare aptitude pour tous les travaux des diverses branches de l'industrie manufacturière.

Malheureusement, dès l'instant où l'on écartait les intérêts exclusivement matériels des deux nations, l'établissement du nouveau royaume rencontrait de nombreux obstacles, qui ne pouvaient être surmontés qu'à l'aide d'une politique à la fois prudente et ferme, conciliante et résolue, indulgente et énergique.

Cette politique ne fut pas celle du premier roi des Pays-Bas.

Animé d'intentions loyales et pures, Guillaume Ier voulait sincèrement le bonheur de ses sujets; mais, comme tous les hommes dont l'intelligence est dépourvue d'élévation et d'ampleur, il s'attachait avec opiniâtreté à ses propres idées, et ne supportait ni contradiction ni résistance. Ce défaut était d'autant plus fâcheux que la tendance naturelle de son esprit le portait à se mêler sans cesse d'une foule de détails et de questions secondaires qui doivent être abandonnés aux ministres. Etranger aux idées de son siècle, entouré de conseillers habitués à se plier à toutes ses vues et à subir toutes ses exigences, il ne voyait que des résistances factieuses dans les obstacles que ses actes rencontraient en Belgique; et comme son influence personnelle se manifestait dans toutes les sphères de l'administration, il trouvait à chaque pas de nouveaux sujets de mécontentement, lesquels, suivant son habitude constante, ne faisaient que le raffermir dans ses desseins. Roi constitutionnel et chef d'un peuple libre, il avait toutes les prétentions, toutes les jalousies, toutes les exigences et tous les préjugés d'un monarque absolu. Quand des milliers de pétitionnaires réclamaient la responsabilité ministérielle, comme une conséquence directe de l'inviolabilité royale, il répondait avec dédain : « Pourquoi » mettre en cause les ministres? Que sont-ils? » Rien. Je puis bien, si je le juge à propos, » gouverner sans ministres ou charger de leurs » fonctions quiconque me plaît, fut-ce même » un de mes palefreniers, attendu que je suis le » seul homme qui agisse et réponde des actes du » gouvernement. » Tout appel à l'opinion publique provoquait chez lui un accès de colère ou un sourire de pitié. « Qu'est-ce que l'opinion pu- » blique? disait-il. Chacun a la sienne et en » change selon les intérêts et les passions du » moment. » Il mettait son bonheur et sa dignité à ne pas accueillir les plaintes de la majorité de ses sujets, parce que toutes les réclamations, même les plus respectueuses et les plus légitimes, étaient à ses yeux des atteintes indirectes aux droits de sa couronne. Un homme qui, pendant vingt-cinq années, a vécu dans l'intimité de Guillaume, a dépeint son caractère inflexible dans une seule phrase : « Impossible de le faire revenir sur rien » et de déplacer une idée dans cette tête de fer(1).»

(1) *Souvenirs du comte Vander Duyn de Maasdam*, p. 252.

Aux termes des *Huit articles de Londres* (21 juillet 1814), l'union entre la Belgique et la Hollande devait être intime et complète, de telle manière que les deux pays ne formassent plus qu'un seul Etat. La Constitution, déjà en vigueur en Hollande, *modifiée d'un commun accord d'après les nouvelles circonstances,* devait donner aux Belges une part convenable dans les Etats Généraux, siégeant alternativement dans une ville hollandaise et dans une ville de la Belgique.

Au lieu de se conformer aux intentions généreuses et sages des puissances alliées, Guillaume, commettant une première et irréparable faute, soumit aux votes des Notables un projet de constitution qui ne pouvait avoir d'autre résultat que de rendre à jamais impossible cette union intime et complète, si solennellement recommandée par la diplomatie européenne. Dans la Chambre élective, composée de cent-dix membres, cinquante-cinq représentants furent accordés aux provinces belges et cinquante-cinq aux provinces hollandaises. Les deux millions de Hollandais obtinrent une représentation égale à celle des quatre millions de Belges : répartition injuste et blessante à l'égard des deux tiers des habitants, et qui devait inévitablement amener une lutte entre les provinces méridionales et les provinces septentrionales du nouveau royaume. Accorder à un Hollandais la valeur de deux Belges ; faire des députés les représentants des deux grandes divisions territoriales du pays, au lieu d'en faire les délégués d'un seul peuple, c'était placer au sommet de l'édifice constitutionnel des germes de discorde qui, pénétrant rapidement dans les masses, ne pouvaient manquer de devenir à sa base des germes de dissolution. Au lieu d'un seul peuple de six millions de Néerlandais, il y eut deux peuples placés côte à côte sous le sceptre de la maison d'Orange, l'un de quatre millions de Belges, l'autre de deux millions de Hollandais. Qu'on y ajoute la différence de culte et de langue, la rivalité des deux capitales, l'orgueil national des Hollandais, la répugnance des Belges à se charger du poids écrasant de la dette néerlandaise, et l'on sera convaincu que déjà l'existence du nouvel État pouvait inspirer des craintes sérieuses.

Chez les hommes de la trempe du premier roi des Pays-Bas, une première faute est à peu près inévitablement suivie d'une longue série de fautes nouvelles. La division en Belges et en Hollandais une fois introduite dans les Chambres et dans les débats journaliers de la presse, Guillaume se mit ostensiblement à la tête de ses premiers sujets. Il se montra Hollandais dans la collation des emplois publics, dans la répartition des grades militaires, dans l'établissement des impôts, dans le choix de la langue officielle, et jusque dans la désignation du siége des grandes institutions nationales ; bref, il se fit partout et en toute occasion l'homme des intérêts et des passions d'une minorité de Hollandais, au détriment des droits et des susceptibilités légitimes d'une majorité de Belges.

Ce déplorable système se manifesta jusque dans la sphère élevée des intérêts religieux. De même que Guillaume s'était fait le chef de deux millions de Hollandais coalisés contre quatre millions de Belges, il se fit l'instrument et le complice d'un million et demi de calvinistes placés en face de quatre millions et demi de catholiques. Il persécuta les membres du clergé qui revendiquaient les droits et les libertés de l'Eglise ; il fit aux associations religieuses, vouées à l'instruction, la défense de recevoir au nombre de leurs membres des candidats non pourvus d'un diplôme de capacité, délivré par un jury où n'entraient que les délégués du pouvoir ; il expulsa du royaume les Frères de la doctrine chrétienne ; il supprima les athénées et les colléges établis sous le patronage des évêques ; il accorda une protection bruyante à la petite église janséniste d'Utrecht; et enfin, pour couronner l'œuvre, il ressuscita, sous le nom de *Collège philosophique*, ce célébre *Séminaire général* de 1787 qui avait amené la révolution brabançonne et la déchéance de Joseph II !

Guillaume avait espéré que le gouvernement, en dirigeant ses coups contre le clergé belge, se serait procuré l'appui des libéraux des provinces méridionales; mais cet espoir, un instant réalisé, ne tarda pas à faire place à une déception cruelle. Les deux partis nationaux comprirent que leurs luttes stériles ne produisaient d'autre résultat que l'affaiblissement des uns et des autres, au profit des Hollandais et au détriment des Belges. Les libéraux se déclarèrent les défenseurs de la liberté des cultes, de la liberté d'enseignement et de la liberté d'association; et les catholiques, après quelques hésitations ,, s'unirent à leurs anciens adversaires pour réclamer la responsabilité ministérielle, l'institution du jury, l'inamovibilité des juges, la liberté de la presse et, en général, toutes les conséquences rationnelles du régime parlementaire. *L'Union* se conclut aux applaudissements du pays, et bientôt le trône, entouré de deux millions de Hollandais, se vit en présence des réclamations énergiques, constantes et unanimes de quatre millions de Belges. En 1828, des milliers de pétitionnaires, appartenant à toutes les classes, s'adressèrent aux Etats Généraux pour réclamer le redressement *des griefs de la nation.* Nobles, prêtres, membres des professions libérales, fabricants, armateurs, cultivateurs, ouvriers, tous demandaient l'application large et généreuse des libertés consacrées par la *Loi fondamentale* (1).

En présence de ces faits et de ces doctrines, quelle était l'attitude de la maison de Mérode?

Ici encore un coup d'œil rétrospectif est indispensable.

Lorsque Guillaume Ier, agissant encore sous le titre modeste de gouverneur général, vint prendre possession de nos provinces au nom des puissances alliées, il affecta de s'entourer de toutes les familles qui, soit par l'illustration de la race, soit par l'éclat des services rendus au pays, exerçaient une influence réelle sur le peuple. Il ne pouvait donc manquer de s'adresser à la famille de Mérode toujours si populaire et si justement aimée, et ses efforts réussirent auprès du comte de Mérode-Westerloo. Vers la fin de 1814, celui-ci accepta les fonctions de vice-président du conseil privé, et, quelques mois

(1) Voyez pour les détails mes *Etudes d'histoire contemporaine,* t. II, p. 32 et suiv.

plus tard, quand Guillaume eut pris le titre de roi des Pays-Bas, il devint grand maréchal du palais et membre de la commission chargée de mettre la *Loi fondamentale* des Provinces-Unies de Hollande en harmonie avec les droits et les intérêts légitimes des Belges.

Les avances royales obtinrent moins de succès auprès des fils. Les comtes Frédéric et Félix se trouvaient à l'étranger, et le comte Henri, seul présent à Bruxelles, repoussa poliment les offres du chef de l'administration hollandaise. Mandé au palais, à l'époque où Guillaume portait encore le titre de gouverneur général, il eut avec le prince un entretien curieux, qu'il s'empressa de mettre par écrit, et qui mérite d'être reproduit ici, ne fût-ce que pour prouver que la noblesse belge, loin de briguer les charges de la cour, prit, dès l'origine, une attitude de réserve et de défiance que les événements postérieurs ne tardèrent pas à justifier. « Le prince » me dit : « Je sais, M. le comte, que vous » avez employé utilement le temps de retraite » que vous avez passé sous le régime français. » Quelles sont les études dont vous vous êtes » occupé, et les ouvrages que vous avez étudiés » de préférence? » Je lui répondis : « Ce sont, » monseigneur, les études et les ouvrages qui

» regardent les sciences morales, religion, poli-
» tique, philosophie, histoire. J'avouerai à Votre
» Altesse Royale que les sciences physiques ont
» peu attiré mon attention. Quant aux ouvrages
» politiques, j'ai pris pour objet de mes études
» ceux où cette science est traitée d'après la
» Bible et non d'après Machiavel. » « J'excuse
» Machiavel, » me répondit Son Altesse Royale,
» « car il n'a pas dit qu'il fallait employer les
» moyens qu'il présente; il s'est borné à les
» faire connaître, comme moyens dont il est
» possible de se servir. » — « Du moins, Votre
» Altesse Royale conviendra que ce sont là des
» révélations bien dangereuses pour ceux qui
» ont entre les mains tous les moyens d'en abu-
» ser. » — « Le comte de Thiennes m'a dit
» beaucoup de bien de vous. » — « Le comte
» de Thiennes me juge, monseigneur, avec la
» prévention de l'amitié. » — « J'espère que
» vous ne vous établirez pas en France, et
» que vous vous rendrez utile à votre pays. »
» — « Ma résolution dépendra, monseigneur,
» des institutions que recevra mon pays, et du
» souverain qui lui sera donné. » — « Mais, »
» répondit le prince, « les institutions qu'on lui
» donnera doivent mériter votre confiance, car
» elles seront discutées dans une assemblée com-

» posée de tout ce que l'Europe renferme de
» personnages éminents, et, quant au souverain
» qu'on lui donnera, il est à peu près connu. »
» — « Je ne doute nullement des intentions
» bienveillantes de Votre Altesse Royale, mais
» quant à l'assemblée qu'Elle désigne ici, les
» peuples ont été si souvent induits en erreur
» par des paroles, qu'il ne faut pas leur savoir
» mauvais gré de ne s'en rapporter désormais
» qu'aux effets. » — « Nous chercherons avec
» le comte de Thiennes quelque moyen d'em-
» ployer votre temps, qui puisse vous conve-
» nir. » — « Votre Altesse Royale me juge trop
» favorablement; mais, après l'application à la-
» quelle je me suis livré, j'ai besoin de quelque
» repos, avant de me décider à accepter une
» occupation forcée. » — Après quelques phrases
» polies, Son Altesse Royale me fit la révérence
» de congé; je sortis et ne tardai pas à me
» féliciter d'avoir échappé aux offres gracieuses
» qui m'avaient été faites. » — Au lieu de rechercher des fonctions officielles, le comte Henri,
compris parmi les Notables chargés de se prononcer sur le mérite de la *Loi fondamentale,*
émit un vote négatif.

On comprendra sans peine que ce vote n'était
pas de nature à procurer au grand maréchal du

palais la faveur et la confiance du roi son maitre. De même que ses fils, le comte de Mérode-Westerloo s'exprimait sur les déplorables tendances du gouvernement avec cette noble franchise, exempte à la fois de hauteur et de complaisance, qui fut toujours l'un des traits distinctifs de son caractère. Il ne cachait ni au roi ni aux ministres les iniquités et les périls d'une politique en opposition avec les intérêts les plus élevés et les sentiments les plus vivaces des deux tiers de la nation. Une fois même, il ne craignit pas de faire, en termes respectueux, une allusion directe aux malheurs et aux humiliations qui furent le résultat des tentatives audacieuses de Joseph II. Guillaume, qui croyait sincèrement à l'excellence et à l'équité de son système, répondit par un sourire; mais il ne tarda pas à donner à son interlocuteur une preuve éclatante de sa désapprobation. A la fin de décembre 1815, tous les grands officiers de la cour furent nommés grand'croix ou commandeurs de l'ordre du Lion néerlandais, tandis que la simple croix de chevalier fut adressée au comte de Mérode-Westerloo. Celui-ci répondit aussitôt qu'un tel envoi lui prouvait que ses services n'étaient pas agréables à Sa Majesté, et qu'il La priait d'accepter, avec sa démission, la restitution des insignes qu'Elle avait daigné lui décerner.

A dater de ce jour, les relations officielles cessèrent; mais les membres de la famille de Mérode n'en continuèrent pas moins à être parfaitement accueillis par le roi et la reine des Pays-Bas. Ils étaient de toutes les fêtes de la cour, et avaient même l'honneur de recevoir de temps à autre la visite du prince héréditaire, qui régna plus tard en Hollande sous le titre de Guillaume II. Ce jeune prince, à peine âgé de 22 ans lorsque son père monta sur le trône, s'était déjà couvert de gloire en Espagne, où il avait servi en qualité d'officier général anglais et d'aide de camp du duc de Wellington; et l'on sait que sa conduite ne fut ni moins brillante ni moins appréciée aux Quatre-Bras et à Waterloo. Doué d'un esprit brillant et chevaleresque, d'un caractère aimable et gai, il avait promptement gagné les sympathies des Belges. On peut affirmer avec certitude que, s'il avait occupé le trône en 1830, la révolution de Juillet n'eût pas amené la révolution de Septembre.

Telle était la situation lorsque l'année 1828 vit surgir ce vaste pétitionnement dont nous avons déjà parlé.

Au mois de janvier, le vicomte Vilain XIIII et M. de Robiano de Borsbeek vinrent soumettre à l'avis du comte de Mérode-Westerloo un projet de pétition réclamant l'intervention des Etats Généraux pour faire doter le pays des bienfaits de la liberté d'enseignement. La requête était conçue en termes modérés, mais elle faisait nettement ressortir la déplorable situation de l'enseignement catholique dans le royaume. Le gouvernement ne s'était pas contenté de supprimer les colléges libres et de rendre les séminaires inaccessibles par l'obligation imposée aux jeunes lévites de passer par le *Collége philosophique :* il avait poussé ses rancunes et sa peur de la liberté au point d'ordonner la fermeture de toutes les pensions particulières !

Poussé, d'une part, par le désir de contribuer au redressement d'un grief incontestable ; arrêté, de l'autre, par le pressentiment de la catastrophe qui se trouvait au bout de la voie dans laquelle on allait s'engager, le comte, malgré l'énergie de son caractère et la force de ses convictions religieuses, éprouva quelques hésitations ; mais, dès le lendemain, il prit résolument son parti. Il consentit à placer son nom à la tête de la liste, et en signant il dit à M. Vilain XIIII : « Voici une démarche qui peut avoir des suites » incalculables ; je connais ce pays, et je me » rappelle ce qui s'est passé en 1789. » Ses fils suivirent son exemple, et le nombre des signatures s'éleva rapidement à 80,000. Les choses se passèrent de la même manière à l'égard d'une pétition demandant la liberté de la presse.

Comme cette démarche ne produisit aucun résultat, le mouvement se manifesta de nouveau en 1829, et cette fois les pétitions arrivèrent par centaines sur le bureau de la seconde Chambre des Etats Généraux.

On sait ce qui suivit. Les députés hollandais insultèrent les pétitionnaires et ceux qui prenaient leur défense dans l'enceinte des Chambres; les officiers du parquet multiplièrent les procès de presse et poursuivirent les journalistes indépendants avec une rigueur inusitée; et le roi Guillaume, dédaignant et bravant le mouvement national, répondit par un arrêté déclarant incapables d'occuper une fonction civile ou ecclésiastique tous ceux qui, méprisant l'enseignement de l'Etat, auraient fait leurs études en pays étranger. Les pétitionnaires n'obtinrent qu'une seule concession : la fréquentation du *Collége philosophique* cessa d'être obligatoire, pour devenir simplement facultative.

Plein de confiance dans la force et la durée de l'organisation monarchique que le congrès de Vienne avait donnée à l'Europe; rassuré d'ailleurs par des alliances de famille qui, à son avis, lui garantissaient l'appui des souverains les plus puissants et les plus redoutés, Guillaume Ier adressa, le 11 décembre 1829, à la seconde Chambre des Etats Généraux, un message rempli de menaces à peine déguisées. « La presse, » » disait-il, «... avilie par des malveillants au » point d'être devenue un moyen de provoquer » la dissension, le mécontentement, les haines » religieuses, l'esprit de faction, de censure et » de révolte, a tellement miné la tranquillité pu- » blique, la force morale de l'Etat, la marche » libre du gouvernement et l'observation des de- » voirs attachés aux fonctions publiques, que c'est » pour nous un devoir douloureux à remplir de » fixer sérieusement sur cet objet notre attention » commune. » Il ajoutait : « La nation a le droit » d'attendre de Nous que Nous mettions autant » de fermeté à repousser des prétentions inconsi- » dérées, que Nous avons d'empressement à ac- » cueillir de sages désirs. Cette fermeté, qui est » la base du bonheur social, est également le prin- » cipe constitutif de notre règne, et Nous ne dou- » tons pas que l'assurance que Nous donnons ici » de notre *répugnance à dépasser la ligne qui* » *sépare la fermeté nécessaire d'une indulgence* » *déplacée,* n'encourage les gens de bien et ne » déjoue tout espoir de voir réussir *les moyens*

» *de violence et de résistance.* » Le divorce entre le roi et la nation était à la veille de s'accomplir!

Sous ces tristes auspices s'ouvrit l'année 1830, et le comte de Mérode-Westerloo mourut le 18 février.

III.

LE COMTE DE MÉRODE
ET L'A RÉVOLUTION DE SEPTEMBRE.

(AOUT-SEPTEMBRE 1830).

Troubles de la nuit du 25 août 1830. — La police hollandaise et
la *Muette de Portici*. — Soulèvement du peuple de la capitale. —
Incendie du palais du ministre de la justice. — Les autorités locales
se réunissent en conseil à l'hôtel de ville. — La nuit se passe en
discussions stériles. — Le comte de Mérode et quelques citoyens
courageux viennent demander l'autorisation d'organiser une garde
bourgeoise. — Assentiment de l'autorité provinciale et de l'autorité
communale. — La garde bourgeoise est armée à l'aide des fusils de
la garde communale. — Désarmement des prolétaires. — Rétablissement momentané de l'ordre matériel. — Le comte de Mérode est
nommé membre de la députation envoyée à La Haye pour plaider la
cause des Belges auprès du roi Guillaume Ier. — Retour de la députation. — Nouveaux troubles survenus pendant son absence. — Les
députés annoncent le résultat de leurs démarches dans une proclamation adressée au peuple. — La proclamation est brûlée sur la
place publique. — Désordres suscités par les provocations brutales
de la presse hollandaise. — Le vœu d'une séparation administrative
entre le Nord et le Midi du royaume se manifeste énergiquement

dans toutes les provinces. — On commence à parler de l'établissement d'un gouvernement provisoire. — Départ de la garnison. — Anarchie politique et administrative. — Le comte de Mérode fait partie d'une *Commission de sûreté publique.* — Attitude courageuse des membres de la Commission. — Le mouvement révolutionnaire grandit, malgré leurs efforts, et triomphe de tous les obstacles. — La populace désarme les postes de la garde bourgeoie et envahit l'hôtel de ville. — Le comte de Mérode harangue le peuple. — Dissolution de la Commission de sûreté publique. — Arrivée des troupes royales. — Journées de Septembre. — Victoire du peuple.

Dans la nuit du 25 août 1830, le comte Félix de Mérode, que la liquidation de la succession paternelle avait amené à Bruxelles, fut réveillé en sursaut par un bruit inaccoutumé. C'étaient les chants, les vociférations et les applaudissements d'une foule immense, réunie sur la place du Petit-Sablon pour contempler les flammes qui dévoraient l'hôtel du ministre de la Justice, M. Van Maanen.

La nouvelle de la révolution de Paris et de la chute de la branche aînée des Bourbons, arrivant à Bruxelles au moment où le mécontentement de toutes les classes était parvenu à son apogée, produisit un effet qu'il était facile de présager. A l'aspect d'une illustre et puissante monarchie, renversée à la suite d'un combat de trois jours dans quelques rues de sa capitale, l'attitude et le langage des adversaires du gouvernement néerlandais prirent un caractère de hauteur et de menace jusque-là sans précédents dans nos débats politiques. On ne se gênait plus pour prédire hautement à Guillaume Ier le triste sort de Charles X, s'il persistait à dédaigner les vœux légitimes de la majorité de son peuple. Dans les rues, sur les places publiques, dans les cafés, dans les ateliers, on lisait à haute voix les journaux de Paris, et partout le peuple applaudissait à outrance. « Voilà, disait-on, comme » on fait une révolution! Un roi se parjure, et on » le chasse! Vivent les barricades! Vivent les » bras populaires pour écraser le despotisme et » ses satellites! Vive le peuple! » Tels étaient partout les commentaires de la foule (1).

Alarmée par l'état d'effervescence où se trouvaient les esprits, l'autorité communale, saisissant le prétexte du *mauvais temps*, avait décidé que, cette fois, le 24 août, jour anniversaire de la naissance du roi, ne serait pas l'occasion d'une fête publique; mais, par une singulière inadvertance, cette même autorité ne s'était pas opposée à ce que, le 25 août, la troupe du théâtre de la Monnaie donnât une représentation de la *Muette de Portici*; elle n'avait pas compris que, dans la situation alarmante créée par

(1) De Gerlache, *Hist. du royaume des Pays-Bas*, t. II, p. 245, 3e édition.

la victoire récente du peuple de Paris, l'exaltation de l'émeute sur la scène devait naturellement amener l'émeute sur la place publique.

Elle ne tarda pas à recueillir les tristes fruits de son imprudence. Au moment de l'ouverture des portes du théâtre, une foule bruyante et obéissant visiblement à une impulsion commune se pressait sur la place de la Monnaie. En un clin d'œil la salle fut comble, et, en attendant la levée du rideau, on se permit sur tous les bancs des protestations énergiques contre la politique du roi et des ministres. Puisque la voie solennelle du pétitionnement général devait être abandonnée comme inefficace, il était temps, disait-on, d'obtenir par l'emploi de la force le redressement des griefs de la nation. Pendant la durée du premier acte, l'attitude des spectateurs fut assez paisible; mais, au second, lorsque le pêcheur napolitain voue sa vie au triomphe de la liberté, à l'indépendance du pays et à l'expulsion de l'étranger, une exaltation fébrile s'empara de toutes les têtes. Dès cet instant, au milieu d'une animation toujours croissante, les acteurs furent contraints de répéter tous les passages auxquels il était possible de rattacher une allusion à la domination hollandaise; et enfin, à l'issue du spectacle, la grande majorité des

assistants arriva sur la place en poussant énergiquement le cri significatif : « *Vive la liberté!* »

Groupés autour du péristyle ou disséminés
dans les cafés du voisinage, quelques centaines
d'individus, appartenant en général aux classes
moyennes, attendaient ce signal avec une impatience mal dissimulée (1). Ils se réunirent en
criant avec ensemble : « *Vive de Potter! Vive
la liberté!* »; puis, sans un seul indice d'hési-
tation, ils se mirent en route. Brisant les ré-
verbères, pillant les boutiques des armuriers,
tirant en l'air des coups de fusil ou de pistolet,
ils se divisèrent bientôt en deux bandes, qui se
rendirent successivement devant les demeures du
procureur du roi, du bourgmestre, du directeur
de la police et du trop fameux journaliste ministériel Libry-Bagnano. Chez les deux premiers, on
se contenta de saccager les persiennes et les vi-
tres ; mais, chez les autres, on ne se retira
qu'après avoir brisé les meubles et ravagé tous
les appartements de fond en comble.

Tandis que ces scènes sauvages jetaient la terreur dans quelques quartiers de la ville, un autre
groupe, composé de prolétaires en grande partie
armés et obéissant avec une sorte de discipline

---

(1) A dix heures du soir, on entendit dans les cabarets voisins
plusieurs individus tenir ce langage : « *Partons! On nous attend!...* »

à des meneurs restés inconnus, se forma sur la place du palais de Justice. A minuit, ce rassemblement, qui comptait deux cents individus au plus, s'ébranla sous le commandement de ses chefs, brisa les fenêtres du palais, traversa la rue de la Paille en criant « *A bas Van Maanen!* », et finit par se poster devant l'hôtel de ce ministre, au Petit-Sablon. Après avoir tout brisé, sans en excepter même le modeste ameublement de la loge du portier, on fit, à l'aide des débris, un grand feu sur la place, et quelques hommes, à bras nus et à figure sinistre, proposèrent d'y jeter les archives du ministère. Le conseil fut d'abord suivi; mais bientôt, trouvant l'opération trop longue et trop fatigante, un individu en guenilles cria : « *Ne portons plus! brûlons la maison!* » La foule applaudit; le feu fut mis à l'hôtel, et, vers deux heures du matin, d'immenses colonnes de fumée et de flammes montèrent de toutes les fenêtres, aux applaudissements et aux cris de triomphe de plusieurs milliers de spectateurs.

Ainsi que nous l'avons dit, ce furent ces cris et ces flammes qui annoncèrent au comte de Mérode le soulèvement du peuple de la capitale.

Les principes de dévouement et de générosité dont il s'était nourri depuis son enfance lui signa-

lèrent immédiatement le parti qu'il avait à prendre. Au lieu de rester auprès de ses enfants et
de veiller à la sûreté de l'hôtel de sa mère, il
sortit aussitôt avec la résolution de se mettre à
la disposition de l'autorité locale et de contribuer,
dans la mesure de ses forces, au rétablissement
de l'ordre.

Dans cette nuit si pleine de périls et d'alarmes,
les autorités supérieures de la capitale, qui toutes
avaient eu le grand tort de dédaigner les avis de
la police, s'étaient établies en permanence à l'hôtel de ville. Là se trouvaient le gouverneur, le
directeur de la police, les échevins, le procureur
du roi, les membres du conseil communal, le
commandant de la place et le général commandant la province. Une foule d'avis furent émis,
mais aucun d'eux ne réunit la majorité des suffrages. On manquait à la fois d'énergie morale
pour dicter les ordres et de force matérielle pour
les faire exécuter. La garnison, composée d'envi-
ron quinze cents hommes, était manifestement
insuffisante, alors même qu'on eût pu compter
sur la fidélité absolue des soldats belges, qui en
formaient à peu près les deux tiers. La garde communale, immédiatement convoquée, eût fourni
une masse plus imposante. Mais convenait-il de
lui remettre les armes qui, suivant la législation

de l'époque, étaient déposées dans une caserne ?
Pouvait-on compter sur son obéissance ? N'irait-
elle pas se placer entre les soldats et le peuple ?
Toutes ces questions et une foule d'autres étaient
longuement discutées; au lieu d'agir avec énergie
et promptitude, on dépensait un temps précieux
en débats stériles, lorsque, vers six heures du
matin, quelques citoyens courageux, parmi lesquels se trouvait le comte Félix de Mérode,
arrivèrent à l'hôtel de ville et demandèrent l'autorisation d'organiser une *garde bourgeoise*, uniquement composée d'hommes intéressés au maintien de l'ordre. Leur demande fut accueillie, et
ils obtinrent la permission de s'armer à l'aide des
fusils de la garde communale déposés à la caserne
des Annonciades.

Cette nouvelle se répandit avec une rapidité
extraordinaire. Pendant que les détachements
éparpillés de la garnison, renonçant à la lutte,
se concentraient devant le palais du roi, des
centaines de propriétaires, de négociants, d'ar-
tisans et d'hommes appartenant aux professions
libérales accouraient à l'hôtel de ville, pour se
placer dans les rangs de la *garde bourgeoise*.
Divisés en groupes, placés sous le commandement de chefs librement élus, ils organisaient
des patrouilles, haranguaient le peuple, plaçaient

des sentinelles et protégeaient les maisons mena-
cées de pillage.

Il était temps! Une bande, qui avait envahi
l'hôtel du gouvernement provincial, brisait les
meubles et saccageait les archives. La maison
du commandant de la place éprouvait le même
sort, et déjà plus d'un prolétaire s'écriait qu'on
devait traiter le palais du roi comme on avait
traité l'hôtel de son ministre. Une foule d'hommes sans aveu, qui s'étaient procuré des armes
dans le désordre de la nuit, entraient dans les
boutiques et les cabarets, exigeant des vêtements
et des boissons, brisant et pillant au moindre
refus. Dans plusieurs endroits, les patrouilles
militaires, forcées de se défendre, avaient fait
feu, et dix-huit cadavres gisaient sur la voie
publique. Enfin, pour que rien ne manquât à
ces tristes scènes, une partie de la populace
s'était répandue dans la campagne, pour incendier
les fabriques établies dans les communes voisines.

La *garde bourgeoise* réussit heureusement à
mettre un terme au désordre. La plupart des
prolétaires consentirent à *vendre* leurs fusils; les
autres furent désarmés de force, et, avant la
nuit, la confiance et la sécurité étaient rendues
à tous les quartiers de la ville. Le lendemain,

27 août, la garde reçut une organisation régulière. Le baron d'Hoogvorst en prit le commandement et le comte de Mérode y entra comme simple soldat.

Mais il ne suffisait pas de rétablir momentanément le calme et l'ordre sur la voie publique; il importait avant tout de ramener la confiance et l'affection dans les esprits, en obtenant de la couronne les équitables concessions que réclamait l'opinion publique.

Le 28 août, à sept heures du soir, des habitants notables se réunirent à l'hôtel de ville, au nombre de quarante-quatre, et, après avoir vainement réclamé le concours du gouverneur civil et du conseil communal, ils confièrent à cinq d'entre eux le soin de rédiger une adresse au roi Guillaume. Ces cinq délégués, parmi lesquels se trouvait le comte Félix de Mérode, présentèrent, une demi-heure après, le projet suivant, qui fut adopté à l'unanimité des suffrages :

« SIRE !

» Les soussignés, vos respectueux et fidèles » sujets, prennent la liberté, dans les circon- » stances difficiles où se trouvent la ville de » Bruxelles et d'autres villes du royaume, de dé-

» puter vers Votre Majesté cinq de ses citoyens,
» *MM. le baron Joseph d'Hoogvorst, comte Félix*
» *de Mérode, Gendebien, Frédéric de Sécus* et
» *Palmaert père,* chargés de Lui exposer que
» jamais, dans une crise pareille, les bons habi-
» tants ne méritèrent davantage l'estime de Votre
» Majesté et la reconnaissance publique. Ils ont,
» par leur fermeté et leur courage, calmé en trois
» jours l'effervescence la plus menaçante, et fait
» cesser de graves désordres. Mais, Sire, ils ne
» peuvent le dissimuler à Votre Majesté : le mé-
» contentement a des racines profondes; partout
» on sent les conséquences du système funeste
» suivi par des ministres qui méconnaissent et
» nos vœux et nos besoins. Aujourd'hui, maîtres
» du mouvement, rien ne répond aux bons ci-
» toyens de Bruxelles que, si la nation n'est pas
» apaisée, ils ne soient eux-mêmes les victimes
» de leurs efforts. Ils vous supplient donc, Sire,
» par tous les sentiments généreux qui animent
» le cœur de Votre Majesté, d'écouter leur voix
» et de mettre ainsi un terme à leurs justes do-
» léances. Pleins de confiance dans la bonté de
» Votre Majesté et dans sa justice, ils n'ont député
» vers vous leurs concitoyens que pour acquérir
» la douce certitude que les maux dont on se
» plaint seront aussitôt réparés que connus. Les

» soussignés sont convaincus qu'un des meilleurs
» moyens pour parvenir à ce but si désiré serait
» la prompte convocation des Etats Généraux (1).

» Bruxelles, 28 août 1830. »

Après que l'adresse eut reçu les signatures de
tous les assistants, l'assemblée procéda à la nomination d'une députation de cinq membres,
chargée de porter ce document à La Haye et
d'exposer verbalement au roi les griefs et les
vœux des habitants des provinces méridionales.

(1) Les signataires de l'adresse étaient : Le baron Em. d'Hoogvorst, commandant en chef; le baron de Sécus fils ; A.-J. Moyard,
major ; le comte Werner de Mérode fils ; F. Michiels, capitaine ;
le comte de la Laing, garde ; F. Opdenbosch, fabricant ; Ed.
Stevens, avocat ; Ed. Ducpétiaux, avocat ; L. Jottrand, avocat ;
Isid. Plaisant, avocat ; J. Palmaert fils ; Isid. Vanderlinden, notaire ; Ed. Vanderlinden, avocat ; Palmaert père, négociant ; Aug.
Vandermeeren, major ; Rouppe, ancien maire de Bruxelles ; le
comte Cornet de Grez, membre des Etats Généraux ; Ph. Les-
broussart, professeur ; Ad. Bosch, avocat ; Charles D'Odomont,
aide de camp ; Vleminckx, docteur en médecine ; le comte Ch.
Dandelot, lieutenant ; J.-B. Ghiesbrecht, lieutenant ; le baron F. De
Wyckersloot ; le comte Félix de Mérode, garde ; le baron J. d'Hoogvorst, ancien maire de Bruxelles ; le baron Ch. d'Hoogvorst ;
Joseph Van Delft, lieutenant ; Max. Delfosse, négociant ; le comte
de Bocarmé, adjudant ; Gendebien, avocat ; Gustave Hagemans,
capitaine ; le baron de Sécus, membre des Etats Généraux, garde ;
Sylvain van de Weyer, avocat et bibliothécaire ; J. de Wyckersloot, capitaine ; Fleury-Duray, major ; Huysman d'Annecroix,
membre des Etats Généraux, garde ; Vandersmissen, commandant
en second ; F. Maskens, propriétaire ; Plétinckx, lieutenant-
colonel ; Hauman, avocat ; Hotton, commandant de la garde à
cheval.

Cette fois encore, le nom du comte Félix de Mérode figurait sur la liste.

Lorsque cette députation quitta Bruxelles dans la matinée du 29, la ville avait repris son aspect ordinaire. Les boutiques étaient ouvertes, les marchés approvisionnés, les lieux publics fréquentés par une foule paisible. Les patrouilles de la *garde bourgeoise* sillonnant les rues et la présence d'un camp en face du palais du roi indiquaient seules qu'on se trouvait à une époque d'effervescence et de crise. Il en était tout autrement lorsque, quatre jours après, les députés revinrent de la résidence royale. Les écussons du chef de l'Etat avaient disparu; les arbres des boulevards, abattus par le peuple, obstruaient les abords des barrières; des barricades surmontées des vieilles couleurs brabançonnes se dressaient dans les rues; des pierres et des poutres, entassées jusque sur les toits des maisons les plus exposées, dénotaient la résolution d'une défense à outrance : bref, partout où ils portaient leurs regards, ils apercevaient les signes avant-coureurs d'un bouleversement politique.

Des incidents très-graves étaient survenus pendant leur absence.

A la première nouvelle des tristes épisodes de

la nuit du 25 août, le roi Guillaume avait convoqué le conseil des ministres. Il y fut décidé que le prince d'Orange et le prince Frédéric prendraient immédiatement le chemin de Bruxelles, pendant qu'on dirigerait sur la même ville toutes les troupes disponibles dans les provinces septentrionales. Les princes partirent dans la nuit du 28 et arrivèrent le 30 à Vilvorde, où ils établirent leur quartier général, entourés d'un corps d'armée de cinq à six mille hommes.

Malheureusement, aussitôt que le peuple apprit que l'armée faisait des préparatifs pour venir se substituer à la garde bourgeoise, une agitation violente, cette fois impossible à comprimer, se manifesta dans tous les quartiers. Les boutiques se fermèrent, la foule se précipita vers l'hôtel de ville, et partout on entendit, avec les cris « aux armes! aux armes! », des menaces significatives à l'adresse de ceux qui oseraient prêter la main à l'exécution des ordres partis de la Haye. Hommes, femmes, enfants, tous se mirent à l'œuvre, et, en moins de deux heures, on vit surgir les redoutables moyens de résistance dont nous venons de parler. La garde bourgeoise elle-même ne se montrait guère disposée à céder la place avant le redressement des griefs de la nation. Il est certain que, si les princes avaient persisté

dans la résolution d'entrer à Bruxelles à la tête
des soldats placés sous leurs ordres, des flots
de sang auraient inondé les rues de la capitale. Le
péril ne fut écarté que par l'héroïsme du prince
d'Orange, qui consentit à se rendre seul dans une
grande cité où le pouvoir royal n'avait plus qu'une
existence nominale (1).

.Ainsi qu'il arrive toujours en temps de révolution, les exigences du peuple soulevé s'accrurent
d'heure en heure. Le 28 août, on ne demandait
que le redressement des griefs allégués par les
provinces méridionales : le 1ᵉʳ septembre, les mots
de *séparation administrative* étaient sur toutes
les lèvres. A la lecture des outrages et des bra-
vades qui remplissaient les colonnes des feuilles
hollandaises, le vœu d'une séparation administrative s'était brusquement manifesté de toutes parts
avec une énergie contre laquelle il était désormais
inutile de lutter. Dans les salons, dans les cafés,
dans tous les lieux publics, on rencontrait des
orateurs qui s'efforçaient de prouver que la dissolution de l'union contractée en 1815 était le seul
moyen de sauvegarder les droits et les intérêts
des Belges. « Séparons-nous! Chacun chez soi!
» Les Hollandais en Hollande, les Belges en Bel-

(1) 1ᵉʳ Septembre.

» gique! Plus d'autre lien, d'autre point de contact » que la dynastie régnante! » Tel était le cri général.

Ce fut au milieu de cette explosion du sentiment national que les cinq députés envoyés à La Haye firent connaître le résultat de leurs efforts, dans une proclamation ainsi conçue :

« RAPPORT (1).

» MESSIEURS,

» Arrivés à La Haye, lundi 30 août, à une » heure, nous avons demandé une audience à » Sa Majesté. Une demi-heure s'était à peine » écoulée, que déjà nous avions reçu une réponse » favorable. Le mardi à midi, nous nous sommes » rendus au palais. Sa Majesté nous a reçus » avec bienveillance, nous a demandé nos pou- » voirs et n'a pas décliné le titre en vertu » duquel nous nous présentions.

» Après avoir entendu la lecture de notre » mission écrite, Sa Majesté nous a dit qu'elle » était charmée d'avoir pu devancer nos vœux, » en convoquant les Etats Généraux pour le 13

(1) Le rapport avait été adressé aux citoyens notables dont la députation tenait son mandat.

» septembre : moyen légal et sûr de connaître
» et de satisfaire les vœux de toutes les parties
» du royaume, de faire droit aux doléances et
» d'établir les moyens d'y satisfaire.

» Après quelques considérations générales;
» nous sommes entrés dans l'exposé, puis dans
» la discussion des divers points dont votre réu-
» nion du 28 nous avait chargés verbalement
» de faire communication à Sa Majesté.

» Une discussion s'est établie sur les théories
» de la responsabilité ministérielle et du contre-
» seing. Le roi a dit que la loi fondamentale
» n'avait pas consacré nos théories; qu'elles
» pouvaient être justes et même utiles, mais
» qu'elles ne pouvaient être établies que par un
» changement à la loi fondamentale, de com-
» mun accord avec les Etats Généraux convo-
» qués en nombre double; qu'une session ex-
» traordinaire s'ouvrant le 13 septembre, il
» pourrait y avoir lieu, soit à sa demande, soit
» sur l'invitation de la seconde Chambre, à une
» proposition sur ce point, comme sur tous les
» autres exposés par nous et jugés utiles ou
» avantageux au pays.

» Sur la demande du renvoi de quelques mi-
» nistres et particulièrement de M. Van Maanen,
» Sa Majesté n'a pas dit un mot en leur faveur;

» Elle n'a ni témoigné de l'humeur, ni articulé
» de contradiction sur les plaintes que nous Lui
» avons énumérées longuement à leur charge.
» Elle a fait observer que la loi fondamentale
» lui donne le libre choix de ses ministres; que
» du reste Elle ne pouvait prendre aucune dé-
» termination aussi longtemps qu'Elle y parai-
» trait contrainte; qu'Elle tenait trop à l'honneur
» de conserver sa dignité royale, pour paraître
» céder, comme celui à qui on demande quelque
» chose *le pistolet sur la gorge*. Elle nous a
» laissé visiblement entrevoir, ainsi qu'aux dé-
» putés liégeois, qu'Elle pourrait prendre notre
» demande en considération.

» Au sujet de la Haute-Cour, Sa Majesté a
» dit que ce n'était qu'après mûre délibération
» que le lieu de son établissement avait été
» choisi; que du reste Elle s'occuperait de cette
» réclamation et aviserait au moyen de concilier
» tous les intérêts.

» Sur nos demandes au sujet de l'inégale ré-
» partition des emplois et des administrations pu-
» bliques, Sa Majesté a paru affligée, et sans
» contester la vérité des faits, Elle a dit qu'il
» était bien difficile de diviser l'administration;
» qu'il était bien plus difficile encore de contenter
» tout le monde; qu'au reste Elle s'occuperait de

» cet objet aussitôt que le bon ordre serait rétabli.
» Qu'il convenait, avant tout, que les princes,
» ses fils, rentrassent dans Bruxelles à la tête de
» leurs troupes et fissent ainsi cesser l'état appa-
» rent d'une obsession à laquelle Elle ne pouvait
» céder, sans donner un exemple pernicieux pour
» toutes les autres villes du royaume.

» Après de longues considérations sur les in-
» convénients et même les désastres probables
» d'une entrée de vive force par les troupes, et
» les avantages d'une convention et d'une pro-
» clamation pour cette entrée, en maintenant
» l'occupation partielle des postes de la ville par
» la garde bourgeoise, Sa Majesté nous a invités
» à voir le ministre de l'Intérieur et à nous pré-
» senter aux princes, lors de notre retour à
» Bruxelles. En terminant, Sa Majesté a exprimé
» le désir que tout se calmât au plus vite et nous
» a dit avec une vive émotion et répété à plusieurs
» fois combien Elle avait horreur du sang.

» Après deux heures d'audience, nous avons
» quitté Sa Majesté, et nous sommes allés chez
» le ministre de l'intérieur qui, devant se rendre
» chez le Roi, nous a donné rendez-vous à huit
» heures du soir.

» Les mêmes discussions se sont établies sur
» les divers objets soumis par nous à Sa Majesté;

» tout s'est fait avec une franchise et un abandon
» qui ont donné les plus grandes espérances. M. de
» Lacoste (1) nous a prouvé qu'il a le cœur belge
» et qu'il est animé des meilleures intentions.

» Bruxelles, le 2 septembre 1830.

> » Jos. d'Hoogvorst. Alex. Gendebien.
> » Comte Félix de Mérode. Baron
> » Frédéric de Sécus fils. Palmaert
> » père. »

On devine sans peine l'effet que cette publication devait produire dans les masses. Au point où les choses en étaient venues, cet appel à la légalité, ces promesses dépourvues d'engagements positifs, ce désir de faire du désarmement du peuple la condition du renvoi des ministres impopulaires, en un mot, ces intentions bienveillantes, loyalement mais timidement manifestées, ne pouvaient plus arrêter les esprits déjà lancés dans une voie révolutionnaire. A mesure que le rapport était connu, des cris et des menaces se faisaient entendre jusque dans les rangs de la garde bourgeoise. On parlait de perfidie, de promesses trompeuses, de piéges tendus à la bonne

(1) Ministre de l'Intérieur.

foi du peuple. Les exemplaires de la proclamation affichés aux coins des rues furent arrachés,
lacérés et brûlés sur la place de l'hôtel de ville,
au milieu des huées et des sifflets de la foule.
Il fallait que la popularité des députés fût bien
grande pour ne pas être atteinte par la réprobation à peu près unanime que rencontrait leur
œuvre !

Malgré le dévouement et l'énergie de la bourgeoisie armée, le péril devenait à chaque instant plus imminent et plus redoutable.

Dans la matinée du 3 septembre, les membres des Etats Généraux présents à Bruxelles se
rendirent auprès du prince d'Orange. Ils lui
dirent que, malgré l'entraînement des esprits,
*la dynastie des Nassau n'avait pas cessé d'être
le vœu unanime des Belges;* mais ils ajoutèrent
que désormais une séparation administrative entre le Nord et le Midi du royaume était l'unique
moyen de mettre un terme au désordre. Les
membres de la *Commission consultative,* que le
prince avait instituée le jour de son arrivée, tinrent le même langage, et leurs allégations furent
énergiquement confirmées par tous les chefs de
la garde bourgeoise. Alors le noble descendant
des Nassau, qui s'était si généreusement confié à
la loyauté du peuple, prit le parti d'aller lui-

même déposer les vœux de la nation au pied du trône ; et, en retour, la garde, par l'organe des commandants des sections, s'engagea sur l'honneur à ne pas souffrir de changement de dynastie, à protéger la ville et à veiller à la sécurité des palais (1).

Le prince partit à cheval, vers trois heures, entouré des chefs de la garde bourgeoise et suivi de son état-major. Les troupes de la garnison, qui avaient jusque-là bivaqué sur la place des Palais, ne tardèrent pas à se diriger à leur tour sur Vilvorde, et, à l'arrivée de la nuit, la capitale était entièrement abandonnée à elle-même.

On le voit : jusqu'à ce jour, le mouvement n'avait pas franchi les dernières limites de la légalité. Le prince se berçait de l'espoir de revenir bientôt à Bruxelles, au milieu des acclamations unanimes d'un peuple loyal sincèrement réconcilié avec son souverain. La bourgeoisie armée était fermement résolue à ne pas souffrir qu'un changement de dynastie sortît de la suspension momentanée du régime ordinaire. L'un et l'autre agissaient avec une incontestable sincérité, mais l'un et l'autre avaient oublié de faire entrer dans leurs calculs les brusques pé-

---

(1) Voy. les proclamations publiées dans la journée du 3 septembre.

ripéties qu'amène toujours le déchaînement du lion populaire. Le prince d'Orange ne devait plus revoir le palais qu'il venait de quitter, et, quelques semaines plus tard, la dynastie des Nassau, maintenant encore *le vœu unanime des Belges,* était solennellement et à perpétuité exclue de tout pouvoir en Belgique !

Il ne nous appartient pas de raconter en détail les erreurs et les fautes qui amenèrent cette catastrophe inattendue. Nous nous bornerons au récit succinct des faits dont la connaissance est indispensable pour apprécier exactement le rôle joué par le comte de Mérode.

Durant les premiers jours qui suivirent le départ de l'héritier du trône, l'ordre matériel ne fut pas troublé; mais le mouvement de résistance à la domination hollandaise se développa avec une vigueur extraordinaire. Les scènes de violence qui avaient alarmé Bruxelles se reproduisirent, avec plus ou moins de désordre, à Liége, à Bruges, à Louvain, à Mons, à Namur, à Tournai, à Verviers, à Charleroi, à Ath et ailleurs. Chaque jour des centaines de volontaires armés arrivaient de toutes les provinces pour partager les dangers de la capitale, et leur nombre ne tarda pas à devenir tellement considérable que, par une proclamation du 8 septembre, le commandant en chef de la garde bourgeoise dut les engager à suspendre leur marche jusqu'au jour où l'intérêt de la patrie réclamerait leur présence. Le mot décisif de révolution n'était pas encore prononcé; mais on se permettait de plus en plus des actes qui, au premier mouvement des troupes royales, ne pouvaient manquer d'amener une collision sanglante. Cinq cents déserteurs de l'armée furent reçus, fêtés et logés à la caserne du Petit-Château.

Cependant, depuis le 27 août, l'autorité légale n'était plus représentée que par le gouverneur civil et le conseil communal, le premier suspect comme agent de la politique hollandaise et le second dépourvu d'influence réelle sur le peuple. Cette autorité, faible, vacillante, déconsidérée et n'ayant d'autre appui que l'assentiment chaque jour plus douteux de la garde bourgeoise, devint manifestement insuffisante lorsque les feuilles hollandaises, combattant énergiquement le vœu de la séparation, commirent l'inconcevable imprudence de faire un appel aux armes. Les *rebelles* des provinces méridionales y étaient signalés à la vindicte des lois; les chefs du mouvement national étaient transformés en chefs de brigands et d'incendiaires; le *Handelsblad* d'Amsterdam demandait ironiquement qui « avait donné aux

» Bruxellois le droit d'avoir une volonté », et l'*Arnemsche Courant* poussait l'aveuglement et la haine au point de s'écrier : « Aux armes! » A bas les rebelles! *Sang de rebelles n'est pas* » *sang de frères!* » Par une conséquence inévitable, les journaux belges relevaient ces attaques, insultaient et menaçaient les Hollandais ; le peuple, grossièrement provoqué, prenait fait et cause pour la presse nationale, et bientôt on vit se produire des symptômes tellement redoutables que, de l'aveu de tous, l'institution d'un pouvoir central, jouissant de la confiance des masses, était le seul moyen de prévenir une catastrophe.

Après avoir obtenu l'assentiment du gouverneur et de l'administration communale, les membres des Etats Généraux présents à Bruxelles, les délégués de la garde bourgeoise et plusieurs habitants notables se réunirent à l'hôtel de ville, le 8 septembre, à six heures du soir. Ils y procédèrent, par voie de scrutin secret, à la formation d'une liste de seize candidats, parmi lesquels le conseil communal choisit, le lendemain, huit membres d'une *Commission de sûreté publique.* Le comte Félix de Mérode fut encore une fois du nombre des élus.

La commission fit aussitôt connaître son instal-

lation et la nature de son mandat dans les termes
suivants :

« Habitants de Bruxelles !

» La commission de sûreté, choisie par les sec-
» tions et nommée par la régence, est installée.

» Elle vous engage à attendre avec calme le
» résultat de l'ouverture des Etats Généraux, per-
» suadés que vous devez être, que les députés des
» provinces méridionales soutiendront en loyaux
» mandataires les vœux de ces provinces.

» Elle vient d'acquérir la certitude, qu'à partir
» de lundi prochain les ouvriers sans occupation
» seront admis à travailler au boulevard entre la
» porte de Hal et celle d'Anderlecht.

» Elle invite cependant les chefs d'ateliers à
» conserver du travail à leurs ouvriers.

» Elle a invité la régence, dans l'intérêt du
» commerce, à faire achever au plus tôt les tra-
» vaux du canal, et à annoncer l'époque de son
» ouverture, afin de rétablir les communications
» commerciales.

» Elle prendra toutes les mesures nécessaires,
» en s'assurant du commun accord des autres
» villes, *pour le maintien de la dynastie et de*
» *la tranquillité publique*, et pour faire conver-

» ger les opinions et les efforts des citoyens vers
» un même but patriotique, en sorte qu'ils ne
» soient détournés de cet intérêt légitime par au-
» cune influence étrangère.

» Fait à Bruxelles, le 11 septembre 1830.

» Comte Félix de Mérode; A. Gende-
» bien; Rouppe; F. Meeus; Sylvain
» van de Weyer. »

En plaçant au premier rang de ses devoirs le
maintien de la dynastie régnante, la *Commission
de sûreté* n'était plus, comme elle l'eût été six
jours auparavant, l'organe des vœux unanimes
des Belges. Dans les débats qui précédèrent sa
formation, le projet d'établir un *gouvernement
provisoire* avait été chaleureusement proposé par
plusieurs membres de l'assemblée. A chaque instant la pente sur laquelle on s'était engagé
devenait plus glissante, et les hommes modérés
eux-mêmes commençaient à se familiariser avec
l'idée d'une révolution analogue à celle qui avait
amené l'expulsion de Charles X.

La *Commission de sûreté* ne s'en mit pas moins
à l'œuvre avec un dévouement à la hauteur des
circonstances. Ses efforts obtinrent d'abord un
plein succès. La ville reprenait peu à peu son

aspect ordinaire; la confiance renaissait; le commerce et le travail allaient sortir de leur marasme, lorsque, par une déplorable coïncidence, le discours prononcé par le roi, le 13 septembre, à l'ouverture des Etats Généraux, vint se combiner avec l'attitude menaçante des troupes et amena des désordres à côté desquels tous les mouvements antérieurs étaient dépourvus de couleur et d'importance.

Guillaume Ier avait soumis à l'appréciation des Etats Généraux le problème de la séparation administrative du Nord et du Midi du royaume; mais, après avoir rappelé que ce vœu ne pouvait être réalisé que suivant les formes lentes et solennelles tracées par la Constitution des Pays-Bas, il avait ajouté : «... Je ne céderai jamais » à l'esprit de parti, et je ne consentirai jamais » à des mesures qui sacrifieraient le bien-être et » les intérêts de la patrie aux passions et à la » violence. » Il était évident que le chef de l'Etat, devant à la fois sauvegarder sa dignité personnelle et rester fidèle aux serments qu'il avait prêtés à son avénement au trône, ne pouvait tenir un autre langage; mais, à Bruxelles, où l'on semblait ne pas se douter des difficultés de toute nature que la séparation devait rencontrer sur le terrain de la légalité et sur le terrain des faits, où l'on voulait que le vœu émis par le peuple obtînt une réalisation complète et immédiate, à Bruxelles le discours du roi, envisagé comme un piége tendu à la bonne foi de la nation, fut brûlé sur la place publique. Les outrages prodigués aux députés belges par la populace de La Haye augmentèrent l'irritation, et celle-ci dépassa toutes les bornes lorsqu'on apprit que le prince Frédéric, sans attendre la décision des Etats Généraux, voulait entrer à Bruxelles, à la tête d'un corps de 10,000 hommes de troupes d'élite.

Le 20 septembre, à sept heures du matin, l'aspect sinistre de la ville disait assez que des événements graves allaient s'accomplir. Les magasins et les lieux publics étaient fermés; la circulation des voitures avait cessé; la police avait disparu; les membres de la milice bourgeoise, alignés, l'arme au pied, devant leurs corps de garde, étaient visiblement irrésolus; l'inquiétude, l'effroi, la crainte du pillage se montraient sur les traits des rares habitants qui se hasardaient à franchir le seuil de leurs demeures; un lugubre silence, souvent interrompu par les cris et les vociférations des bandes de prolétaires qui se dirigeaient vers l'hôtel de ville, avait remplacé le tableau si plein de vie et d'activité qui annonce le réveil d'une grande capitale.

Une demi-heure plus tard, plusieurs milliers d'hommes du peuple, parmi lesquels on remarquait un grand nombre de volontaires accourus des villes de province, étaient réunis devant l'antique édifice où siégeaient la *Commission de sûreté*, l'état-major de la garde bourgeoise et plusieurs habitants notables jouissant de la confiance de leurs concitoyens. Toute cette multitude criait qu'il était temps d'en finir, qu'un mois entier s'était passé en négociations stériles, que les Hollandais s'avançaient pour massacrer le peuple, que les bourgeois ne cherchaient que le prétexte et le moyen de se réconcilier avec le gouvernement de La Haye. La foule, de plus en plus surexcitée par ces discours, se fractionna ensuite en plusieurs bandes, qui se mirent à parcourir les rues en poussant les cris : « Aux » armes! Aux armes! Mort aux traîtres! » L'une d'elles s'empara de cinq caisses de fusils imprudemment déposées sous les galeries intérieures du palais de justice, et dès lors toute résistance devint impossible. Les postes de la garde bourgeoise, faiblement défendus, furent désarmés les uns à la suite des autres, et lorsque, deux heures après, les divers groupes se réunirent de nouveau sur la place de l'hôtel de ville, ils exigèrent avec menaces qu'on leur livrât toutes les armes qui se trouvaient à la disposition de la *Commission de sûreté*. Ce fut en vain que celle-ci voulut défendre l'entrée du local de ses séances. Ce fut tout aussi inutilement que le comte de Mérode, parcourant les groupes les plus exaltés, s'efforça de leur faire comprendre l'injustice de leurs soupçons et les périls de l'anarchie où ils allaient jeter le centre du mouvement national. La populace enfonça les portes, s'empara des armes, brisa des meubles précieux et fit courir un danger réel aux hommes qui s'efforçaient de calmer ses fureurs.

Alors un découragement profond s'empara des défenseurs les plus purs et les plus désintéressés de la· cause nationale. Voyant, d'un côté, les troupes royales concentrées à deux lieues de la capitale; de l'autre, des bandes armées qui se montraient prêtes à. braver les derniers scrupules, la plupart de ceux qui avaient joué un rôle important cherchèrent prudemment un asile. La *Commission de sûreté,* dissoute par le fait, disparut comme le gouverneur, comme le collége échevinal, comme le conseil de la commune. La classe inférieure était maîtresse absolue d'une somptueuse capitale !

Trois jours plus tard, le prince Frédéric se présenta aux portes, à la tête d'une armée de 10,000 hommes.

On connaît les suites de cette agression. Le peuple, abandonné à lui-même, se défendit avec un admirable courage. Assisté de quelques centaines de volontaires venus du Hainaut, de la Flandre et surtout de la province de Liége, il combattit pendant quatre jours et termina par une victoire éclatante une lutte qui, même dans l'opinion des amis de la cause nationale, devait inévitablement aboutir à une défaite honteuse (1).

(1) On trouve des renseignements complets sur la première période de la révolution dans un ouvrage anonyme publié à Bruxelles en 1830, sous le titre de *Esquisses historiques sur la révolution de Belgique en 1830* (Tarlier, 2 vol. in-8°).

IV.

LE COMTE DE MÉRODE
AU GOUVERNEMENT PROVISOIRE.

(SEPTEMBRE-NOVEMBRE 1830).

Le comte de Mérode devient membre du gouvernement provisoire. — Avantages que la cause nationale retire de sa présence au pouvoir central. — Appréciation de ces avantages par un journal français. — Difficultés de la situation intérieure. — Embarras et périls de la situation extérieure. — Le patriotisme du gouvernement provisoire triomphe de tous les obstacles. — Affranchissement du territoire national. — Héroïsme et mort glorieuse du comte Frédéric de Mérode. — Dissidences au sein de l'administration centrale. — Mesures violentes proposées par M. de Potter et combattues par le comte Félix de Mérode. — Ligne de conduite suivie par le gouvernement provisoire dans l'organisation politique et administrative du pays. — Négociations diplomatiques avec la France, avec l'Angleterre et avec la Conférence de Londres. — Bilan des travaux du gouvernement provisoire au moment de la réunion du Congrès national. — Le comte Félix de Mérode et les *Souvenirs personnels* de M. de Potter. — Causes et inanité des rancunes de ce dernier. — Le peuple, loin de partager ces rancunes, veut placer un comte de Mérode sur le trône constitutionnel des Belges. — Ce vœu se manifeste dans la presse et dans les circulaires électorales. — Le prince d'Orange envoie des émissaires au comte de Mérode. — Opinion de ce dernier sur le choix du futur souverain de la Belgique. — Il est élu membre du Congrès national dans trois provinces.

Le **24** septembre , pendant que le peuple , abandonné à lui-même, sans chefs et sans impulsion commune, combattait et mourait sur les barricades, cinq citoyens courageux s'installèrent à l'hôtel de ville et se constituèrent en *Commission administrative*. C'étaient MM. le baron d'Hoogvorst, Ch. Rogier, Joly, de Coppin et Vanderlinden. Le **26**, ils s'adjoignirent deux membres influents du parti libéral, MM. Gendebien et Van de Weyer; et comme l'appui des catholiques, qui formaient l'immense majorité de la nation, était indispensable, ils firent également un appel au patriotisme du comte Félix de Mérode. Tous acceptèrent cette redoutable et périlleuse tâche, et la Commission ainsi reconstituée prit le titre de *Gouvernement provisoire*. Le **28**, elle se compléta par une dernière nomination, celle de M. de Potter, le patriote énergique et désintéressé, qui venait de rentrer de l'exil où l'avait conduit son rôle de chef avoué de l'opposition nationale (1).

(1) Le **26** septembre, le gouvernement provisoire avait annoncé sa constitution dans une proclamation ainsi conçue :

Issu des nécessités de la situation, acclamé par
le peuple, composé d'hommes à la hauteur des
circonstances , le gouvernement provisoire ne
pouvait manquer d'acquérir immédiatement une
importance considérable ; mais, à moins de faire
violence aux faits, on ne saurait nier que la
présence du comte de Mérode ne fût pour beaucoup dans la confiance et le dévouement que ce
pouvoir improvisé réussit à inspirer aux classes
supérieures et moyennes. Parmi les hommes qui
s'étaient résolument jetés dans le tourbillon révolutionnaire, la plupart ne risquaient autre chose
qu'une existence très-modeste, qu'ils pouvaient,
en cas d'échec, récupérer sans peine à l'étranger.
Malgré l'incontestable sincérité de leur patriotisme, ils étaient soupçonnés de chercher dans
un bouleversement politique la satisfaction d'une
ambition plus ou moins légitime. Il y avait donc

« Vu l'absence de toute autorité, tant à Bruxelles que dans la
» plupart des villes et des communes de la Belgique ;
» Considérant que, dans les circonstances actuelles, un centre
» général d'opérations est le seul moyen de vaincre nos ennemis et
» de faire triompher la cause du peuple belge ;
» Le gouvernement provisoire se compose de la manière suivante :
» MM. le baron E. D'HOOGVORST ; CH. ROGIER ; le comte FÉLIX DE
» MÉRODE ; ALEXANDRE GENDEBIEN ; SYLVAIN VAN DE WEYER ; JOLLY ;
» J. VAN DER LINDEN , trésorier ; baron F. DE COPPIN et J. NICOLAÏ,
» secrétaire.

» Bruxelles , 26 septembre 1830. »

Voy. Th. Juste, *Histoire du Congrès national*, t. I, p. 20.

un avantage immense dans le concours de l'héritier d'un nom illustre, n'ayant ni faveurs ni appointements à ambitionner, et venant se placer, avec un courage digne de sa race, au premier rang des phalanges populaires. Ainsi que l'a dit un journal français, « le comte de Mérode donnait » à la révolution belge l'appui de sa considération » personnelle, de l'austère pureté de sa vie, de » son grand nom, et d'une maison comptée parmi » les plus illustres et les plus influentes du pays. » Il fit ainsi plus que personne pour transformer » cette insurrection en mouvement national, aux » yeux de l'Europe, des honnêtes gens, du peuple » surtout, qui, en voyant cet homme de bien » jouer sa tête, sa fortune et la grande existence » de sa famille, comprit qu'il s'agissait d'autre » chose que d'une émeute ou d'une conspiration » démagogique; et c'est à ce titre surtout qu'il » a mérité d'être regardé comme un des princi- » paux fondateurs de la nationalité belge (1). »

Quoi qu'il en soit, tous les membres du gouvernement provisoire, une fois installés, rivalisèrent d'ardeur, de courage, de dévouement et de patriotisme.

Ils n'avaient pas trop de toutes ces qualités

(1) *L'Assemblée nationale*, février 1857.

pour surmonter la redoutable crise où le pays se voyait brusquement jeté. A l'intérieur, ils trouvaient un trésor vide ; une administration désorganisée, impopulaire, impuissante et presque tout entière dévouée à la maison d'Orange ; une inquiétude voisine du découragement dans les classes supérieures et moyennes ; une hostilité déclarée chez les armateurs et les nombreux industriels qui possédaient un marché lucratif dans les colonies hollandaises ; un peuple affamé par la suspension des relations commerciales, exalté par la victoire et livré sans défense à toutes les suggestions de la vengeance, à toutes les tentations de la misère ; et enfin une armée hostile, redoutable encore, maîtresse de toutes les forteresses et tenant la campagne à quelques kilomètres de Bruxelles. Au dehors, ils se voyaient en face de l'Europe inquiète, mécontente et prête à demander compte des atteintes portées au système d'équilibre si péniblement élaboré en 1815. Et pour remédier à tous ces maux et parer à tous ces périls, ils étaient sans finances, sans armée, sans police, avec quelques bandes de volontaires pour toute défense !

L'une des premières et des plus vives préoccupations du gouvernement provisoire fut l'affranchissement définitif du territoire national.

Sous ce rapport, la tâche incombant au pouvoir nouveau sembla d'abord aussi rude que périlleuse; mais elle ne tarda pas à être considérablement allégée par la reddition à peu près simultanée des forteresses situées au midi de la capitale. Partout le peuple, surexcité par les glorieux combats de Bruxelles, s'était levé comme un seul homme et avait forcé les garnisons hollandaises à déposer les armes. Ath capitula le 27 septembre; Mons, le 29; Tournai, le 30; Namur, le 2 octobre; Philippeville, le 3; Marienbourg, le 4; Charleroi, le 5. Des nouvelles analogues arrivèrent, plus ou moins rapidement, de Liége, de Huy, d'Ostende, de Termonde et de Gand. Il ne s'agissait donc plus que de compléter la victoire par la déroute des régiments placés sous les ordres du prince Frédéric, lesquels, depuis leur expulsion de Bruxelles, se trouvaient échelonnés de Vilvorde à Anvers. On confia cette tâche aux volontaires, chaque jour plus nombreux et plus intrépides. On leur donna une organisation militaire, des munitions, des canons, des chefs, et ils firent si bien que, le découragement de l'ennemi aidant, ils entrèrent dans Anvers, le 27 octobre, et conservèrent la ville, malgré l'effroyable bombardement ordonné par le général hollandais retranché dans la citadelle.

Ce fut dans cette courte et brillante campagne que le nom de Mérode, déjà si populaire par le dévouement du comte Félix, devint l'objet d'un véritable culte, par l'héroïsme du comte Frédéric, le plus jeune de ses frères. Renonçant, lui aussi, à tous les avantages d'une grande existence, il s'était arraché des bras de sa famille en pleurs, pour aller s'engager, comme simple soldat, dans la *compagnie des Chasseurs de Chasteler*. Ayant rejoint le général Niellon sur les bords du Démer, dans la matinée du 16 octobre, il figura dans tous les combats des journées suivantes, toujours le premier au feu, excitant et entraînant ses compagnons d'armes, jusqu'à ce que, le 19, il tomba mortellement blessé au village de Berchem. Avant de mourir, à trente-huit ans, victime de son courage et de son patriotisme, il eut du moins la consolation d'apprendre que le drapeau tricolore flottait sur les clochers de toutes les communes de la Belgique, à l'exception des forteresses de Maestricht et de Luxembourg (1).

Le danger d'un retour offensif de l'armée hollandaise étant ainsi écarté par la valeur de nos volontaires, il s'agissait d'aborder les redoutables problèmes de politique intérieure et extérieure qui se présentaient en foule.

(1) Voyez le récit de la campagne à l'*Appendice* (L. C.).

Le 29 septembre, trois jours après la défaite de l'armée royale dans le Parc de Bruxelles, les Etats Généraux, réunis à La Haye, avaient décidé qu'il était nécessaire d'établir une séparation administrative entre les provinces belges et les provinces hollandaises du royaume des Pays-Bas. Convenait-il de garder une attitude de réserve et de modération, en attendant que cette décision des députés du royaume eût reçu le caractère d'un principe constitutionnel? Fallait-il au contraire marcher hardiment en avant et proclamer en droit une indépendance qui déjà existait en fait? Cette question était la première à résoudre; car, résolue dans l'un ou dans l'autre sens, elle préjugeait toutes les tendances et tous les actes de la politique nationale.

Loyal, généreux, désintéressé, mais complétement incapable de cette appréciation calme et saine des choses qui distingue le véritable homme d'Etat, M. de Potter émit l'avis que le gouvernement provisoire devait *frapper vite et fort*. Il voulait à la fois proclamer l'indépendance du pays et la déchéance de la famille d'Orange-Nassau.

Le comte de Mérode ne partageait pas cette opinion. De même que tous ses collègues, il pensait que, depuis le bombardement de la capitale et la victoire du peuple, toute mesure moins ra-

dicale qu'une déclaration d'indépendance absolue
n'aurait pas obtenu l'assentiment de la nation;
mais il ne se croyait pas en droit d'empiéter sur
les attributions du *Congrès national,* à qui seul
incombait la tâche de fixer définitivement le sort
futur des Belges. Il lui répugnait d'ailleurs de
frapper d'ostracisme le Prince d'Orange, qui n'a-
vait en rien participé aux mesures désastreuses
ordonnées par son père, et dont la franchise, la
loyauté, les intentions généreuses et la valeur chevaleresque étaient à tous égards dignes des sympathies d'un peuple libre.

L'opinion du comte prévalut. M. de Potter fut
seul d'un avis contraire, et, par un décret du
4 octobre, publié lorsque nos volontaires n'avaient
pas encore dépassé Malines, le gouvernement provisoire, laissant de côté la question dynastique,
statua « que les provinces de la Belgique, vio-
» lemment détachées de la Hollande, formeraient
» un Etat indépendant. » Le même décret pres-
crivait la rédaction d'un projet de constitution et
la convocation d'un *Congrès national* (1).

Après cette résolution importante, immédiate-

(1) La commission chargée d'élaborer un projet de constitution
était composée de MM. de Gerlache, Ch. de Brouckere, Tielemans,
P. Devaux, Van Meenen, Balliu, Zoude, Thorn, Lebeau, Nothomb.
Dubus et Blargnies.

ment ratifiée par la nation, la conduite ultérieure du gouvernement provisoire était nettement indiquée par la nature des choses. Il était obligé de laisser au Congrès national le soin de se prononcer sur la formation définitive du pouvoir exécutif et en général sur toutes les garanties constitutionnelles dont il convenait de doter le pays; mais, en attendant la réunion de cette assemblée souveraine, il pouvait et devait faire disparaître sans retard les griefs qu'on avait si longtemps et si amèrement reprochés à l'administration néerlandaise. Sous ce rapport encore, il ne lui était pas possible de se méprendre sur les tendances réelles de l'opinion publique. Issu d'une révolution accomplie par l'alliance sincère et loyale des catholiques et des libéraux, sa tâche consistait à réaliser, en fait et en droit, autant qu'il dépendait de lui, la généreuse et féconde maxime : « *Liberté pour tous, égalité* » *pour tous!* » Aussi s'empressa-t-il d'entrer dans cette voie non moins nouvelle que large, avec une promptitude et une énergie auxquelles l'histoire impartiale rendra toujours hommage.

Le 12 octobre, il abrogea tous les arrêtés royaux qui avaient mis des entraves à la liberté de l'enseignement. Le 16, « considérant que les » entraves à la liberté d'association sont des in-

» fractions aux droits sacrés de la liberté indivi-
» duelle et politique », il déclara qu'il est permis
aux citoyens de s'associer, comme ils l'entendent,
dans un but politique, religieux, philosophique,
littéraire, industriel et commercial. Le même
jour, « considérant que le domaine de l'intelli-
» gence est essentiellement libre, et qu'il importe
» de faire disparaître à jamais les entraves par
» lesquelles le pouvoir a jusqu'ici enchaîné la
» pensée dans son expression, sa marche et ses
» développements », il proclama la liberté illimitée
des cultes, des opinions, de la presse et de l'enseignement. Le 21, il décréta, comme une conséquence nécessaire de la liberté des opinions,
le droit pour chaque citoyen d'ouvrir un théâtre
et d'y faire représenter des pièces de tous les
genres, sauf la responsabilité de l'auteur et des
acteurs en cas de violation d'une loi pénale.
Le 22, il supprima la haute police, « établie
» dans l'intérêt du pouvoir absolu et funeste à
» la morale publique. » Et tandis qu'il nivelait
ainsi tous les obstacles et faisait tomber toutes
les barrières incompatibles avec le libre développement de la nation, il s'occupait du rétablissement de l'ordre et de la marche des services publics, avec cette activité vigoureuse qui sait entrer
dans tous les détails et se plier à tous les besoins :

approvisionnement de la capitale, prorogation de
l'échéance des effets de commerce, perception
des impôts, réorganisation des tribunaux, épura-
tion de la magistrature et de l'administration,
surveillance des étrangers, formation d'une armée
nationale, renouvellement des conseils communaux sur la base de l'élection directe, séquestre
sur les biens de la famille d'Orange, formation
de comités provinciaux de commerce et d'industrie, établissement d'une administration de la
sûreté publique, création d'un journal officiel,
réforme des conseils de guerre, révision des lois
douanières, rétablissement du jury et de la publicité des débats dans les matières criminelles,
récompenses nationales, institution d'une garde
civique, réorganisation du service des postes. Un
comité central, organisé dans son sein et composé
de MM. de Potter, Rogier, Van de Weyer et
Félix de Mérode, exerçait le pouvoir exécutif;
tandis que des comités spéciaux, souvent présidés
par un membre du gouvernement, s'occupaient
des besoins de la *guerre,* de l'*intérieur,* de la
sûreté publique, des *finances,* et faisaient chaque
jour, à une heure fixe, les propositions que réclamaient les circonstances (1).

(1) Je viens de rappeler le séquestre mis sur les biens de la famille
d'Orange-Nassau. Au milieu de l'effervescence de la révolution, le

Mais il ne suffisait pas de veiller à la défense du pays et de réorganiser son administration intérieure sur des bases nouvelles : la Belgique né pouvait vivre et prospérer qu'à la condition d'obtenir la bienveillance ou du moins la neutralité de l'Europe.

Les vainqueurs de Napoléon Ier, éclairés par une longue et douloureuse expérience, avaient voulu établir, au nord de la France, un Etat assez puissant pour arrêter, au moins momentanément, les armées qui seraient tentées d'ajouter un nouvel épisode à l'épopée impériale. Par la création du royaume des Pays-Bas, ce but se trouvait complétement atteint. Une formidable ligne de forteresses, s'étendant de Luxembourg jusqu'à Nieuwport, était plus que suffisante pour résister au premier choc et fournir au gouvernement le moyen d'attendre les secours de l'Europe ; et quand même cette barrière eût été impuissante, les fleuves de la Hollande et ses places fortes faciles à couvrir par des inondations auraient

respect du droit de propriété était si grand que le gouvernement provisoire considéra comme appartenant personnellement à la famille royale le palais construit aux frais de l'Etat pour le prince d'Orange, de même que tous les biens domaniaux que la Loi fondamentale avait attribués au roi Guillaume. On eût pu soutenir que ces biens avaient été donnés à la royauté et non aux personnes qui la représentaient ; mais on tenait à honneur d'éviter tout ce qui aurait pu rappeler les spoliations d'un autre âge.

procuré au roi, aux Chambres, à l'administration centrale, au drapeau, à tout ce qui fait la force vive du pays, un asile assuré jusqu'à l'arrivée des soldats de la Confédération germanique.

On pouvait donc se demander avec inquiétude quelle serait l'attitude de l'Europe en présence de la révolution de Septembre. Reconnaîtrait-elle à un petit peuple de quatre millions d'âmes le droit d'anéantir l'une des plus belles et des plus salutaires conceptions de ses princes et de ses diplomates? Qu'allait faire l'Angleterre, dont les trésors avaient largement contribué à l'érection des forteresses destinées à protéger un royaume qui, lui-même, était le produit de l'initiative des hommes d'Etat des bords de la Tamise? Qu'allait dire la Confédération germanique, dont le roi Guillaume était membre comme grand-duc de Luxembourg? Les appréhensions des amis éclairés de la révolution étaient d'autant plus légitimes que les torys dirigeaient le cabinet de St-James, précisément sous la présidence du vainqueur de Waterloo. Malgré les protestations qui remplissent les colonnes des journaux de l'époque, il est incontestable que la question n'était pas seulement belge, mais européenne.

La Belgique fut sauvée par la France. L'un des membres du gouvernement provisoire, M. Alexandre Gendebien, envoyé à Paris dès le 28 septembre, y reçut l'assurance formelle que le gouvernement français ne souffrirait pas l'intervention d'une puissance quelconque dans les affaires intérieures de la Belgique.

Dès cet instant, il était manifeste que, malgré son mauvais vouloir, le cabinet tory, alors même qu'il réussirait à se maintenir au pouvoir, n'aurait pas recours à la force pour rétablir le trône de Guillaume Ier. Sur quelle puissance continentale se serait-il appuyé pour entreprendre une guerre qui, dans la situation où se trouvait l'Europe, pouvait avoir de déplorables conséquences pour le principe monarchique? L'Italie frémissait sous le joug autrichien; l'Allemagne était troublée par des mouvements insurrectionnels; la Pologne prenait les armes, et partout les rois se trouvaient pour ainsi dire en face de leurs peuples agités par un immense besoin de liberté. Dans ces circonstances, la Belgique étant fermement décidée à ne pas se transformer en province française, une coalition européenne n'était pas à craindre. M. Van de Weyer, remplissant à Londres la mission que M. Gendebien avait remplie à Paris, entendit de la bouche même du duc de Wellington la déclaration « que l'Angleterre n'avait pas l'in- » tention d'intervenir; que le gouvernement an-

» glais ne prétendait pas exercer d'influence sur
» le choix du gouvernement de la Belgique, mais
» qu'il espérait que la forme de ce gouverne-
» ment serait telle qu'elle ne compromettrait point
» la sûreté du reste de l'Europe (1). »

On acquit bientôt la preuve que toutes les
puissances du premier ordre, renonçant à l'emploi
de la force, allaient décidément entrer dans la
voie des négociations. A la demande du roi Guillaume, les plénipotentiaires de l'Autriche, de la
France, de la Grande-Bretagne, de la Prusse
et de la Russie s'étaient réunis en conférence à
Londres. Le 7 novembre, deux commissaires de
cette conférence, MM. Bresson et Cartwright,
arrivèrent à Bruxelles avec le premier protocole,
qui devait être suivi de tant d'autres. Ce document
diplomatique, daté du 4 novembre, renfermait la
proposition d'un armistice. On engageait les parties
belligérantes à se retirer réciproquement derrière
la ligne qui séparait, avant le 30 mai 1814, les
possessions du prince souverain des Provinces-
Unies de celles qui y avaient été jointes pour
former le royaume des Pays-Bas. Le gouvernement provisoire accueillit la proposition, et la

(1) Voy. les explications fournies par MM. Gendebien et Van de
Weyer, dans les séances du Congrès du 16 novembre 1830 et du 11
janvier 1831.

révolution belge entra dans une phase diplomatique qui ne devait se terminer que par le célèbre traité du 19 avril 1839.

Telle était la situation lorsque le Congrès national allait ouvrir ses séances.

Un mois à peine s'était écoulé depuis la victoire du peuple. L'ordre, la confiance et l'espoir avaient remplacé l'anarchie, la lutte et la crainte. Le sol belge, à l'exception de la citadelle d'Anvers et des villes de Maestricht et de Luxembourg, était complétement affranchi. Une administration nationale, intelligente et forte, conciliante et respectée, avait pris la place de l'administration hollandaise. Une armée s'organisait sous la direction de chefs dévoués à la cause populaire. Les libertés les plus larges, solennellement proclamées au moment où la fusillade retentissait encore, avaient comblé les vœux du pays. Le commerce et l'industrie s'efforçaient de sortir de leur marasme. Une assemblée constituante, librement élue et composée de l'élite des classes supérieures et moyennes, allait se réunir dans la capitale. L'Europe monarchique elle-même, traitant avec les représentants du pouvoir révolutionnaire, proclamait indirectement l'indépendance de la Belgique. Tel était le glorieux bilan des travaux, du patriotisme et de la sagesse du gouvernement provisoire!

A l'honneur de ce gouvernement on a dit qu'il
sut user avec modération de la puissance arbitraire
et dictatoriale dont les circonstances l'avaient investi (1). L'éloge est mérité, et l'histoire confir-
mera le langage des contemporains. Le gouvernement provisoire redressa les griefs du peuple,
organisa l'administration, proclama les grandes
libertés revendiquées par la nation ; puis, se
renfermant avec prudence dans les limites de la
puissance exécutive, il laissa à l'assemblée constituante le soin de se prononcer sur l'organisation
définitive du pays. Il ne se permit pas une seule
tentative d'intimidation, un seul acte arbitraire,
une seule mesure de rigueur contre les partisans
de la monarchie déchue, une seule atteinte même
indirecte aux droits sacrés de la propriété. Tout
cela est incontestable ; mais, sans vouloir en rien
diminuer le mérite de ses collègues, nous devons
ajouter que cette modération si belle, si salutaire, si rassurante pour l'avenir du pays, fut
en grande partie l'œuvre du comte Félix de
Mérode. Pour en avoir la preuve la plus irrécusable, il suffit de jeter un coup d'œil sur les
Souvenirs personnels publiés par M. de Potter.
Ainsi que nous l'avons dit, celui-ci, toujours

(1) De Gerlache, *Histoire du royaume des Pays-Bas*, t. II, p. 308
(3ᵉ édit.).

loyal et désintéressé, mais opiniâtrément attaché
à ses propres idées, voulait devancer l'action du
Congrès, proclamer la déchéance de la famille
royale, et même profiter de l'enthousiasme du
peuple pour réaliser les utopies républicaines
qui avaient charmé son imagination dans la so-
litude de la prison et de l'exil. « Pourquoi, di-
» sait-il, s'est faite notre révolution? Parce que
» nous nous sommes vus obligés d'entreprendre
» nous mêmes le redressement des griefs que le
» gouvernement déchu s'obstinait à maintenir. Ce
» gouvernement est tombé, écrasé sous le poids
» de ces griefs. Hâtons-nous donc d'en débarras-
» ser le nôtre, afin qu'il puisse durer après nous,
» pur et puissant, comme il l'aura été pendant
» qu'il était confié à nos mains. Nous ne resterons
» pas ici longtemps... Nous n'avons donc pas une
» minute à perdre pour laisser de nous quelques
» nobles traces qui ne s'effaceront jamais... *Frap-*
» *pons donc; frappons juste et fort, et surtout*
» *frappons vite :* ne laissons debout aucun des
» abus dont le peuple s'est plaint, et pour au-
» tant que possible, aucun de ceux dont il pour-
» rait avoir à se plaindre dans la suite. » Il voulait que le gouvernement provisoire, réalisant
immédiatement ce vaste programme, ne laissât
au Congrès que la modeste mission de le ratifier

au nom de la nation. Oubliant en même temps les vœux du pays et les exigences de l'Europe, il demandait que tous les efforts et tous les actes du pouvoir révolutionnaire fussent dirigés vers la fondation d'une république fédérative. Il réclamait des mesures énergiques contre les partisans du gouvernement déchu. Il soutenait que le gouvernement provisoire, « antérieur et, sinon » supérieur, du moins indépendant du Con- » grès », devait se refuser à reconnaître la suprématie de cette assemblée et demeurer pouvoir exécutif suprême, émané du peuple (1).

Toutes ces prétentions furent énergiquement combattues par le comte de Mérode. D'accord avec tous ses collègues, il prétendait que le gouvernement provisoire, issu d'une crise révolutionnaire, devait déposer ses pouvoirs le jour même où le peuple belge se trouverait régulièrement représenté par une assemblée constituante, expression légale des droits, des intérêts et des vœux de tous. Il voulait que, jusqu'à cette heure solennelle, on se bornât à prendre les mesures indispensables pour calmer l'effervescence du peuple et assurer le triomphe de la cause nationale. Animé lui-même de convictions ardentes, servi-

(1) *Souvenirs personnels*, 2ᵉ édit., t. Iᵉʳ, p. 151, 171, 174, 198 et suiv.

teur loyal et dévoué de la liberté, il lui semblait irrationnel, injuste, odieux, de sévir contre les partisans de la maison d'Orange, aussi longtemps que leurs sympathies et leurs regrets ne se traduiraient pas en actes assez graves pour nécessiter des représailles. Enfin, il ne cessait de répéter que, surtout depuis le rétablissement de la monarchie constitutionnelle en France, la république, fédérative ou unitaire, était un anachronisme qui ne pouvait avoir d'autre résultat que de nous attirer l'hostilité de l'Europe.

Voilà pourquoi M. de Potter, habituellement si modéré, si juste, si bienveillant à l'égard de ses adversaires politiques, perd toute modération et toute mesure quand il s'occupe des opinions et des actes du comte Félix de Mérode. Voilà pourquoi, parlant avec dédain de ses convictions religieuses, de sa fidélité aux traditions nationales, de son invincible répugnance à méconnaître les droits acquis, il lui attribue, à quelques pages de distance, un « inerte modérantisme » et un « caractère tenant à la fois de l'esprit domina- » teur du prêtre et de l'outrageuse superbe du » grand vassal. » — Cet homme « au modéran- » tisme inerte » venait de voter en faveur de la liberté la plus illimitée de la presse, de l'enseignement, du culte et du droit d'association; cet orgueilleux vassal avait loyalement accepté le principe de la souveraineté populaire ; ce patricien « au caractère dominateur et superbe » n'avait qu'un désir et qu'un but : repousser les honneurs, laisser aux autres la gloire du succès et les bénéfices du triomphe (1).

Aussi le peuple belge était-il loin de partager les rancunes et les préjugés de M. de Potter. Nous avons déjà dit qu'il entourait le nom de Mérode d'un véritable culte, et ce sentiment se manifesta d'une manière touchante au milieu des débats qui, à la fin d'octobre, surgirent dans la presse au sujet de la forme qu'il convenait de donner au futur gouvernement du royaume. Tandis que le comte Frédéric gisait encore sur le lit de douleur où il avait subi l'amputation de la jambe droite, avec un courage digne de l'intrépidité qu'il avait montrée sur le champ de bataille, les journaux les plus influents du pays propagèrent la pensée de lui décerner la couronne. « Le malheur arrivé à M. Frédéric » de Mérode, disait le *Politique* (de Liége), a » puissamment développé une idée qui germait » déjà dans beaucoup d'esprits ; c'est, s'il survit » à l'amputation, de le proposer au Congrès

(1) Voy. *Souvenirs personnels* de M. de Potter, 2ᵉ édit., t. Iᵉʳ, p. 140, 158 et suiv.

» comme candidat à la dignité de chef du gou-
» vernement. La conduite et la position de cet
» exellent citoyen inspirent une sympathie uni-
» verselle. Jeune, possesseur d'une fortune im-
» mense, pouvant, comme tant d'autres, aller
» attendre à l'étranger que le sort de son pays
» fût fixé avant d'y rentrer, on l'a vu se vouer,
» l'un des premiers, à la défense de notre sainte
» cause. A ces titres se mêle une idée dont la
» singularité a quelque chose de touchant et de
» poétique, c'est que la mutilation du chef de
» l'Etat serait une image où s'associeraient sa
» gloire et les souvenirs de notre émancipation. »
Le *Courrier des Pays-Bas,* organe presque officiel de la Belgique insurgée, accueillit chaleureusement cette idée, et on la vit apparaître dans
les circulaires que, la veille des élections pour
le Congrès, plusieurs candidats adressèrent aux
électeurs de leurs districts (1).

Avant de mourir, dans la nuit du 4 au 5 novembre, le noble et héroïque jeune-homme eut
le temps de protester énergiquement contre les
honneurs suprêmes qu'on voulait lui décerner.
Un visiteur ayant commis l'imprudence de l'entretenir d'un article du *Courrier des Pays-Bas,*

(1) Th. Juste, *Hist. du Congrès national,* t. I, p. 36 et 55.

dans lequel on le proposait pour chef futur de la Belgique, il en fut vivement peiné : « Qu'est-ce » à dire? s'écria-t-il. J'ai combattu pour la liberté » de mon pays. On veut ternir ma conduite, en » me prêtant des idées ambitieuses que je n'ai » jamais eues. Qu'on réponde à cet article; je le » veux : je l'exige (1)! » Mais ces protestations mêmes eurent pour résultat de raffermir une foule d'hommes influents dans le projet de placer sur le trône un autre membre de sa famille, le comte Félix. Ici nous avons pour garant le témoignage peu suspect de M. de Potter lui-même. Après avoir parlé de plusieurs tentatives que le prince d'Orange fit faire auprès des membres du gouvernement provisoire, il consigne dans ses *Souvenirs personnels* le résultat d'une conversation qu'il eut, au commencement de novembre, avec le marquis de Grammont : « Un marquis fran- » çais, » dit-il, « député à la chambre de 1830 » et proche allié du comte de Mérode, vint au » comité central et me fut présenté par mon col- » lègue comme un homme très-influent auprès » de la royauté citoyenne. — Nous n'avons pas

(1) Cette scène lui fit une telle impression qu'on eut beaucoup de peine à le calmer, et, depuis lors, on ne laissa paraître devant lui que les membres de sa famille. Voy. les *Souvenirs du comte Henri de Mérode*, t. II, p. 235.

» encore, dit M. de Mérode en parlant à son
» noble parent, de comité des affaires étrangères;
» mais, si vous avez quelque communication à
» faire, vous pouvez vous adresser à M. de Pot-
» ter, qui, le cas échéant, serait naturellement
» placé à la tête de ce comité. — En conséquence
» de cette entremise officieuse, la conversation fut
» bientôt engagée. M. le marquis me dit alors
» que la république n'avait point de chances;
» qu'un roi indigène ne nous assurerait aucun
» appui, ne nous ouvrirait aucun débouché au
» dehors; qu'un membre des familles régnantes
» en Europe nous attirerait des guerres intermi-
» nables par la jalousie des autres puissances, qui
» ne pourraient voir de bon œil l'agrandissement
» de l'une d'elles. Tout cela était vrai, et j'en con-
» vins sans peine. Cependant je crus devoir re-
» tourner *l'honorable* de toutes les façons, afin de
» découvrir s'il avait mission, de qui il la tenait
» et quelle elle était positivement. La mission
» était évidente, et le plénipotentiaire trouva une
» réponse à toutes mes objections. — N'avait-on pas
» demandé un prince de la branche d'Orléans (1)?
» — Oui, mais cela aurait pu compromettre le

---

(1) M. de Potter fait ici allusion à des démarches faites par
M. Gendebien, pendant la durée de sa mission à Paris. Nous en
parlerons plus loin.

» sort de la révolution de Juillet. — *Le choix ne*
» *pouvait-il pas tomber sur M. de Mérode lui-*
» *même?* — Ce choix était improbable; et puis
» il n'aurait levé aucune des difficultés — Et la
» réunion à la France? — Etait impossible pour
» le moment. — Que fallait-il donc faire? — Pren-
» dre le prince d'Orange (1). »

Telle était en effet la combinaison à laquelle la
France aurait alors, et même longtemps après,
donné son assentiment. Le comte Félix de Mérode,
qui repoussait les honneurs royaux avec non
moins d'énergie que son frère, eût accueilli cette
solution avec bonheur, si elle avait pu gagner l'assentiment de la nation. Avant la réunion du Congrès, des mandataires du prince étaient venus plus
d'une fois plaider sa cause auprès d'un homme
dont ils connaissaient la modération, l'esprit
d'ordre et la scrupuleuse loyauté. Le comte leur
avait constamment répondu qu'il ne demandait
pas mieux que de combiner le choix de leur auguste protégé avec l'indépendance définitive de
la Belgique; mais il n'avait jamais oublié d'ajouter
qu'il n'entendait ni empiéter sur les droits du
Congrès, ni compromettre le pays, ni se mettre
en opposition avec la volonté nationale. Jusqu'au

(1) *Souvenirs personnels*, t. Ier, p. 191. — M. de Potter ne tarda
pas à revenir de ses préventions. Voy. à l'*Appendice*, L. D.

jour du bombardement d'Anvers, la combinaison
à laquelle il donnait la préférence consistait à
placer sur le trône le plus jeune des fils du prince
d'Orange, « parce que celui-ci n'aurait pu main-
» tenir sa légitimité future qu'en se reconnaissant
» l'élu du peuple, à l'exclusion de ses deux
» aînés (1). »

Le 27 óctobre, il fut élu membre du Congrès
national par les districts de Bruxelles, de Maestricht et de Malines. Son frère aîné, le comte
Werner, obtint le même honneur dans le district
de Soignies.

(1) Voy. le discours prononcé dans la séance du Congrès du 12
janvier 1831.

V.

LE COMTE DE MÉRODE

AU CONGRÈS NATIONAL.

(NOVEMBRE 1830—FÉVRIER 1831).

———————

Réunion du Congrès national. — Il maintient le gouvernement provisoire dans l'exercice du pouvoir exécutif. — L'assemblée constituante vote l'exclusion perpétuelle de la famille d'Orange-Nassau de tout pouvoir en Belgique. — Motifs qui engagent le comte de Mérode à adhérer à cette mesure révolutionnaire. — Le Congrès s'occupe du choix du chef futur de l'Etat. — La plupart de ses membres se prononcent pour l'élection d'un prince étranger. — Le cabinet des Tuileries refuse d'accepter la candidature offerte au duc de Némours; il repousse le duc de Leuchtenberg et recommande le prince Othon de Bavière. — Les membres du gouvernement provisoire se rallient à cette combinaison. — Discours prononcé par le comte de Mérode. — Insuccès de ses efforts. — Le Congrès est à la veille de se prononcer en faveur du duc de Leuchtenberg, lorsque la diplomatie française, revenant en apparence sur ses pas, recommande officieusement la candidature du duc de Némours.—Attitude peu loyale du cabinet français présidé par le général Sébastiani. — Discours du comte de Mérode. — Élection du duc de Némours. — Le comte de Mérode est nommé membre de la députation chargée d'annoncer au roi des Français l'élection de son fils mineur. —

Louis-Phillippe refuse la couronne. — Gravité de la situation. — Energie patriotique du Congrès. — Choix d'un Régent. — Noble attitude prise par le comte de Mérode et le baron Surlet de Chokier. — Le gouvernement provisoire dépose le pouvoir exécutif. — Le Congrès déclare que le gouvernement provisoire a bien mérité de la patrie et lui vote une récompense nationale. — Le comte de Mérode remet sa part à la Commission chargée d'ériger un monument à la mémoire des victimes de la révolution.

Le Congrès national se réunit le 10 novembre 1830, et son premier acte, après la formation du bureau, fut de rendre au gouvernement provisoire la puissance exécutive, que les membres de cette dictature populaire étaient venus mettre à la disposition des représentants légaux et réguliers du peuple belge. L'assemblée prit ensuite, après des débats animés et parfois orageux, trois décisions importantes, que le comte de Mérode, sans se mêler de la discussion, appuya de son vote affirmatif. Elle proclama, à l'unanimité, l'indépendance de la Belgique, sauf les relations du Luxembourg avec la confédération germanique. Elle se prononça, par 174 voix contre 13, en faveur de la monarchie constitutionnelle représentative, sous un chef héréditaire. Elle décréta, à la majorité de 161 voix contre 28, l'exclusion perpétuelle de la famille d'Orange-Nassau de tout pouvoir en Belgique (1).

(1) Séances du 18, du 22 et du 24 novembre.

En votant l'indépendance du pays et l'adoption de la royauté constitutionnelle, le comte de Mérode se maintenait dans la ligne de conduite qu'il avait jusque-là suivie. Mais comment expliquer son vote en faveur du décret d'exclusion de la famille d'Orange ? Le 28 août, membre de la députation envoyée à La Haye par les notables de Bruxelles, il prend, dans une adresse célèbre, la qualité de *respectueux et fidèle sujet du roi*. Le 11 septembre, devenu membre de la commission de sûreté publique, il s'engage solennellement à travailler au maintien de la dynastie régnante. Le mois suivant, appelé à faire partie du gouvernement provisoire, il répond aux envoyés du prince d'Orange que, ne ressentant ni haine ni rancune et voulant uniquement le bien du pays, il ne s'opposera pas au vœu du peuple, si ce vœu se manifeste en faveur de l'héritier du trône des Pays-Bas. Et voilà que tout à coup, engageant à la fois le présent et l'avenir, confondant l'innocent avec le coupable, enveloppant le roi et toute sa race dans une réprobation commune, il associe son nom à la décision du Congrès proclamant l'exclusion perpétuelle de la famille d'Orange !

Ce changement radical dans son attitude et dans son langage était le résultat du bombardement d'Anvers. Les quatre journées de Septembre avaient nécessité la déclaration d'indépendance du pays. La funeste nuit du 27 octobre amena la déchéance de la famille royale. A l'aspect des ruines fumantes de notre métropole commerciale, un même cri se fit entendre dans toutes les provinces et dans toutes les classes de la nation : « *Plus de Nassau!* » Les ressentiments et les haines, déjà très-vifs après l'attaque de Bruxelles, devinrent tellement profonds et universels que le seul soupçon d'une transaction avec la dynastie hollandaise eût suffi pour amener le soulèvement des masses. A partir de ce moment, une tentative sérieuse en faveur du prince d'Orange eût inévitablement produit la guerre civile, le triomphe de l'anarchie et la perte irréparable de la cause nationale. Le comte de Mérode crut que, dans ces circonstances, le seul moyen de prévenir les conspirations au dedans et les intrigues au dehors, le seul moyen de ramener la confiance et de clore la révolution en la consolidant, était de voter en faveur de la proposition de déchéance. Serviteur loyal et désintéressé du peuple, il fit taire ses prédilections personnelles, pour se plier aux exigences, désormais irrésistibles, de l'opinion publique (1). Sa détermination, toujours exempte

_____

(1) M. de Gerlache, qui avait vivement combattu la proposition, avoue lui-même que la majorité du Congrès se conforma aux né-

de toute arrière-pensée d'ambition ou d'intérêt, n'avait ni un autre but ni un autre mobile; et ce fut par suite de considérations analogues, qu'il renonça, quelque temps après, au projet de demander la réunion à la France (1).

Au commencement de janvier, le Congrès national s'occupa du choix du chef futur de l'Etat.

Deux questions préliminaires étaient à résoudre.

Convenait-il d'élire un roi indigène? Etait-il préférable de décerner la couronne à un prince étranger?

La première combinaison, qui avait en sa faveur des hommes considérables (2), fut promptement abandonnée. Deux sections du Congrès s'étaient prononcées dans ce sens, mais toutes les autres avaient donné la préférence au choix d'un prince étranger. C'était, en effet, le parti le plus sage. Un tel choix, bien dirigé, devait pro-

cessités de la situation. « La proposition une fois soulevée, dit-il, » l'exclusion devait être prononcée sur-le-champ, ou il fallait clore » la salle du Congrès au bruit des huées populaires. » (*Hist. des Pays-Bas*, T. II, p. 368). — Déjà un mois auparavant, M. de Potter avait dit au prince Kosloffski, envoyé par le prince d'Orange : « Si » le peuple me soupçonnait seulement de vouloir présenter le prince » d'Orange comme le seul chef digne de lui commander, il monte- » rait ici pour me jeter par la fenêtre. » (*Souvenirs*, T. I. p. 166).

(1) Discours prononcé dans la séance du Congrès du 2 juin 1831. Huyttens, . T. III, p. 227.

(2) Entre autres M. Devaux (V. son discours prononcé dans la séance du 31 janvier 1831. (Huyttens, T. II, p. 354).

curer à la Belgique, surtout dans ses relations extérieures, une foule d'avantages qui n'étaient pas à la portée d'une royauté indigène. D'ailleurs les chefs de toutes les maisons historiques qui pouvaient prétendre à cet honneur, les de Mérode, les d'Aremberg, les de Ligne, étaient les premiers à protester contre un projet qu'ils envisageaient comme inopportun et dangereux.

Il ne restait donc d'autre parti à prendre que celui d'élire un prince étranger. Mais ici se présentaient des difficultés et des complications d'un autre genre. Il fallait trouver un candidat qui, tout en étant agréable à la France, n'inspirât ni jalousies ni craintes à l'Angleterre, à la Prusse, à l'Autriche et à la Russie. Le 20 décembre, la Conférence de Londres, — « considérant que les » événements des quatre derniers mois avaient » malheureusement démontré que cet amalgame » parfait et complet que les puissances avaient » voulu opérer entre les deux pays n'avait pas été » obtenu, et qu'il serait désormais impossible à » effectuer », — avait prononcé la dissolution du royaume des Pays-Bas ; mais elle avait eu soin d'ajouter que cette décision ne pouvait pas avoir pour résultat de dégager la Belgique de ses « devoirs européens. » Or, les seuls candidats sérieusement désignés par la nation étaient le duc de

Nemours et le prince Auguste de Leuchtenberg, le premier suspect à l'Europe, le second suspect à la royauté de Juillet.

Dès les premiers jours qui suivirent son installation, le gouvernement provisoire avait fait sonder les intentions du cabinet des Tuileries. Cette précaution était sage et nécessaire. La France seule, en maintenant énergiquement le principe de non-intervention, pouvait assurer l'indépendance définitive de nos provinces et la faire reconnaître par les monarques de la Sainte-Alliance.

Le roi Louis-Philippe déclara, d'abord officieusement, puis officiellement, que, *d'accord avec ses alliés*, il n'accepterait pas la couronne pour le duc de Nemours, si cette couronne lui était offerte. Il déclara tout aussi nettement que la France ne consentirait jamais à reconnaître le prince de Leuchtenberg ou tout autre membre de la famille de Napoléon Ier. Enfin il émit l'avis que, si les Belges voulaient décerner la couronne au prince Othon de Bavière, ce choix serait tellement agréable à la France que, pour cimenter les liens qui déjà unissaient les deux peuples, elle consentirait volontiers au mariage du prince avec la princesse Marie d'Orléans (1).

(1) Voy. les pièces relatives à cette négociation. Huyttens, *Disc. du Congrès nat.* T. IV, p. 247 et suiv. — V. aussi le discours pro-

Les membres du gouvernement provisoire suivirent ce conseil, et, dans la séance du 11 janvier, ils désignèrent le prince bavarois aux suffrages du Congrès national.

Le comte de Mérode commença par faire un appel au patriotisme de l'assemblée constituante. « Je suis, dit-il, tellement convaincu de l'urgence » d'élire pour chef de l'Etat le prince de Bavière, » qui pourrait occuper, sans inquiéter les puis- » sances de l'Europe, le trône de la Belgique, que » je viens vous supplier, au nom du salut de la » patrie, de proclamer ce prince sans aucun re- » tard. » Il fit ensuite ressortir la nécessité de mettre promptement un terme à des incertitudes qui encourageaient les entreprises de deux factions contraires, dont l'une nous poussait vers la France et la guerre générale, l'autre vers la Hollande et la perte de l'indépendance si heureusement reconquise. Il rappela l'illustration de la maison de Bavière, illustration telle que nulle famille régnante, après celles de Russie, de Prusse, d'Autriche, de France et d'Angleterre, ne saurait se prévaloir d'alliances aussi nombreuses et aussi considérables. Il signala les avantages inespérés d'une combinaison qui placerait sur le trône con-

noncé par M. Gendebien dans la séance du 12 janvier 1831 (*Ibid.* T. II, p. 106).

stitutionnel un prince appartenant à la confédération germanique par son origine et à la France
par son mariage futur. Abordant enfin les inconvénients qui résulteraient du choix du prince de
Leuchtenberg, il dit : « Certain nom, que je suis
» loin de rejeter par éloignement personnel, a été
» mis en avant et semble à quelques-uns d'entre
» nous propre à rallier les intérêts intérieurs et
» extérieurs. Le prince de Leuchtenberg, dit-on,
» ne doit inspirer aucune défiance à la France et
» à l'Europe. Mais, Messieurs, a-t-on oublié que
» nous vivons à l'époque des révolutions les plus
» imprévues ; que les esprits inquiets, habitués à
» voir tomber les gouvernements qui se succèdent
» avec rapidité, s'imagineront longtemps encore
» pouvoir recommencer, au gré de leurs ambitions
» déçues, ces drames ruineux pour les peuples ?
» Quelles que soient la popularité, les intentions
» généreuses du roi des Français, au milieu du
» flux et du reflux de tant de prétentions diverses
» qui s'agitent en France, verrait-il avec sécurité,
» si près de sa capitale, régner un jeune prince
» d'origine française, qui doit sa fortune au chef
» de l'empire fameux dont la Belgique faisait
» partie ? Les membres de la famille Bonaparte ne
» viendraient-ils pas de préférence résider dans
» nos provinces ? et les nombreux personnages

» que la chute du régime impérial a privés de
» brillantes carrières, n'attendraient-ils rien d'un
» mouvement qui réunirait au territoire français
» la riche Belgique, en portant sur le trône de
» France celui qui serait déjà assis sur le nôtre?
» En vérité, je m'étonne que des hommes graves
» et réfléchis aient négligé, dans leurs calculs, de
» pareilles chances! Il est permis d'être confiant,
» et ma nature ne me porte pas aux précautions
» exagérées; mais, j'ose le dire, le ministère du
» roi Louis-Philippe trahirait hautement ses de-
» voirs, s'il n'opposait pas une résistance invincible
» à l'élévation d'un prince appartenant de si près
» à l'ex-dynastie napoléonienne. »

M. Rogier et M. Alexandre Gendebien parlè-
rent dans le même sens; mais leurs efforts, comme
ceux du comte de Mérode, demeurèrent sans
résultat. Il était visible que le prince Othon, à
peine âgé de quinze ans, ne possédait pas les
sympathies de la majorité de l'assemblée, qui
redoutait à la fois les périls d'une régence et les
idées peu libérales que, disait-on, le jeune candidat avait puisées dans sa famille et dans son
entourage. En présence du refus persistant du
cabinet de Paris d'accepter la couronne pour le
duc de Némours, le prince Auguste de Leuchtenberg allait inévitablement obtenir la majorité des

suffrages. On invoquait les glorieux souvenirs qui se rattachaient à son berceau; on vantait la noblesse et l'élévation de ses idées, la loyauté de son caractère, la générosité de ses sentiments; on se prévalait même des liens de parenté qui l'unissaient à plusieurs familles souveraines; on rappelait qu'il était le neveu de l'empereur d'Autriche (François Ier), le neveu du roi de Bavière (Louis Ier), le beau-frère de l'empereur du Brésil (Don Pedro Ier), le beau-frère de l'héritier présomptif de la couronne de Suède et de Norwége (Oscar Ier); on disait enfin que si la France désirait le voir échouer, il y avait loin de ce désir à l'abandon de la Belgique, et plus loin encore à une déclaration de guerre. C'était en vain que, pendant les débats mêmes, le cabinet des Tuileries, s'apercevant de l'impopularité de son candidat, lui avait brusquement substitué le prince Charles de Capoue, frère de Ferdinand II, roi des Deux-Siciles. Lorsque la discussion, après une interruption de quelques jours, fut sérieusement reprise le 19 janvier, l'élection du duc de Leuchtenberg paraissait certaine.

Alors la diplomatie française, voulant éviter à tout prix un choix dans lequel elle voyait en même temps un danger et une humiliation, eut recours à des manœuvres qui sont loin de faire

honneur à la monarchie de Juillet, dont les relations extérieures étaient dirigées par le général
Sébastiani.

Depuis quelques semaines, un diplomate habile,
M. Bresson, représentait le roi Louis-Philippe à
Bruxelles. A la fin de janvier, on lui adjoignit
M. le marquis de Lawoëstine, colonel de cavalerie, qui, pendant la Restauration, avait habité
la Belgique, où il avait laissé les souvenirs les
plus honorables. Ce nouveau négociateur vit l'un
après l'autre les membres du gouvernement provisoire et du comité diplomatique du Congrès,
et tous lui déclarèrent que l'élection du duc de
Leuchtenberg était inévitable, si on ne lui opposait pas le duc de Némours.

Aussitôt l'attitude des deux diplomates français
changea complétement de face. Officiellement, ils
continuèrent à déclarer que Louis-Philippe refuserait la couronne qui serait décernée à son fils
mineur; mais, dans leurs entretiens confidentiels
avec les membres les plus influents du Congrès,
ils tenaient un langage tout à fait opposé, et
l'acceptation y était présentée comme certaine.
De plus, pour renforcer encore les sentiments de
sympathie que les Belges manifestaient à l'égard
de la France, le général Sébastiani déclara « que
» le gouvernement français n'adhérerait point aux

» protocoles de Londres du 20 et du 27 janvier,
» parce que, dans la question des dettes, comme
» dans la fixation des territoires, le consentement
» libre de la Belgique et de la Hollande était
» nécessaire. » Le général ajoutait : « La Con-
» férence de Londres est une médiation, et l'in-
» tention du gouvernement du roi est qu'elle ne
» perde jamais ce caractère. » A l'époque où les
deux protocoles du 20 et du 27 janvier étaient
unanimement condamnés par l'opinion publique,
où les plaintes contre l'intervention hautaine de
la diplomatie du Nord devenaient chaque jour
plus vives et plus générales, il n'était pas possible
de choisir un meilleur moyen de provoquer les
applaudissements des Belges (1).

Comme beaucoup d'autres, le comte de Mérode
crut que le cabinet des Tuileries avait renoncé à sa
politique antérieure. Dans la séance du 25 janvier,
il fit, avec cinquante-deux de ses collègues, la
proposition de proclamer le duc de Némours roi
des Belges. Intimement convaincu de la nécessité
de placer le drapeau de Septembre sous la protection du drapeau de Juillet, il avait agi et parlé
en faveur du prince Othon, lorsque celui-ci était

---

(1) Voy. de Gerlache, *Hist. du roy. des Pays-Bas*, T. II, p. 427;
Th. Juste, *Hist. du Congrès national*, T. I, p. 247 et suiv. Huyttens,
Discussions du Congrès national, T. III, p. 211.

le candidat de la France. Aujourd'hui il agissait et parlait en faveur du duc de Némours, parce que, trompé sur les intentions réelles du cabinet des Tuileries, il voyait dans le choix du fils du roi Louis-Philippe le moyen le plus efficace de nous procurer l'appui et l'alliance du gouvernement français. Il prit ce parti avec d'autant plus d'empressement que, la famille d'Orange-Nassau une fois écartée, il se serait volontiers prononcé dans le sens d'une réunion intégrale à la France, si cette politique avait pu se concilier avec les vœux du pays et les exigences de l'Europe (1).

Le discours qu'il prononça à cette occasion mérite d'être reproduit, ne fût-ce que pour faire ressortir tout ce qu'il y avait de généreux, de loyal et de franc dans le libéralisme vrai qui dirigeait ses pensées et ses actes. Il dit : « Après » la discussion qui depuis plusieurs jours excite » la sollicitude de cette assemblée; après les dé- » veloppements donnés en sens divers par les » orateurs les plus capables de faire valoir les » causes soumises à son examen, je craindrais » de contribuer à la perte d'un temps précieux » dans les circonstances qui nous pressent, en

(1) Voy. les déclarations qu'il fit à ce sujet, à la fin du discours prononcé dans la séance du Congrès du 2 juin 1831. Huyttens, T. III, p. 227.

» cherchant à reproduire les motifs qui déjà sous
» tant de formes ont été, Messieurs, l'objet de
» votre attention sérieuse. Si tous les membres
» du Congrès, qui représentent ici le peuple belge,
» eussent été aussi faciles sur l'adoption d'un chef
» que celui qui a l'honneur de vous adresser en ce
» moment la parole, depuis longtemps le chef de
» notre Etat nouveau serait proclamé.

» Animé du désir de ne pas compromettre par
» des prétentions exclusives l'œuvre finale et né-
» cessaire de notre régénération, j'aurais accepté
» tous les princes qu'une réputation flétrie ne
» m'eût point porté à rejeter. C'est ainsi que j'eusse
» voté sans regret pour le prince de Saxe-Cobourg
» comme pour le prince de Bavière, ou pour un
» prince de Naples, neveu du roi des Français.
» Les qualifications de protestant, d'Anglais,
» d'Allemand, de Bourbon, faisaient sur moi peu
» d'impression, étant persuadé que tout chef quel-
» conque livré à lui-même, au milieu de nous,
» ne pourrait être que Belge, ne pourrait con-
» tracter d'alliance qu'en se conformant aux vœux
» du pays.

» Mais parmi ceux qui se présentaient à l'ima-
» gination sous des couleurs propres à séduire
» les esprits, soit par l'espérance de conserver la
» paix, soit par des souvenirs que l'histoire ne

» permet pas d'oublier, deux personnages me
» semblaient particulièrement inadmissibles. D'a-
» bord le prince d'Orange, non pas principale-
» ment, comme nous l'a dit notre honorable col-
» lègue M. Osy, en vertu de l'exclusion prononcée
» par la presque unanimité des membres du
» Congrès, mais parce qu'il amènerait chez nous
» la discorde, la guerre intérieure et les maux
» inévitables d'une restauration. En second lieu,
» le prince de Leuchtenberg; parce qu'il inquié-
» terait la France en établissant, malgré lui-même,
» dans son voisinage, un foyer d'intrigues, un
» point de ralliement pour les mécontents, nés
» et à naître, que la révolution de Juillet et
» l'état actuel des choses ne peut satisfaire au
» gré de leurs espérances.

» Selon plusieurs des partisans d'Auguste de
» Beauharnais, Louis-Philippe ne comprenait pas
» les vrais intérêts de sa couronne; c'était de
» Bruxelles que devait lui parvenir la lumière;
» éclairé par elle, il eût appris sans doute que
» rien n'était plus assuré, plus constant que la
» faveur populaire; que la versatilité humaine
» avait cédé pour toujours aux idées de stabilité;
» qu'enfin les chances de réunir, quelque jour,
» sans combat, la Belgique à la France, ne
» pourraient à aucune époque provoquer le désir

» d'un changement de dynastie; qu'au surplus,
» pour éviter tout danger, il suffisait d'un ma-
» riage, facile à conclure, puisque les amis du
» duc de Leuchtenberg le jugeaient convenable!

» Pourquoi donc, Messieurs, au lieu de charger
» nos commissaires à Paris du soin de nous
» transmettre des renseignements positifs sur les
» intentions du cabinet français, n'avez-vous pas
» enjoint à ces mêmes commissaires de convaincre
» Louis-Philippe que rien ne devait lui être aussi
» agréable que le choix du duc de Leuchtenberg;
» que vous n'aperceviez aucun inconvénient à ce
» qu'une fille de France épousât votre nouveau
» souverain; qu'en conséquence, l'obstination
» seule du ministère pouvait mettre des obstacles
» à un projet de mariage combiné et résolu à
» Bruxelles?

» Cependant vous avez cru devoir adopter une
» conduite différente. Vous avez pensé que la
» dignité nationale belge ne s'opposait point à ce
» que vous parussiez dans la disposition de n'agir,
» relativement au choix du chef de l'Etat, que de
» concert avec la France et son gouvernement.
» Et je pense que c'était avec raison; car, Mes-
» sieurs, malgré les démarches incertaines et
» quelquefois contradictoires de la diplomatie
» française, vous ne pouvez douter que le roi

» n'ait pris à vos affaires un vif et sincère intérêt.
» Et seriez-vous donc dispensés de toute recon-
» naissance parce qu'au milieu d'immenses diffi-
» cultés vous auriez subi l'effet de tergiversations
» presque inévitables dans la crise actuelle? Le
» ministère français est forcé, non de prendre en
» considération les intérêts de la Belgique seule,
» mais de les combiner avec le repos, la sécurité
» intérieure de la France et la consolidation de la
» dynastie nouvelle.

» J'éprouve une impression pénible lorsque
» j'entends traiter avec dureté, dans cette en-
» ceinte, les agents de la seule puissance qui
» nous ait mis à l'abri de l'invasion étrangère.
» Qu'on se plaigne, à la bonne heure, lorsqu'on
» pense en avoir le droit; mais qu'on renferme
» les plaintes dans les bornes qu'elles ne doivent
» point dépasser sous peine d'inconvenance!

» Parmi quatre cents députés français, une
» trentaine, au plus, désapprouvent l'opposition
» que met le ministère au choix du duc de
» Leuchtenberg; peut-être quelques autres, par
» un respect absolu pour l'indépendance des na-
» tions, pensent que la France devrait recon-
» naître le prince élu par vous quel qu'il fût.
» Je ne contesterai pas leurs maximes populaires;
» seulement je ne dévierai point, pour ma part,

» des principes non moins précieux qui ne per-
» mettent pas d'oublier les services rendus.

» Sans la France, Messieurs, sans la sympa-
» thie de son roi pour notre cause, je ne parlerais
» point à cette tribune; je serais au moins en
» exil; les Belges n'auraient ni indépendance ni
» nationalité. Impatient des refus, des démentis
» trop légèrement donnés par un ministre à notre
» envoyé à Paris; fatigué d'une incertitude sans
» terme, et poussé par la nécessité de prendre une
» résolution, j'ai pendant un jour consenti à me
» réunir aux partisans du duc de Leuchtenberg;
» et c'est, sans doute, pour ce fait qu'une feuille
» parisienne, qui se distingue par la grandeur de
» son format et sa mauvaise volonté pour les
» Belges, a prétendu que je cherchais à soustraire
» la Belgique à l'influence française, pour y or-
» ganiser la théocratie. Au lieu de dénaturer nos
» actes et de mentir à la face du monde, ces
» doctes publicistes feraient mieux d'organiser
» chez eux, à notre exemple, la véritable liberté
» civile et religieuse. Trop faibles pour rendre au
» peuple français les secours puissants qu'il nous
» a donnés contre les tentatives du despotisme
» extérieur, nous lui serons non moins utiles
» peut-être, en lui montrant comment les hommes
» de bonne volonté, unis entre eux dans nos

» provinces, savent y faire prévaloir les droits
» légitimes contre le despotisme intérieur des
» coteries, et mettre en pratique ce qui ailleurs
» n'a encore été qu'une théorie sans application!

» Malgré les erreurs du libéralisme étroit et
» réactionnaire qui domine encore la grande na-
» tion française, erreurs incapables de résister
» longtemps à la raison progressive, aux notions
» de justice destinées à se répandre de plus en
» plus parmi les peuples civilisés, je suis résolu
» de ne pas séparer la cause belge de celle de
» la France, et de ne point chercher un appui
» inconciliable avec nos principes dans les ca-
» binets de l'absolutisme ou de l'aristocratie mar-
» chande, toujours prêts à nous remettre sous
» le joug de la maison d'Orange : je voterai donc
» pour le prince qui nous procurera de la manière
» la plus certaine l'appui et l'alliance du gouver-
» nement français.

» On vous a dit hier que les partisans du can-
» didat opposé au duc de Leuchtenberg représen-
» taient l'avenir de la Belgique comme assuré,
» si le fils de Louis-Philippe était appelé à régner
» sur nous : non, Messieurs, personne ne peut
» vous promettre une sécurité pleine et entière,
» quelle que soit votre décision. Partout nous
» rencontrerons des écueils, et jamais nous ne

» pourrons être certains d'éviter ou la guerre ou
» la conquête. Faisons tous nos efforts pour rester
» nation ; mais préparons-nous avec prudence aux
» événements, et sachons du moins préserver
» notre patrie du plus grand des malheurs, le
» morcellement de notre territoire! »

L'imposante démarche de cinquante-trois députés, venant simultanément proposer l'élection
d'un prince français, entraîna la majorité du Congrès. Sur 192 votants, 97 suffrages furent donnés
au duc de Némours, 74 au duc de Leuchtenberg,
et 21 à l'archiduc Charles d'Autriche.

Le lendemain, l'assemblée nomma une députation chargée d'aller à Paris, avec le président
du Congrès, annoncer au roi des Français l'élection de son fils encore mineur. Le nom du comte
Félix de Mérode fut le premier qui sortit de
l'urne.

Les événements qui suivirent sont assez connus. La France, ayant atteint son but par l'échec
de la candidature du prince de Leuchtenberg,
s'empressa d'adhérer aux protocoles du 20 et du
27 janvier ; et la députation du Congrès, fêtée
aux Tuileries, logée dans un palais de la liste
civile, comblée de prévenances et d'égards dans
tous les cercles officiels, acquit bientôt la certitude que les mandataires du peuple belge avaient

été victimes d'une rouerie diplomatique. Louis-Philippe, refusant la couronne offerte à son fils, eut l'occasion de donner une preuve nouvelle et éclatante de son inébranlable désir de conserver la paix européenne; et cette occasion, dont ses diplomates ne tardèrent pas à tirer parti dans toutes les cours, lui avait été fournie par la confiance généreuse, mais inexpérimentée du Congrès national (1).

Mais si le désintéressement du roi des Français, habilement exploité, amena des conséquences heureuses pour la paix du monde, il eut des suites tout à fait différentes pour la cause nationale des Belges. L'industrie et le commerce retombèrent dans leur marasme; les factions levèrent la tête, et les incertitudes de l'avenir, d'autant mieux aperçues qu'on croyait avoir enfin trouvé une solution définitive, jetèrent le découragement dans l'âme d'une foule de patriotes. Au milieu de l'indignation des uns et de l'effroi des autres, on vit reparaître toutes les manœuvres que l'attitude courageuse et patriotique du gouvernement provisoire avait ré-

(1) Plusieurs circonstances nous portent à croire que le comte de Mérode avait conçu des doutes sur la sincérité de la diplomatie française; mais, adversaire déterminé du Duc de Leuchtenberg et songeant déjà au prince Léopold de Saxe-Cobourg, il se disait que, dans tous les cas, l'élection d'un prince français aurait pour conséquence de faire plus facilement accepter par l'opinion publique en France le choix d'un prince offrant un caractère plus ou moins anglais.

duites à l'impuissance avant la réunion de l'assemblée constituante. Le parti français disait qu'on devait forcer la main à Louis-Philippe et provoquer une explosion du sentiment national, en votant la réunion pure et simple à la France. Le parti républicain, peu nombreux, mais redoutable par l'énergie de ses membres, s'écriait qu'il était temps de rompre avec la diplomatie des rois et d'organiser le pays sur les bases de la démocratie la plus large. Appuyés sur un grand nombre d'armateurs et d'industriels, les Orangistes, répandant l'or et les promesses à pleines mains jusque dans les rangs de l'armée, présentaient la vice-royauté du prince d'Orange comme l'unique moyen de terminer la crise et de consolider les avantages politiques conquis en Septembre (1).

Heureusement pour la cause nationale, le Congrès, secondé par l'immense majorité de la nation, trouva dans le patriotisme et la persévérance de ses membres la force requise pour se mettre au-dessus de l'orage provoqué par les passions démagogiques ou réactionnaires. Pendant que ses députés étaient encore à Paris, il reprit paisiblement ces débats mémorables qui, quoique cir-

(1) J'ai exposé ailleurs, avec les détails nécessaires, la situation des divers partis au commencement de 1834 (*La Belgique sous le règne de Léopold Ier*, T. II, p. 64 et suiv).

conscrits dans l'espace de quelques semaines, eurent pour résultat de doter des institutions les plus libérales de l'Europe un pays connu par son inébranlable attachement au catholicisme : proclamation de la souveraineté du peuple ; liberté illimitée de la presse et de l'enseignement ; liberté illimitée du droit d'association ; inviolabilité du domicile ; égalité de tous devant la loi ; suppression de la mort civile et de la confiscation des biens ; déclaration formelle que le roi n'a d'autres pouvoirs que ceux qui lui sont conférés par la constitution et les lois ; défense aux tribunaux d'appliquer les arrêtés du chef de l'Etat qui ne sont pas conformes à la loi ; inamovibilité de la magistrature ; attribution aux tribunaux de toutes les contestations qui ont pour objet des droits civils ; coexistence de deux Chambres, nommées par les mêmes électeurs et périodiquement renouvelées ; responsabilité des ministres ; liberté de conscience et de culte ; liberté absolue dans les rapports du clergé catholique avec le Saint-Siége ; défense faite à l'Etat d'intervenir dans la nomination et dans l'installation des ministres des cultes ; attribution aux provinces et aux communes de tout ce qui est d'intérêt provincial ou communal ; élection directe de tous les corps représentatifs ; publicité des budgets et des comptes ; publicité des débats judi-

ciaires ; impôt voté par les mandataires du peuple ;
cour des comptes nommée par la Chambre des
Représentants ; intervention des Conseils provinciaux dans la nomination des conseillers de cour
d'appel ; intervention du Sénat dans la nomination
des membres de la cour de cassation ; en un mot,
partout et toujours l'application la plus large des
libertés modernes et des principes fondamentaux
du gouvernement constitutionnel. Le comte de
Mérode vota en faveur de toutes ces mesures si
éminemment libérales; mais il ne prit que rarement la parole pour les défendre contre les hésitations ou les préjugés de la minorité de l'assemblée. Au milieu de l'agitation des esprits et des
innombrables détails de la réorganisation de tous
les services publics, le pouvoir exécutif confié
au gouvernement provisoire suffisait pour absor-
ber les études et les loisirs de ses membres (1).

Ce fut le 9 février au soir, que le comité diplomatique du Congrès reçut communication du célèbre protocole de la conférence tenue au Foreign-
Office, le 7 février 1831, entre les plénipotentiaires d'Autriche, de France, de la Grande-Bretagne,
de Prusse et de Russie. Ce document renfermait
une déclaration de l'ambassadeur du roi des Fran-

(1) Voy. à l'Appendice (L. E.) le discours que le comte de Mérode
prononça dans les débats relatifs à l'organisation du Sénat.

çais, portant que « Sa Majesté, informée que l'offre
» de la couronne belge allait effectivement être
» faite au duc de Némours, avait chargé son plé-
» nipotentiaire de réitérer sous ce rapport ses dé-
» clarations antérieures, *qui étaient invariables.* »
La Conférence, prenant acte de cette communication, ajoutait de son côté : « Ayant unanimement
» reconnu que le choix du duc de Leuchtenberg
» ne répondrait pas au principe posé dans le
» protocole du 27 janvier 1831, qui porte que le
» *souverain de la Belgique doit nécessairement*
» *répondre aux principes d'existence du pays*
» *lui-même, et satisfaire par sa position person-*
» *nelle à la sûreté des Etats voisins,* les plénipo-
» tentiaires ont arrêté que, si la souveraineté de la
» Belgique était offerte par le Congrès de Bruxelles
» au duc de Leuchtenberg, et si ce prince l'ac-
» ceptait, il ne serait réconnu par aucune des
» cinq cours. »

La politique aussi habile que peu franche du
cabinet des Tuileries obtenait de la sorte un succès
complet ; mais, en Belgique, l'exclusion du seul
candidat qui, à côté du duc de Némours, eût
réuni un nombre considérable de voix au sein
de l'assemblée constituante, ne pouvait, produire
d'autre résultat que d'accroître les incertitudes et
les embarras déjà si considérables de la situation.

Aussi le Congrès, toujours à la hauteur de sa mission, s'empressa-t-il de prendre une décision de la plus haute importance. Réservant pour lui-même les pouvoirs constituant et législatif qu'il tenait directement de la nation et dont il ne pouvait se dessaisir avant d'avoir accompli son œuvre, il résolut de mettre le pouvoir exécutif entre les mains d'un Régent, chargé de diriger l'administration du pays jusqu'au jour de l'installation de la royauté constitutionnelle.

L'élection de ce magistrat suprême se fit dans la séance du 24 février.

Par la nature même de ses fonctions, le vénérable président du Congrès, M. Surlet de Chokier, se trouvait désigné au choix de ses collègues; mais quelques membres croyaient que le principe de la révolution recevrait une consécration plus solennelle, plus éclatante, par l'élection d'un frère du héros mort à Berchem en combattant pour l'indépendance de la patrie. Si le comte Félix de Mérode, dont la très-grande majorité de l'assemblée partageait les convictions religieuses, avait eu la moindre velléité d'ambition, il lui eût été on ne peut plus facile d'exploiter cette communauté de principes, et d'affections pour se faire décerner la magistrature suprême. Mais, au lieu d'agir de la sorte et de réduire la manifestation de la volonté

nationale aux proportions mesquines d'une lutte
de personnes, il alla trouver le baron Surlet; et
ces deux hommes, dont les idées étaient si différentes sous une foule de rapports, mais dont le
dévouement et le patriotisme se trouvaient à la
même hauteur, remirent à un député, leur ami
commun, un billet conçu en ces termes :

« Faites ce que vous trouverez bon : nous
» sommes d'accord.

» 24 février.

» E. Surlet de Chokier.

» Félix de Mérode. »

Nous ne croyons pas que l'histoire moderne
offre un plus noble exemple d'abnégation, de désintéressement et de patriotisme. Un peuple, longtemps soumis à la domination étrangère, vient de
reconquérir son indépendance et sa liberté; ses lé-
gislateurs ont fait disparaître les entraves qui arrê-
taient son essor, les abus qui minaient ses forces,
les usurpations qui menaçaient ses croyances; sur
un sol qui, pendant des siècles, servit de théâtre
aux luttes sanglantes des monarques absolus, ce
peuple s'est vu doter de la Constitution la plus
libérale de l'Europe; fatigués des lenteurs et des
ruses de la diplomatie étrangère, ses représentants

vont confier à l'un d'eux le grand et enviable rôle de marcher à la tête du pays, afin de l'initier à la pratique loyale et généreuse des institutions nouvelles : et voilà que les deux hommes, qui seuls pouvaient prétendre à cet honneur insigne, ne veulent pas même que leurs amis fassent une démarche ou émettent un vœu dans l'intérêt de leur candidature !

Quoi qu'il en soit, avec cette attitude des deux candidats particulièrement désignés par l'opinion publique, le choix du Congrès ne pouvait être douteux. Le baron Surlet obtint 108 suffrages, le comte de Mérode 43 et le baron de Gerlache 5. Un membre de la légation anglaise, envoyée à Bruxelles par la Conférence de Londres, dit à cette occasion : « Le comte Félix de Mérode, peu ambitieux de l'honneur qu'on voulait lui conférer, » n'avait fait aucun effort pour assurer son élec- » tion, laquelle aurait probablement eu lieu, s'il » l'avait voulu (1). »

L'installation du Régent, immédiatement effectuée, fit cesser la mission confiée au gouvernement provisoire. Celui-ci plaça sur le bureau du Congrès un acte par lequel il déposait le pouvoir

(1) White, *Révolution Belge de* 1830, T. III, p. 6. — Th. Juste, *loc. cit.*, p. 285 et suiv.

exécutif; puis il adressa au peuple belge la proclamation suivante :

« En quittant le pouvoir où nous avait appelés
» l'énergie révolutionnaire, et dans lequel le Con-
» grès national nous a maintenus, nous nous faisons
» un devoir de proclamer, à la face de l'Europe,
» que la conduite pleine de loyauté, de bon sens
» et de dévouement du peuple belge ne s'est pas
» démentie un seul jour pendant toute la durée
» de notre pouvoir. Le gouvernement provisoire
» emporte la satisfaction bien chère de s'être vu,
» dans les moments les plus difficiles, toujours
» secondé, toujours obéi.

» Si, en retour de ses efforts, il pouvait avoir
» quelque chose à demander à ses concitoyens, ce
» serait de les voir continuer à suivre, sous le
» vénérable Régent que le Congrès vient de leur
» donner, cette admirable ligne de conduite qui
» leur a mérité la réputation du peuple le plus
» raisonnable de l'Europe, après s'être montré
» l'égal des plus braves.

» Vive la Belgique! Vive le Régent! Vive la
» liberté!

» A. GENDEBIEN. CH. ROGIER. S. VAN
» DE WEYER. Cte FÉLIX DE MÉRODE.
» F. DE COPPIN. JOLLY. J. VANDER-
» LINDEN. »

En déposant leur autorité, les membres du gouvernement provisoire jouissaient de l'avantage, si rare en temps de révolution, d'avoir exercé le pouvoir suprême pendant plusieurs mois, sans que leur popularité eût reçu la moindre atteinte. Ils avaient sans doute commis quelques fautes : mais qui oserait se vanter de ne pas en commettre à leur place? Ces fautes, d'ailleurs en petit nombre, disparaissaient dans l'importance immense des services qu'ils avaient rendus, dans la grandeur incontestable des résultats obtenus sous leur direction. Lorsque, le 26 septembre, ils ouvrirent leur première séance à l'hôtel de ville, au bruit du tocsin et de la fusillade, ils avaient pour tout mobilier une table de bois blanc prise dans un corps de garde et deux bouteilles vides surmontées chacune d'une chandelle. Leurs seules ressources consistaient dans la somme de fr. 21,96 que renfermait la caisse communale (1). Lorsqu'ils se retirèrent le 25 février, la dissolution du royaume des Pays-Bas était proclamée par la Conférence de Londres, et la Belgique, à la veille d'être reconnue par les monarques de la Sainte-Alliance, avait une armée, une administration, un trésor, un pouvoir régulier, une assemblée constituante et la charte la plus libérale de l'Europe!

(1) Discours de M. Alex. Gendebien. Séance du 12 janvier 1834.

Expression fidèle des sentiments de la nation, le Congrès ne pouvait s'abstenir de rendre un hommage solennel aux citoyens courageux qui n'avaient pas attendu la fin de la lutte pour se mettre à la tête des forces révolutionnaires. Le 25 février, il décréta par acclamation que le gouvernement provisoire avait bien mérité de la patrie. Le lendemain, il alloua à ses membres, à titre de récompense nationale, une indemnité de cent-cinquante mille florins.

Le comte de Mérode n'accepta sa part que pour la transmettre immédiatement à la commission chargée d'élever, sur la place Saint-Michel, un monument aux victimes des journées de Septembre.

VI.

LA RÉGENCE. — ÉLECTION DU PRINCE LÉOPOLD.

(FÉVRIER-JUILLET 1831).

Evanouissement des illusions qu'avait fait concevoir l'élection du Régent. — Anarchie politique et administrative. — Les ministres proclament la nécessité de procéder sans retard au choix du chef définitif de l'Etat. — Ils jettent les yeux sur le prince Léopold de Saxe-Cobourg. — Ils envoient une députation à Londres pour sonder les intentions du prince. — Le comte de Mérode en fait partie. — Résultats de cette mission. — Election du prince. — Le comte de Mérode retourne à Londres en qualité de membre d'une députation nommée par le Congrès. — Son retour à Bruxelles. — Débats orageux qui se terminent par l'adoption des *dix-huit articles*. — Discours du comte de Mérode. — Celui-ci fait partie d'une troisième députation envoyée à Londres pour engager le prince à monter immédiatement sur le trône. — Coup d'œil rétrospectif. — Le comte de Mérode depuis la nuit du 25 août jusqu'à l'arrivée du roi.

Les premiers jours qui suivirent l'installation du Régent furent des jours de calme, de joie et d'espérance. On éprouvait le besoin de se re-

poser après la lutte, de respirer après l'orage.
On se disait que la concentration du pouvoir
exécutif dans les mains d'un homme jouissant de
la confiance du peuple aurait pour premier effet
de faire disparaître les symptômes d'anarchie
qui commençaient à se manifester dans toutes
les provinces.

Mais cet espoir fut promptement et cruellement
déçu! La baron de Chokier ne possédait aucune
des qualités que réclame le périlleux honneur
de tenir le gouvernail de l'Etat dans une période
d'effervescence. Aux manières polies·et faciles
qui distinguaient la vieille aristocratie liégeoise,
il joignait cet esprit fin, léger et railleur qui
suffit pour briller dans un salon; mais il était
complétement dépourvu de l'énergie, du courage
moral, de la pénétration et de la vigueur, sans
lesquels les gouvernements aboutissent à la faiblesse et à l'immobilité en temps de paix, à l'a-
narchie et à la ruine en temps de révolution.

Les conséquences ordinaires d'une administration centrale privée d'initiative et de force, se
firent bientôt sentir. Le désordre et l'esprit d'insubordination se glissèrent successivement dans
toutes les branches du service public. Les factions, chaque jour plus audacieuses, multiplièrent
dans tous les sens leurs tentatives et leurs intri-

gues, celles-ci pour obtenir une quasi-restauration
avec un membre de la famille royale des Pays-
Bas, celles-là pour aboutir soit à la république,
soit à la réunion à la France. Le défaut de confiance et de sécurité, la disparition des capitaux,
la perte des débouchés de la Hollande et des colonies, et, plus encore, les incertitudes de l'avenir,
réduisirent le commerce et l'industrie à la situation la plus déplorable. Des scènes de pillage et
de révolte attristèrent Bruxelles, Liége, Anvers,
Malines, Ypres, Mons et Namur. L'armée, dont
l'ardeur et le patriotisme étaient si vifs sous le
gouvernement provisoire, perdait la confiance
dans ses chefs, s'affranchissait de la discipline,
repoussait toute organisation sérieuse; et bientôt
des officiers supérieurs, les uns par amour de
l'or hollandais, les autres par aversion du désordre, formèrent, dans les rangs des défenseurs de
la patrie, des complots en faveur du prince d'O-
range. L'enceinte du Congrès devint elle-même
une arène où se heurtaient toutes les passions
du dehors, où des orateurs novices parlaient
d'anéantir la Hollande, de soulever les peuples
et de braver toutes les puissances de l'Europe.
Et pendant que les hommes sages suivaient avec
effroi les progrès de cette anarchie générale, le
roi Guillaume massait sur nos frontières 70,000

soldats exercés, bien armés, pourvus d'une artillerie nombreuse et jouissant de tous les avantages
d'une administration à la hauteur de sa tâche !

Au milieu de ce désordre croissant et de ces
incertitudes chaque jour plus insupportables,
l'élection d'un chef définitif de l'Etat était incon-
testablement le premier besoin de la situation.

Les deux membres du Congrès qui reçurent
successivement le portefeuille des affaires étrangères dans l'administration du Régent, MM. Van
de Weyer et Lebeau, mesurant l'étendue du mal,
placèrent au premier rang de leurs devoirs la
recherche d'un candidat qui pût être agréé en
même temps par la France, par l'Angleterre et
par les puissances du Nord. Après plusieurs démarches, qu'il est inutile de rappeler ici, ils
jetèrent les yeux sur le prince Léopold de Saxe-
Cobourg, veuf de la princesse Caroline, héritière
présomptive de la couronne de la Grande-Bretagne (1).

(1) Les premières avances avaient été faites par M. Van de Weyer;
mais les négociations sérieuses furent ouvertes et menées à terme
par M. Lebeau, qui, avant d'entrer résolument dans les vues de
son prédécesseur, avait eu la singulière pensée d'offrir la couronne
au général Lafayette. Ce dernier, en faisant connaître son refus,
basé sur ses principes républicains, recommanda à M. Lebeau le
choix du comte Félix de Mérode (Voy. *Œuvres du baron de Stassart*,
Notices biographiques, V° Fallot. — De Gerlache, *Hist. du roy.
des Pays-Bas*, t. II, p. 156. 3e édit.).

Ayant acquis la conviction que le choix du prince d'Orange, leur candidat de prédilection, aurait amené la guerre civile et probablement l'annexion à la France, l'Angleterre, l'Autriche, la Prusse et la Russie accueillirent les ouvertures de M. Lebeau avec une satisfaction marquée. Leurs sympathies, et surtout celles des deux cours du Nord, restaient acquises à la famille royale de La Haye; mais, par une coïncidence on ne peut plus heureuse pour les Belges, toutes les puissances se trouvaient dans une situation telle que leurs intérêts les plus impérieux réclamaient le rétablissement immédiat de l'ordre et de la sécurité dans l'Europe occidentale. L'Angleterre, agitée par le problème capital de la réforme, voulait se débarrasser des affaires continentales et craignait de trouver dans la question belge un obstacle à l'alliance intime avec la France. La Prusse redoutait la contagion de l'effervescence révolutionnaire pour ses provinces du Rhin. L'Autriche n'avait pas trop de toutes ses forces pour maintenir son influence au milieu des mouvements insurrectionnels qui agitaient la péninsule italienne. La Russie elle-même, si hostile à la Belgique, écoutait les conseils de la prudence et de la modération, parce que sa puissance était paralysée par la redoutable insurrection de la Pologne. Le choix d'un prince sage, modéré, loyal et appartenant à l'une des familles les plus illustres de l'Europe, leur semblait le meilleur moyen de prévenir la guerre et de sauver, sinon les intérêts dynastiques des Nassau, au moins les principes d'ordre et de conservation qu'elles désiraient voir régner dans les rapports internationaux.

Le projet du gouvernement belge ne fut pas moins bien accueilli à Paris. Puisque ni l'annexion à la France, ni l'appel au trône d'un prince français ne pouvait avoir lieu sans amener, tôt ou tard, une lutte avec l'Europe, le roi Louis-Philippe, qui désirait sincèrement le maintien de la paix, finit par se rallier, lui aussi, à la candidature du prince Léopold (1).

Les ministres prirent en conséquence le parti de désigner ce prince aux suffrages du Congrès national ; mais, éclairés par l'expérience, ils ne voulaient pas exposer le pays à l'humiliation d'un deuxième refus de la couronne. M. Lebeau obtint du régent l'autorisation d'envoyer à Londres une députation de quatre membres de l'assemblée

(1) Avant l'élection du duc de Némours, le cabinet français (Lafitte), consulté à l'égard de la canditature du prince Léopold, avait opposé un *veto* absolu, parce que, bien à tort, il voyait dans ce choix la prédominance de l'influence de l'Angleterre.

constituante, afin de sonder les intentions de Léopold, des ministres anglais et des membres de la Conférence.

Cette députation fut composée du comte Félix de Mérode, de M. Henri de Brouckere, de l'abbé de Foere et de M. Hippolyte Vilain XIIII.

Jouissant de la confiance et de l'amitié du Régent, le comte de Mérode avait accepté cette mission avec empressement. Il connaissait tous les détails du problème diplomatique, et il savait que sa présence et celle de l'abbé de Foere avaient pour but de dissiper les calomnies de la presse hollandaise sur le prétendu fanatisme sauvage qui régnait dans nos provinces. Un prêtre et un catholique fervent allant, au nom de la Belgique, offrir la couronne à un prince protestant, fournissaient, à son avis, une preuve irrécusable des idées vraiment libérales qui animaient les représentants de la nation. Ajoutons aussi que l'un des motifs qui avaient si promptement déterminé son acceptation était le concours d'un jeune et brillant député, dont il appréciait la valeur et qui plus tard, sous la royauté constitutionnelle, devait jouer un rôle considérable dans la haute administration de son pays, M. H. de Brouckere.

Le choix des membres de la députation et la

nouvelle, bientôt divulguée, de leur départ pour
Londres firent une excellente impression sur les
défenseurs de la cause nationale. Un seul catholique marquant éleva la voix pour faire entendre
une protestation, et ce catholique était le comte
de Robiano de Borsbeek, ami intime du comte
de Mérode. Dans une lettre adressée aux journaux, tout en rendant hommage aux qualités
personnelles de Léopold, il repoussait la candidature du prince, parce que celui-ci était luthé-
rien.

Le comte de Mérode se trouvait déjà à Londres, lorsqu'il apprit l'existence de ce regrettable
incident. Comprenant aussitôt l'urgence de prévenir, par une protestation en sens contraire,
l'abus que pourraient en faire les ennemis de la
Belgique, il adressa, le 3 mai, la lettre suivante
aux rédacteurs du *Courrier des Pays-Bas* :

» Envoyé dans cette capitale pour pressentir
» les dispositions de S. A. R. le prince Léopold
» de Saxe-Cobourg, sur un objet qui intéresse
» vivement le repos de la Belgique et de l'Eu-
» rope, j'ai lu avec regret l'article qu'a publié
» contre notre mission à Londres un de mes amis
» les plus dignes d'estime, M. de Robiano de
» Borsbeek. Vous avez expliqué en peu de mots,
» dans votre numéro du 30 avril, le motif qui

» dirigeait l'honorable opposant, dont le beau
» idéal en fait de gouvernement, dites-vous,
» n'existe que là où l'Eglise est juge suprême
» du juste et du vrai. Vous ajoutez que, comme
» il est assez difficile qu'un pareil état social
» s'établisse jamais en Belgique, si le prince
» Léopold devient roi, il est tout naturel que
» M. de Robiano combatte cette candidature. —
» Il aurait, en effet, personnellement raison de
» se prononcer contre elle, si d'autres combi-
» naisons devaient transformer en réalité le gou-
» vernement conçu par quelques théoriciens ca-
» tholiques. Malheureusement pour leur système,
» tout prince quelconque sera obligé de prêter
» serment à la Constitution, dont la garantie la
» plus précieuse aux yeux de l'immense majorité
» des catholiques belges est précisément la sup-
» pression de tous les rapports spéciaux de l'Eglise
» avec l'administration civile, qui ne protége et
» ne soutient la foi qu'en faisant payer trop cher,
» tôt ou tard, l'appui matériel qu'elle essaye de
» lui donner. — Il en était autrement du temps
» de Henri IV et de la Ligue. Partout alors les
» églises orthodoxes ou dissidentes se trouvaient
» intimement unies avec les gouvernements; en
» sorte que les croyances religieuses, comme
» certaines plantes,... devenaient la propriété

» exclusive de telle ou telle contrée, selon qu'il
» plaisait aux Majestés souveraines de les cultiver
» ou de les extirper du sol. L'influence exercée
» par Henri VIII et Elisabeth, l'exemple de
» Gustave Wasa, parvenu à étouffer en Suède
» l'ancienne religion, au point qu'il n'y reste
» pas une paroisse catholique, ne pouvaient per-
» mettre aux Français de souffrir qu'un prince
» élevé dans la Réforme montât sur le trône du
» royaume très-chrétien. C'eût été en quelque
» sorte consentir à la destruction plus ou moins
» rapide de la foi catholique en France, tant
» la religion du prince exerçait encore à cette
» époque une redoutable ·domination. — Malgré
» les grandes et aimables qualités de Henri IV,
» j'aurais donc été ligueur avec M. de Robiano,
» si nous eussions été Français l'un et l'autre
» en 1588; tandis qu'en 1831 j'appelle de tous
» mes vœux l'élection et l'acceptation du prince
» Léopold de Saxe-Cobourg, persuadé que per-
» sonne mieux que lui ne peut préserver notre
» patrie et l'Europe centrale des fléaux d'une
» guerre dont les suites ne sauraient être préve-
» nues par l'expansion des sentiments même les
» plus purs et les plus poétiques du romantisme
» politico-religieux. — Dès les premiers mo-
».ments de la réunion du Congrès, la position

» du prince Léopold m'a paru très-favorable pour
» concilier aux Belges la bonne volonté des
» grandes puissances européennes; depuis mon
» séjour à Londres, l'avantage de l'approcher
» dans quelques audiences, où il a bien voulu
» recevoir notre députation avec toute la bonté
» qui le caractérise, m'a donné pleine confiance
» qu'il maintiendrait l'ordre et les garanties so-
» ciales, avec un esprit de franchise et de loyauté
» conforme à celui de notre nation.

» Comte Félix de Mérode (1). »

Le prince accueillait en effet la députation
belge avec une bienveillance exquise; mais
aussi, avec cette modération et ce tact politique
dont il avait donné une preuve éclatante en
refusant le trône de la Grèce, il déclara nettement que le dissentiment survenu entre le Congrès et la Conférence de Londres était, à ses
yeux, un obstacle insurmontable à l'acceptation
de la couronne; en d'autres termes, il voulait
que la question territoriale fût vidée avant son
arrivée à Bruxelles. Les *bases de séparation*,
arrêtées par la Conférence le 20 janvier 1831,

(1) *Courrier des Pays-Bas* du 7 mai 1831.

enlevaient à la Belgique le Luxembourg et les anciennes enclaves hollandaises du Limbourg; tandis que le Congrès, malgré les menaces de l'Europe, avait solennellement déclaré qu'il entendait conserver irrévocablement le Limbourg et le Luxembourg, comme parties intégrantes du sol national. Le prince, qui désespérait de vaincre les résistances de la diplomatie, reculait avec raison devant l'acceptation d'une royauté, dont le premier acte devait être, soit une guerre insensée avec la Hollande et la Confédération germanique, soit une cession de territoire qui révoltait les sentiments patriotiques des Belges. Il n'était pas non plus sans appréhension sur le jeu des institutions essentiellement démocratiques dont le Congrès avait environné un trône dépouillé de la plupart de ses priviléges; mais, quant à ce dernier point, il s'en rapportait au bon sens du peuple belge et aux lumières de l'expérience, la Constitution elle-même ayant prévu le cas où des changements deviendraient indispensables. La question territoriale était la seule pierre d'achoppement. A toutes les démarches, à tous les raisonnements, à toutes les instances de la députation, Léopold répondait invariablement : « Tranchez la question des limites, » et je pourrai me rendre aux vœux des Belges. »

Les députés du Régent revinrent à Bruxelles
dans l'après-midi du 8 mai. S'ils n'avaient pas
réussi à obtenir du prince une acceptation définitive de la couronne, ils avaient du moins
rendu à la Belgique l'éminent service de lui
procurer un protecteur puissant auprès de la
Conférence.

On en acquit bientôt une preuve significative.

Le 26 mai, les plénipotentiaires d'Autriche,
de France, de la Grande-Bretagne, de Prusse
et de Russie, — « considérant 1° que l'adhésion
» du Congrès belge aux bases de séparation de
» la Belgique d'avec la Hollande serait essen-
» tiellement facilitée, si les cinq cours consen-
» taient à appuyer la Belgique dans son désir
» d'obtenir à titre onéreux l'acquisition du grand-
» duché de Luxembourg; 2° que le choix d'un
» souverain étant devenu indispensable pour
» arriver à des arrangements définitifs, le meil-
» leur moyen d'atteindre le but proposé serait
» *d'aplanir les difficultés qui entraveraient l'ac-*
» *ceptation de la souveraineté de la Belgique*
» *par le prince Léopold de Saxe-Cobourg,*
» *dans le cas où, comme tout autorise à le*
» *croire, cette souveraineté lui serait offerte;* »
— autorisèrent lord Ponsomby, leur commissaire
à Bruxelles, à déclarer : « Qu'ayant égard au

» vœu énoncé par le gouvernement belge, de
» faire, à titre onéreux, l'acquisition du grand-
» duché de Luxembourg, les cinq puissances
» promettaient d'entamer, avec le roi des Pays-
» Bas, une négociation destinée à assurer, s'il
» est possible, à la Belgique, moyennant de
» justes compensations, la possession de ce pays,
» qui conserverait ses rapports actuels avec la
» Confédération germanique. » Seulement, les
cinq cours, persistant dans leur politique antérieure, exigeaient, à titre de préliminaire indispensable, l'adhésion de la Belgique au protocole
du 20 janvier.

Les ministres du Régent connaissaient trop
bien l'esprit qui régnait sur tous les bancs de
l'assemblée constituante, pour ne pas savoir que
cette adhésion préalable aux *bases de séparation*
était impossible à obtenir du Congrès et de la
nation ; mais, encouragés par un premier succès
et voulant donner au prince Léopold un titre plus
imposant dans les négociations ultérieures, ils
firent la proposition de lui décerner immédiatement la couronne.

Cette politique habile obtint le résultat désiré.
Les membres les plus influents du Congrès se
prononcèrent énergiquement en faveur d'un choix
dans lequel ils voyaient en même temps le terme

d'un état provisoire désastreux, la consécration de l'indépendance nationale, le meilleur et peut-être le seul moyen de réconcilier la Belgique avec l'Europe. Après six jours de mémorables débats, qui occuperont toujours, une place éminente dans l'histoire parlementaire du pays, le prince Léopold fut proclamé roi des Belges par 152 suffrages, contre 14 donnés au baron Surlet de Chokier. Dix-neuf membres s'étaient abstenus.

Depuis le premier jour de la révolution, le comte de Mérode, malgré l'éclat de ses services, avait constamment évité de parler de lui-même. Il lui suffisait de faire le bien et de travailler à la régénération politique du pays, sans appeler l'attention du public sur l'étendue des sacrifices qu'il faisait à la cause nationale. Il se départit un instant de cette ligne de conduite dans les débats dont nous venons d'indiquer le résultat. Ayant voté contre un amendement tendant à fixer au prince le délai d'un mois pour l'acceptation de la couronne, il se vit en butte à des critiques et même à des soupçons de complaisance et de tiédeur qu'il était loin de mériter; et ce fut alors que, voulant repousser des reproches qu'il dédaignait pour lui-même, mais qui pouvaient jeter de la défaveur sur l'œuvre

du Congrès, il s'écria dans la séance du 2 juin :
« ..... Dans des conversations particulières, j'ai
» reçu de quelques membres de cette assemblée,
» que j'honore particulièrement, le reproche d'a-
» voir voté contre un terme imposé à l'accepta-
» tion du prince; on me dit que ses partisans les
» plus prononcés éloignent ainsi de leurs rangs
» des hommes qui voulaient une fin à nos affaires.
» Eh ! Messieurs, qui plus que moi soupire
» après cette fin si désirable? Depuis huit mois
» je ne vis plus pour moi-même; j'ai abandonné
» mon domicile ordinaire, ma famille, tous mes
» intérêts, pour ne m'occuper que des affaires
» de mon pays; j'y ai sacrifié toute mon exis-
» tence; j'ai négligé mes devoirs de père pour
». remplir ceux de citoyen, et je n'ai refusé
» aucune démarche pénible. Croyez-vous que ce
» soit sans répugnance et sans détriment, que
» mes collègues et moi nous ayons rempli à
» Londres notre dernière mission? Et cependant
» lorsque nous cherchons à en recueillir les
» fruits, lorsque nous essayons de faire pré-
» valoir la conduite sage et prudente qui con-
» vient à un peuple qui ne compte que quatre
» millions d'individus resserrés, menacés par les
» grandes puissances de l'Europe; lorsque nous
» ne voulons pas qu'on nous ridiculise en pa-

» rodiant, en Belgique, la convention nationale
» de France appuyée par trente millions d'hom-
» mes..., on nous accuse d'avoir laissé refroidir
» notre patriotisme! Non, Messieurs, ce patrio-
» tisme est toujours le même, et c'est parce
» qu'il n'a pas changé, parce qu'il sent vive-
» ment les besoins du pays et qu'il apprécie sa
» situation, qu'il oppose tous ses efforts à des
» résolutions dont le résultat ne saurait se pré-
» voir.

» Et quels moyens emploie-t-on contre une
» majorité qui comprend cette situation?... On
» essaye de déverser le mépris sur la représen-
» tation nationale, parce qu'elle n'est pas enthou-
» siaste de siéges et de combats; parce qu'elle
» craint de causer la ruine de l'habitant des
» chaumières, comme celle du propriétaire plus
» aisé; parce qu'elle recule devant les désastres
» qui de nouveau pourraient frapper la pre-
» mière ville commerciale du pays; parce qu'elle
» ne veut pas exposer légèrement la province de
» Limbourg aux malheurs qui la désoleraient, si
» elle supportait l'invasion militaire des Belges,
» des Hollandais et de ceux qui viendraient à
» leurs secours....

» Je dirai franchement ma pensée sur la
» manière de terminer nos difficultés avec la

» Conférence de Londres, dans le cas où elle
» refuserait nos offres de conciliation après l'é-
» lection du prince de Saxe-Cobourg; je dirai
» publiquement, comme je l'ai dit ailleurs en
» particulier, que personnellement je suis par-
» tisan de la réunion à la France : il m'est
» pénible de travailler contre les réunionistes,
» car un Français ne sera jamais pour moi un
» étranger; mais, député au Congrès belge, j'ai
» suivi la volonté la plus générale de mes com-
» mettants, et j'ai embrassé vivement comme un
» devoir la cause du prince Léopold.

  » Cependant, Messieurs, si nous étions forcés
» d'adopter le parti de la guerre, ne voulant
» point de système bâtard, de guerre de pyg-
» mées qui nous conduirait à l'envahissement du
» Midi ou du Nord, je conseillerais hautement
» à nos compatriotes de déclarer à la Conférence
» que, si elle persiste à nous traiter comme
» elle l'a fait jusqu'ici, nous élèverons sur tous
» nos clochers le drapeau tricolore français, qui
» peut encore remuer l'Europe jusque dans ses
» fondements. C'est en vain que Louis-Philippe
» refuserait de nous reconnaître : trente-cinq
» millions d'hommes réunis prouveraient alors
» aux diplomates ébahis que l'on ne se joue
» point impunément au dix-neuvième siècle de
» l'honneur et de la liberté des nations ! »

De longues acclamations accueillirent ces paroles aussi énergiques que franches, et le Congrès s'empressa de donner au comte de Mérode
un nouveau témoignage de ses sympathies et de
sa confiance. Dans le scrutin qui s'ouvrit, immédiatement après l'élection, pour le choix
d'une députation chargée de présenter au prince
Léopold le décret de l'assemblée constituante,
il obtint 151 suffrages sur 196 votants (1).

Cette deuxième députation se mit immédiatement en route pour Londres, où elle fut
bientôt suivie par deux commissaires du Régent,
MM. Nothomb et Devaux, qui réussirent à arracher à la Conférence le célèbre protocole du
26 juin, plus connu sous la dénomination de
Dix-huit articles. Le même jour, à neuf heures
du soir, les délégués du Congrès furent officiellement reçus par le prince, à Marlboroughouse.
Léopold accepta la couronne, à condition « que
» le Congrès des représentants de la nation
» adoptât, de son côté, les mesures qui seules
» pouvaient constituer le nouvel Etat, et par
» là lui assurer la reconnaissance des Etats eu-

(1) Voici les noms des autres députés, avec le chiffre des suffrages
obtenus par chacun d'eux : MM. Van de Weyer, 137 ; abbé de Foere,
119 ; comte d'Aerschot, 108 ; Vilain XIIII, 96 ; baron Osy, 76 ; Des-
touvelles, 74 ; comte Duval de Beaulieu, 69 ; Thorn, 67. — Huyttens ,*Discussions du Congrès nat.*, T. III , p. 272.

» ropéens » : condition qui fut remplie, le 9 juillet suivant, par l'adoption des *dix-huit articles*, que la Conférence elle-même avait qualifiés de *préliminaires de paix*.

Ce dernier résultat ne fut pas obtenu sans peine.

Les *préliminaires de paix* renfermaient deux articles qui blessaient le sentiment national d'autant plus profondément que leur portée réelle n'était pas bien comprise sur tous les bancs du Congrès. L'article 3 maintenait le *statu quo*, c'est-à-dire, la possession de la Belgique, dans le Luxembourg, en attendant le résultat des négociations à ouvrir avec le roi grand-duc et avec la Confédération germanique. L'article 5 exigeait que la Belgique et la Hollande procédassent à l'échange des enclaves qu'elles possédaient, en 1790, sur leurs territoires respectifs. On en concluait, par une exagération manifeste, que les diplomates de Londres, en formulant les *dix-huit articles*, avaient irrévocablement attribué à la Hollande la propriété du Luxembourg et des trois quarts du Limbourg. Il s'ensuivit un long débat, entremêlé de reproches, d'accusations, de menaces, d'appels à l'opinion publique indignée : appels auxquels les spectateurs des tribunes répondaient en applaudissant à outrance les orateurs qui demandaient la guerre, en prodiguant les huées et les sifflets à tous ceux qui parlaient de prudence et de modération. Ainsi que l'a dit un contemporain, c'étaient de véritables assauts de tribune, répétés. pendant neuf jours et qui ne reproduisaient que trop fidèlement les passions et le désordre qui régnaient au dehors de l'enceinte (1).

Deux fois, le comte de Mérode prit la parole pour conseiller l'acceptation des *dix-huit articles;* et il le fit avec tant de modération, de patriotisme et de bon sens, qu'il eut le bonheur d'échapper à ces manifestations hostiles qui, malgré tous les efforts du président, ne cessaient d'accueillir les discours favorables aux propositions du ministère. Lui aussi souffrait cruellement à la pensée de voir arracher à la Belgique et replacer sous la domination hollandaise des concitoyens qui, dès le premier jour, s'étaient voués corps et biens à la défense de la cause nationale; mais il avait la conviction profonde, inébranlable que, dans les circonstances où se trouvait l'Europe, le rejet absolu des bases proposées par la Conférence ne pouvait avoir d'autre résultat que l'anarchie, la guerre, la défaite, et par suite la perte d'une

(1) Nothomb, *Essai hist. et pol. sur la révolution belge,* p. 166, 2e édit.

indépendance à peine reconquise. Répondant à
ceux qui cherchaient dans la guerre le moyen
de réaliser le bonheur et la liberté des peuples,
il disait, dans la séance du 3 juillet : « Pour
» satisfaire un amour-propre exagéré, ne sacri-
» fions pas l'avenir de notre patrie. Prenons en
» considération ce peuple laborieux dont on parle
» si souvent dans cette enceinte, et que j'aime
» avec l'affection la plus sincère, non pour lui
» dire qu'il est souverain, inutile flatterie qui ne
» lui procure aucun bien-être et ne lui en don-
» nera jamais, mais pour le préserver des maux
» dont il est trop cruellement accablé au milieu
» des tourmentes révolutionnaires et des guerres
» ruineuses qui réduisent le pauvre à la dernière
» indigence, sans laisser même aux riches les
» moyens de la soulager !

» Oui, messieurs, j'ai été témoin des pénibles
» souffrances qu'éprouvent les populations dont
» le sol sert de théâtre aux excursions, aux
» chocs des armées, et j'admire l'impassibilité,
» la tranquillité d'âme avec laquelle on parle, sur
» ces bancs ou dans les bureaux où s'élaborent
» nos feuilles quotidiennes, de l'effusion du sang ;
» comme si les désastres qu'entraînent ces mas-
» sacres où l'homme extermine régulièrement son
» semblable n'étaient qu'un jeu pareil aux ba-
» tailles de nos théâtres !

» Il est dans le monde un pays puissant, dont
» le peuple fut aussi déclaré souverain par des
» hommes qui exploitèrent habilement sadite sou-
» veraineté. Ce peuple, plus fort que nous, pro-
» voqué par des gouvernements absolus, et lancé
» d'abord dans une carrière victorieuse, où il
» nous entraina bientôt nous-mêmes par la con-
» quête, vit ses enfants et les nôtres décimés
» dans mille combats jusqu'aux extrémités de
» l'Europe.

» Que lui resta-t-il de tant d'efforts? La liberté?
» Non, Messieurs, le despotisme du sabre et le
» souvenir de trois millions de jeunes gens arra-
» chés à leurs familles pour servir inutilement
» de chair à canon pendant vingt années consé-
» cutives! Ce ne sont point ces fruits amers que
» la nation belge doit recueillir de son affran-
» chissement du joug de la Hollande; il faut
» qu'elle obtienne une existence heureuse et li-
» bre; il faut qu'une dette restreinte ne lui im-
» pose que le fardeau de tributs légers; or, l'état
» actuel de nos finances est de nature à ne pas
» nous imposer des charges trop pesantes. Con-
» servons cet avantage immense en évitant
» les frais d'un ruineux enthousiasme. Il est
» beau, il est dramatique d'exprimer des senti-
» ments hardis et belliqueux, de déclarer que,

» quoi qu'il en coûte, on ne veut céder aucun
» village. Le rôle de la prudence qui calcule les
» événements et ne joue pas à l'aventure pour
» quelques-uns l'existence et l'avenir de tous,
» est moins poétique, moins chevaleresque, j'en
» conviens ; mais est-il moins juste au fond,
» moins noble, moins consciencieux, surtout
» s'il est conforme aux grands intérêts de la li-
» berté européenne, s'il contribue à la délivrance
» de quatre millions d'hommes qui jamais ne re-
» trouveront les chances qu'un courage héroïque
» a su faire naître? Sera-t-il indigne de la na-
» tion belge, ce rôle pacifique que nous désirons
» pour elle en ce moment? On nous assure qu'à
» défaut de bonheur, l'honneur ne nous man-
» quera pas. Je le veux bien ; mais je ne puis
» cependant m'empêcher de désirer vivement
» le bonheur de mon pays, et de croire que
» si la témérité commence les révolutions, elle
» ne parvient pas à les clore au bénéfice des peu-
» ples et de la liberté.

» Avant l'invasion de l'Espagne sous Louis
» XVIII, on offrit aux Cortès, il m'en souviendra
» longtemps, car j'ai toujours pris l'intérêt le
» plus vif à la cause du bon droit contre le des-
» potisme et l'intolérance apostolique ou philo-
» sophique; on offrit aux Cortès de transiger

» avec elles au moyen de changements à leur
» constitution, que les membres de la représen-
» tation nationale, éclairés par l'expérience, trou-
» vaient eux-mêmes d'un libéralisme exagéré.
» L'honneur, cria-t-on tout d'abord, l'honneur ne
» permet point qu'on cède à de pareilles proposi-
» tions qui viennent de l'étranger. Et la tribune
» parisienne d'applaudir, et les journaux et les
» chansonniers politiques de promettre aux con-
» stitutionnels d'Espagne la sympathie du soldat
» français et les plus beaux triomphes! Le brave
» et malheureux Riégo, livré par les mêmes Fran-
» çais, ignominieusement traîné au supplice des
» meurtriers et des voleurs, et la Péninsule héroï-
» que rejetée à cent ans en arrière : tel fut le
» résultat de l'honneur aveugle qui prévalut en ce
» pays! » Cinq jours après, répliquant aux orateurs qui déniaient au Congrès le droit de consentir, même éventuellement, à la cession d'un seul
pouce du territoire national, il ajouta : «.... Je
» range parmi les arguments sans valeur contre
» les préliminaires de paix celui qu'on a tiré
» de notre mandat. On a dit qu'il se bornait à
» constater un fait, et rien qu'un fait indépen-
» dant de notre volonté. Eh! qui a circonscrit
» nos devoirs dans ces limites étroites? Est-ce le
» gouvernement provisoire lorsqu'il a convoqué

» les électeurs? Je ne vois aucun article dans
» l'arrêté de convocation qui indique cette idée.
» Sont-ce les électeurs? Je n'en crois rien; je le
» crois si peu que, s'ils étaient réunis pour de
» nouveaux choix, je suis persuadé que la très-
» grande majorité des hommes envoyés dans
» cette enceinte pour représenter le pays, se-
» raient choisis parmi ceux qui partagent l'opi-
» nion qu'on ne doit pas l'exposer à tout perdre
» pour essayer de tout obtenir; et à cet égard
» je m'appuierai de nouveau sur l'exemple des
» Cortès d'Espagne que j'ai rappelé dans mon
» premier discours. Il a été dit depuis lors, que
» l'Espagne avait succombé parce qu'elle n'était
» pas mûre pour la liberté. Je sais que, nais-
» sante encore, la liberté était faible en ce pays;
» mais enfin ce n'était pas avec des étrangers
» que le généreux Riégo avait renversé le gou-
» vernement absolu; et l'armée dite de la Foi
» n'aurait pas rétabli le despotisme, si cent mille
» Français ne fussent venus au secours des
» Quesada et des Bessière. Eviter l'entrée de
» cent mille Français; c'était donc sauver la ré-
» volution espagnole; comme éviter maintenant
» des dangers analogues, c'est sauver la révolu-
» tion belge, plus forte dans son essence, il est
» vrai, que celle de l'Espagne, mais non moins

» compromise, vu la situation géographique du
» pays et l'infériorité numérique de ses habitants.
» — Je reviens à l'objection que nous sommes
» ici uniquement pour constater un fait. J'ai com-
» pris ma mission d'une manière plus large, et
» je pense que son objet est de traiter toutes les
» affaires du pays pour son plus grand bien, en
» raison des circonstances et de la nécessité. Mais
» le Congrès, dit-on, renonce à ses propres actes
» en agréant les conditions proposées ; il accepte
» les protocoles ; il renie l'intégrité du territoire.
» J'ai déjà prouvé, et bien d'autres avant moi,
» que les protocoles et les préliminaires de paix
» étaient loin d'offrir l'identité qu'on leur prête.
» Il est vrai que nous entendions l'intégrité du
» territoire autrement que ces préliminaires, et
» là je trouve l'objection de nos adversaires forte
» et digne de la plus sérieuse attention : non
» parce que le Congrès changerait de résolution,
» car les Congrès, comme les ministères et les
» oppositions, sont composés d'hommes faillibles
» et peuvent s'être trompés, surtout lorsqu'ils
» ont jugé dans leur propre cause, mais parce
» qu'il est très-pénible de renoncer peut-être à
» des frères qui ont participé à toutes les chances
» de notre affranchissement ; parce que ce serait
» une injustice à leur égard de ne pas les défen-

» dre, s'il ne s'agissait que d'efforts ordinaires et
» qu'il ne fallût pas exposer l'existence du pays
» tout entier. Je n'ai pas eu besoin qu'on m'ex-
» posât ce motif pour le sentir; il parle au cœur,
» c'est tout dire. Cependant, en rendant de nou-
» veau hommage aux sentiments qui font insis-
» ter sur cet argument généreux, je ne consens
» pas non plus à être un lâche, un homme sans
» honneur et sans patriotisme, parce que je n'y
» trouve pas la force nécessaire pour me déter-
» miner à diriger mon pays vers un précipice! »

Les *dix-huit articles* ayant été adoptés par
126 voix contre 70, rien ne s'opposait plus à ce
que le prince Léopold acceptât définitivement la
couronne. Le Congrès nomma séance tenante une
nouvelle députation de cinq membres chargée
d'annoncer à Son Altesse Royale le vote du Congrès et de l'inviter à se rendre en Belgique aussitôt que possible. Le comte Félix de Mérode fut
une troisième fois au nombre des députés (1).

On le voit : jusqu'à l'installation de la royauté
constitutionnelle, aucune preuve de confiance,
aucun témoignage de reconnaissance et de sympathie n'avaient manqué au comte Félix. Le

---

(1) Voici le résultat du scrutin : MM. Lebeau, 436 suffrages; de
Mérode, 432; Fleussu, 117; de Meulenare, 103; baron J. d'Hoogvorst, 94.

28 août, il est nommé membre de la députation des notables de Bruxelles, envoyée à La Haye pour plaider les intérêts de la cause nationale auprès de Guillaume Ier. Le 8 septembre, il devient membre de la *Commission de sûreté publique,* instituée pour veiller au maintien de l'ordre et de la sécurité, dans une grande capitale que les représentants du roi avaient abandonnée à elle-même. Le 26 septembre, il répond aux vœux unanimes du peuple, en acceptant la redoutable responsabilité de faire partie du gouvernement provisoire. Le 27 octobre, il est envoyé au Congrès national, par les districts de Bruxelles, de Maestricht et de Malines. Le 4 février, il est élu membre de la députation allant à Paris offrir la couronne au duc de Nemours. Le 20 avril, il est associé à MM. H. de Brouckere, de Foere et Vilain XIV, pour aller à Londres sonder les intentions et réclamer l'appui du prince Léopold. Après l'élection de ce prince, il reparaît dans la capitale de la Grande-Bretagne, pour y assister, en qualité de délégué du Congrès, à l'offre officielle de la couronne de Belgique. Il y revient une dernière fois, en la même qualité, le 11 juillet, pour engager le prince à combler les vœux de la nation en montant immédiatement sur le trône.

Simple, modeste et complétement dépourvu d'ambition, il n'estimait ces honneurs que parce qu'il y voyait une preuve de l'estime et de l'affection de ses concitoyens. Un seul jour, il éprouva un sentiment, nous ne dirons pas d'orgueil, mais de fierté légitime : ce fut lorsqu'il vit l'assemblée constituante se rendre à l'église de Sainte-Gudule, pour y assister en corps au service solennel célébré pour le repos de l'âme de son illustre frère, le comte Frédéric, le héros de Berchem. Il lui semblait que les ossements de ses ancêtres devaient tressaillir dans leurs tombes, à l'heure où tout un peuple venait, par l'intermédiaire de ses représentants, honorer la mémoire d'un comte de Mérode, mort pour la défense de tout ce qu'ils avaient eux-mêmes aimé et protégé sur la terre : la religion, la patrie, l'indépendance et les libertés nationales (1).

---

(1) Cette touchante cérémonie eut lieu le 20 novembre 1830, dix jours après l'installation du Congrès.

On voit à l'église de Sainte-Gudule un magnifique mausolée, œuvre de M. Geefs, érigé à la mémoire du comte Frédéric. On y lit l'inscription suivante :

Frederico. comiti. de. Mérode

inter. liberatores. Belgii. propugnatori. strenuo

qui. catholicæ. fidei. patriæque. jura. tuendo

percussus. ad. Berchem. Mechliniæ. pie. occubuit

anno. Domini. MDCCCXXX

VII.

LE COMTE DE MÉRODE

A LA CHAMBRE DES REPRÉSENTANTS.

(1831—1838).

———————

Installation de la royauté constitutionnelle. — Convocation de la Chambre des Représentants. — Le comte de Mérode est nommé membre de cette assemblée par le district de Nivelles. — Il devient ministre d'Etat. — Débats en comité secret sur l'acceptation des *vingt-quatre articles* proposés par la Conférence de Londres. — Motifs qui engagent le comte de Mérode à voter leur adoption. — Il combat la proposition d'une enquête parlementaire sur la campagne de 1831. — Il prend par *intérim* le portefeuille du département de la Guerre. — Il vient, en sa qualité de ministre d'Etat, proposer l'institution d'un ordre civil de chevalerie. — Débats orageux provoqués par ce projet. — Institution de l'ordre de Léopold. — Après le siége d'Anvers, le comte de Mérode vote des remercîments à l'armée française; mais il combat vivement la proposition de renverser le lion monumental de Waterloo. — Il accepte par *intérim* le portefeuille des Affaires étrangères. — Il refuse d'accepter ce ministère à titre permanent. — Motifs de son refus. — Sympathies chaleureuses que le comte de Mérode rencontre sur tous les bancs de la Chambre. — La comparaison de la volière. — La plaque distinctive des représentants de la nation. — Le comte de Mérode prend en toute occasion la défense des droits et des susceptibilités légitimes de l'armée. — Témoignages de la reconnaissance des officiers. — Position parlementaire du comte de Mérode en 1838.

Après l'installation de la royauté, bientôt suivie de la courte mais désastreuse campagne de 1831, un arrêté du 29 août convoqua pour la première fois les colléges électoraux, à l'effet de procéder au choix des membres du Sénat et de la Chambre des Représentants. Le comte Félix de Mérode fut envoyé à cette dernière assemblée par le district de Nivelles, et il conserva ce mandat, successivement renouvelé pendant plus d'un quart de siècle, jusqu'au jour de son décès.

A ce nouveau témoignage de la confiance de ses concitoyens, qu'il reçut avec une gratitude proportionnée à sa valeur, vint bientôt se joindre une preuve non moins éclatante de la confiance de la couronne. Le 12 novembre 1831, le premier roi de la Belgique indépendante lui conféra la dignité de ministre d'Etat.

Il serait aussi inutile que fastidieux d'énumérer les votes émis et les discours prononcés par le noble député dans sa longue carrière parlementaire. Nous nous bornerons à rappeler les faits les plus saillants, en nous attachant de préférence à ceux qui révèlent la générosité de ses idées, l'élévation de ses sentiments, la persévérance et la loyauté de ses convictions sagement libérales.

La première session de la législature vit surgir un de ces débats solennels qui agitent et passionnent les masses, parce que les droits, les intérêts et l'existence même de tout un peuple se trouvent en cause.

Avant l'arrivée du roi Léopold, la Belgique avait adhéré au protocole du 26 juin 1831 renfermant les *dix-huit articles;* mais, depuis ce moment, elle avait toujours déclaré qu'elle se refuserait à toute démarche ultérieure, aussi longtemps que le roi Guillaume ne se serait pas soumis, de son côté, à la décision de la Conférence de Londres. La Hollande, au contraire, tout en protestant contre les *dix-huit articles,* avait offert de débattre, sous les auspices de la Conférence, les conditions d'un traité définitif.

Après la désastreuse campagne d'août, la Belgique, subissant la loi des vaincus, cessa d'exiger de sa rivale l'acceptation préalable du protocole du 26 juin. Les négociations furent reprises par l'intermédiaire des cinq cours; et ce fut ainsi que la Conférence de Londres, tranchant toutes les difficultés au bénéfice de la Hollande, finit par rédiger, le 14 octobre 1831, le célèbre projet de traité connu sous la dénomination de *vingt-quatre-articles*. Cette fois la diplomatie nous enlevait définitivement la plus belle partie du Luxembourg et toute la rive droite de la Meuse, depuis Visé jusqu'à la Gueldre. Outre les forteresses de Maestricht et de Venloo, 350,000 Belges, qui avaient activement participé à la révolution, étaient replacés sous la domination hollandaise. La Belgique était de plus chargée de la somme énorme de huit millions quatre cent mille florins des Pays-Bas de rentes (1)!

Lorsque ces conditions iniques, déclarées *finales* et *irrévocables*, furent communiquées au parlement et à la presse, un long cri d'indignation se fit entendre dans le pays et sur tous les bancs de la Chambre. Cette indignation n'était que trop légitime; mais les hommes sages, le premier moment d'effervescence passé, cherchèrent en vain le moyen de se soustraire à un arrêt prononcé par l'Angleterre et la France, cette fois complétement d'accord avec les trois cours absolutistes du Nord. Ainsi que je l'ai dit ailleurs, le refus de la Hollande n'était pas à prévoir, puisque tous les sacrifices et toutes les humiliations étaient du côté des Belges. Or, la Hollande

(1) Voy. le récit des négociations et tous les détails des travaux de la Conférence, dans nos *Etudes d'histoire contemporaine*, T. I, p. 165 et suiv.

acceptant, il ne nous restait en réalité d'autré perspective qu'une honteuse et tardive soumission aux ordres de la Conférence. Les Prussiens seraient venus nous expulser de Venloo, les soldats de la Confédération germanique se seraient emparés du Luxembourg, et très-probablement les Anglais auraient bloqué nos ports et refoulé l'essor de notre commerce. De quelque côté qu'on portât les regards, on ne voyait que des périls et des pertes dans un inévitable état d'hostilité avec l'Europe. Il ne s'agissait plus alors de faire un appel à l'énergie révolutionnaire. Le principe monarchique avait triomphé des deux côtés des Alpes; l'héroïque Pologne venait de succomber, et toutes les puissances, sans en excepter les cabinets de Paris et de Londres, déclaraient nettement qu'il fallait en finir.

Les discussions eurent lieu en comité secret. Ouvertes le 26 octobre, elles ne se terminèrent que le 1er novembre. Tout en protestant contre l'iniquité de l'arrêt, tout en déplorant sincèrement le sort des Belges qui allaient être séparés de leurs compatriotes, le comte de Mérode s'unit à la majorité de l'assemblée et vota en faveur de la proposition d'autoriser le gouvernement à accepter le traité (1).

(1) Nous verrons le parti que le comte de Mérode sut tirer, huit ans plus tard, du refus inattendu de la Hollande.

L'invasion de l'armée hollandaise avait produit un autre résultat, qui, quoique humiliant pour la nation, offrait du moins l'avantage de dissiper une foule d'illusions dangereuses. L'insuffisance et l'incohérence de nos forces militaires étaient devenues notoires. Personnel, matériel, administration, science, traditions, expérience, tout, sauf le courage individuel, manquait à l'armée nationale.

Mais telle n'était pas cependant l'opinion générale du pays. Un grand nombre de patriotes ne pouvaient se faire à l'idée d'une victoire remportée par ces Hollandais si facilement vaincus au Parc de Bruxelles et dans tous les villages échelonnés sur la route d'Anvers. Imitant l'exemple donné par le peuple français au début de la révolution du dernier siècle, une partie du peuple belge, encore exalté par les victoires de Septembre, attribuait la déroute de l'armée à la trahison des chefs; et cette opinion, qui comptait de nombreux partisans au sein de la Chambre des Représentants, s'était produite à la tribune sous la forme d'une proposition d'enquête parlementaire.

Le comte de Mérode, qui savait que les causes de la défaite se trouvaient ailleurs, et qui était convaincu que l'étalage de nos misères aurait pour seul résultat d'accroître considérablement les prétentions de la Hollande, combattit cette idée de toutes ses forces. « On nous propose une » enquête sur les causes de nos revers, dit-il. » Messieurs, je vous indiquerai les principales » en peu de mots. Force, unité d'action dans » l'exercice du pouvoir en Hollande : faiblesse » et division en Belgique, jusqu'à l'arrivée du » roi Léopold. Armée disciplinée en Hollande, » étrangers admis en masse dans ses rangs : » amour-propre national trop exclusif chez nous ; » opposition à l'introduction d'officiers d'expé- » rience et de vieux soldats dans nos régiments, » et par suite défaut de subordination. Secret des » négociations pour les affaires extérieures de la » Hollande : débats tumultueux des nôtres dans » cette enceinte, au milieu des bravos et parfois » des sifflets. Officiers de la *schuttery* nommés » par le chef de l'Etat en Hollande : élection des » officiers du premier ban de la garde civique » parmi nous. Argent prodigué en Hollande pour » la création d'une force nombreuse : argent » épargné en Belgique, par la crainte, très-légi- » time sans doute, de fouler le pays. Impossibi- » lité de conspirer en Hollande : liberté presque » absolue des machinations en Belgique. Minis- » tère bien secondé par les Chambres en Hol- » lande, tiraillé en tout sens par la représentation

» nationale en Belgique (1). » Il pensait, et la
Chambre finit par penser avec lui, que le meilleur moyen de mettre l'armée sur un pied respectable était de s'en rapporter avec confiance
à l'activité courageuse et féconde du premier ministre de la guerre nommé par le roi, M. Ch. de
Brouckere. C'était en effet le parti le plus sage.
S'il ne s'agissait que de rechercher les causes
générales de nos revers, l'enquête était inutile.
S'il s'agissait, au contraire, d'entrer dans les
détails des opérations militaires, dans l'examen
des actes individuels, l'enquête était dangereuse.
Au moment où l'ordre, la subordination, la discipline et le respect du pouvoir étaient les premiers besoins de l'armée, il y avait un péril réel
à soumettre les actes des supérieurs aux critiques,
au contrôle, aux investigations jalouses des agents
subalternes. Au lieu d'entraver les efforts des
chefs par une intervention intempestive du pouvoir législatif, il fallait seconder et encourager
l'attitude énergique et loyale du ministre de la
guerre.

Après des hésitations beaucoup trop longues,
la majorité de la Chambre prit ce parti, et M. de
Brouckere se remit à l'œuvre avec cette vigueur

(1) Séance du 29 novembre 1831.

intelligente et infatigable qui était l'un des traits distinctifs de son caractère. L'armée offrait l'aspect le plus satisfaisant, lorsque le jeune et habile ministre, cédant aux dégoûts que lui inspiraient les calomnies qui venaient l'assaillir jusqu'à la tribune, donna sa démission, le 15 mars 1832.

Ce regrettable incident fournit au comte de Mérode l'occasion d'utiliser, au profit du pays et du roi, son titre de ministre d'Etat.

Dans son désir de compléter le travail si bien commencé par M. de Brouckere, le roi Léopold avait pris la résolution de remplacer celui-ci par le général français Évain, administrateur du premier ordre, qui, depuis quelques mois, se trouvait au service de la Belgique. Malheureusement, les circonstances étaient pressantes; les formalités requises pour conférer au général la grande naturalisation exigeaient plusieurs semaines, et les chefs de l'armée, peu soucieux de prendre un pouvoir passager qui ne pouvait leur valoir autre chose que des rancunes et des haines, refusaient d'accepter le portefeuille pendant la période intérimaire. Mais le roi, qui avait profondément étudié les besoins de la situation, n'en persista pas moins dans ses vues. Au lieu de donner un ordre à des hommes à qui il était en droit d'imposer l'obéissance, il fit un appel au dévouement de son ministre d'Etat, et celui-ci, malgré les railleries des feuilles de l'opposition, devint ministre de la guerre par *intérim*. Il en exerça les fonctions avec le concours du baron Evain, jusqu'au jour où ce dernier, ayant obtenu la grande naturalisation, prit la direction officielle du département (1).

Ce fut encore en sa qualité de ministre d'Etat que, le 8 juin 1832, le comte de Mérode vint remplir, à la tribune de la Chambre des Représentants, une mission devant laquelle les ministres à portefeuille avaient prudemment reculé.

Les membres du cabinet étaient unanimement d'avis qu'il convenait de fournir à la royauté nouvelle un moyen d'influence et d'action que possédaient les autres monarchies européennes. Tous

(1) L'année suivante (21 janvier 1833), un dialogue que nous croyons devoir reproduire s'établit à la Chambre des Représentants, à propos du budget de la guerre.

« *M. F. de Mérode.* Il vaudrait mieux nommer une commission » spéciale. Sans cela, je crois qu'un grand nombre de membres, » après avoir examiné ce budget, n'en sauront pas plus que moi....

» *M. Du Mortier.* Vous avez été cependant ministre de la guerre » (*on rit*).

» *M. F. de Mérode* (souriant). *J'ai été effectivement ministre de la* » *guerre, quand les circonstances me faisaient un devoir d'accepter* » *ces fonctions;* mais j'avoue que, malgré cela, je ne connais pas » la comptabilité de ce département (*Monit.*, n° 23). »

Après avoir reproduit ce fragment du journal officiel, un historien, adversaire politique du comte de Mérode, s'écrie : « Naïf, » mais noble langage ! » (Van den Peereboom, *Du gouv. représentatif en Belg.*, T. I, p. 126.)

admettaient la nécessité de l'institution d'un ordre de chevalerie, destiné à stimuler le zèle et à récompenser le mérite dans les diverses carrières où se déployait l'activité de la nation. Mais entre ce vœu, timidement émis dans le secret du conseil, et sa réalisation à la suite d'une discussion publique dans les deux Chambres, la distance était grande. Les distributions impopulaires des décorations néerlandaises avaient jeté sur les ordres civils un discrédit mérité. Parler de croix et de rubans dans une assemblée où les idées démocratiques et révolutionnaires exerçaient une influence considérable, c'était s'exposer à un échec dont aucun ministre ne voulait courir la chance.

Mais ces scrupules et ces craintes étaient sans influence sur le comte de Mérode. Convaincu des avantages de l'institution d'un ordre national, il s'offrit à contresigner le projet comme ministre d'Etat et, le lendemain, il le déposa hardiment sur la tribune de la Chambre des Représentants. Peu lui importaient les critiques des journalistes, les clameurs de l'opposition, les applaudissements ou les murmures des tribunes. Exempt d'ambition et d'amour-propre, n'ayant d'autre but que le bien du pays, et plaçant au-dessus de toutes les faveurs le témoignage d'une conscience où le désintéressement, le patriotisme et le devoir régnaient sans partage, il lui suffisait d'avoir trouvé l'occasion de rendre un nouveau service.

L'orage qu'on avait redouté ne tarda pas à se déchaîner sous les voûtes du Palais de la Nation. Le projet fut attaqué au nom de la Constitution, au nom de nos mœurs démocratiques, au nom du bon sens et de la loyauté des Belges. Sur tous les bancs de la Chambre, on s'écriait que les décorations, rarement accordées au mérite modeste, brillent toujours sur la poitrine des chefs de toutes les coteries agréables aux ministres. On les répudiait comme la récompense de la servilité, le salaire de l'intrigue, le prix de l'apostasie, la monnaie des corruptions électorales. Il était évident que le projet, s'il n'était pas repoussé, n'obtiendrait en tout cas qu'une très-faible majorité.

Abandonné de la plupart de ses alliés ordinaires, le comte de Mérode trouva de valeureux compagnons d'armes dans MM. de Gerlache et Nothomb ; mais il n'en eut pas moins besoin de toute son énergie pour ne pas se déconcerter au milieu des interpellations et des attaques partant simultanément de toutes les parties de la salle.

A ceux qui lui demandaient pourquoi, simple ministre d'Etat, il n'avait pas laissé aux ministres à portefeuille le soin de présenter un projet de

cette importance, il répondait, sans compromettre la dignité de ses collègues : « Si c'est par mon
» organe que le gouvernement vous a présenté
» le projet de loi sur une décoration destinée à
» récompenser les services rendus à la patrie,
» quelle que soit leur nature, c'est que per-
» sonne, plus que moi, n'adopte l'opinion que
» ce genre de distinction rémunératoire peut être
» très-convenablement appliqué dans l'intérêt du
» pays. *Une chose me parait-elle avantageuse*
» *à la nation que nous représentons dans cette*
» *enceinte, je m'y porte avec un vif entraine-*
» *ment; car cette nation mérite une considéra-*
» *tion d'autant plus grande que, seule dans le*
» *monde, elle met en pratique les véritables*
» *principes de la tolérance et de la liberté,*
» *sans mélange d'esclavage ou de restriction.* »
A ceux qui disaient que le caractère national
n'avait pas besoin d'être stimulé à l'aide des ho-
chets imaginés par les souverains absolus pour
récompenser les bassesses de leurs courtisans,
il répliquait avec autant de modération que de
raison : « Le Belge, indépendant de tout autre
» joug que celui de lois équitables, est-il indé-
» pendant des sentiments, des préjugés, si l'on
» veut, de l'amour-propre personnel? Non, Mes-
» sieurs, il est homme, et l'attrait qu'il partage

» avec les autres hommes pour les distinctions et
» les honneurs doit être dirigé vers le bien. Dans
» un gouvernement comme le nôtre les sinécures
» ne sont pas de mise. Les places, créées pour le
» service public et non pour ceux qui les occu-
» pent, ne se multiplient point au gré du pouvoir
» qui les confère. Les pensions doivent être scru-
» puleusement ménagées. Chez nous donc, plus
» que partout ailleurs, les récompenses honori-
» fiques me semblent particulièrement bonnes.
» En vain dira-t-on que le témoignage d'une con-
» science satisfaite suffit au bon citoyen. Sans
» doute, il est quelques âmes privilégiées qui se
» contentent d'avoir accompli leur tâche : bien
» agir est leur plus douce récompense. Mais les
» faibles sont plus nombreux que les forts, et les
» uns comme les autres ont besoin d'encourage-
» ment. Un ordre établi dans ce but ne doit pas
» être écarté par la crainte qu'il ne devienne la
» proie d'un courtisan obséquieux.... » Aux nombreux orateurs qui, tout en admettant un ordre
militaire, repoussaient de toutes leurs forces la
création d'un ordre civil, il disait : « .... Je pense
» qu'un ordre institué pour récompenser tous les
» services rendus à la chose publique mérite l'as-
» sentiment de cette Chambre. Il est bon d'accou-
» tumer les hommes à considérer autre chose que

» ces actions éclatantes dont les yeux du vulgaire
» sont facilement éblouis. Le militaire, vainqueur
» du bon droit, instrument passif d'une hideuse
» oppression, a risqué sa vie dans les combats
» comme le soldat de la liberté : il porte sur sa
» poitrine la décoration du brave. Et dans un
» pays libre on aurait l'imprudence de n'accorder
» des marques distinctives qu'à la valeur et aux
» talents militaires! Le médecin, le magistrat,
» qui exposent avec désintéressement leur santé,
» leur vie même, qui s'épuisent de fatigue au
» milieu des ravages d'une épidémie; l'ouvrier
» qui arrache aux entrailles de la terre de nom-
» breux infortunés destinés à périr, ne jouiront
» jamais d'un privilége exclusivement réservé à
» l'uniforme! Le riche industriel, le propriétaire,
» qui consacrent une part de leur fortune et de
» leur temps au soulagement de la misère, à
» l'administration gratuite des établissements pu-
» blics, le savant, l'artiste, ne participeraient
» point à l'émulation qu'il conviendrait d'entre-
» tenir dans les rangs de l'armée! Et cela chez
» une nation qui ne met pas le canon au-dessus
» de tous les droits! Et pourquoi? Parce que les
» marques honorifiques données pour les actions
» le plus généralement utiles au peuple pour-
» raient devenir des actes de corruption! » Enfin,

aux députés qui redoutaient l'abus d'une institution dont ils admettaient les avantages en principe, il répondait : « .... Que de dangers n'offre
» pas la disposition des places civiles et militaires
» abandonnée à la puissance exécutive ! Cepen-
» dant un contrôle direct à cet égard étant plus
» nuisible qu'utile, on y renonce. Le pays se livre
» à la prudence, à la justice de ceux qu'une vo-
» lonté supérieure porte au timon des affaires....
» Messieurs, les agents les plus enviables de la
» nature sont susceptibles d'effets dangereux.
» Faut-il abandonner l'usage du fer qui blesse,
» des remèdes qui tournent en poison quand ils
» sont mal appliqués?.... Les anciens avaient es-
» sayé la construction de navires de seize à vingt
» rangées de rames, tellement compliqués et
» pesants qu'on n'en pouvait tirer presqu'aucun
» usage. Ne faisons pas du régime constitutionnel
» une galère gouvernementale de trente-six ran-
» gées de précautions infiniment allongées les
» unes au-dessus des autres, au point que ce
» régime devienne impossible dans l'exécution.
» Les gouvernements réellement libéraux sont
» fondés sur trois grands principes, ceux qui
» consacrent la liberté de la presse, l'indépen-
» dance électorale et la franchise religieuse. Tout
» ce qui peut porter atteinte à ces trois bases

» doit être rejeté rigoureusement. Sur le reste,
» gardons-nous des empêchements minutieux, des
» subtilités formalistes qui rapetissent les choses
» et les hommes (1) !... »

Tous ces efforts obtinrent le résultat désiré;
mais ce résultat même prouva que l'énergie dé-
ployée par le signataire du projet était indispensable. L'article décrétant la création d'un ordre
civil ne fut admis qu'à la majorité d'une voix.

Quelques mois après cette victoire parlementaire, la deuxième session des Chambres, qui
s'ouvrit le 13 novembre 1832, fournit au comte
de Mérode une nouvelle occasion de manifester
ces sentiments vraiment libéraux qui, dès sa première jeunesse, avaient constamment dirigé ses
pensées et ses actes.

A la suite d'une convention conclue entre l'Angleterre et la France, le 22 octobre 1832, une
armée française, commandée par le maréchal
Gérard, était venue mettre le siége devant la
citadelle d'Anvers. Après vingt-quatre jours de
tranchée et de combats incessants, la garnison
hollandaise avait enfin abandonné un poste, où
sa présence était une cause permanente d'embarras et d'humiliations pour le gouvernement,

(1) Séance du 3 juillet; *Mon.* du 5.

d'inquiétudes et de périls pour la première ville commerciale du pays.

Un grand nombre de Belges avaient vu avec peine l'arrivée d'une armée étrangère, venant combattre chez nous au nom de la Conférence de Londres, tandis qu'à leur avis, pour délivrer le sol national et réparer la honte des désastres d'août, il aurait suffi d'autoriser la Belgique à recourir à ses propres forces. Ce sentiment, légitime dans sa source, mais surexcité et envenimé par la presse, était même devenu tellement vif qu'il avait fini par produire dans l'enceinte de la Chambre des Représentants une véritable tempête parlementaire, suivie de la démission collective des ministres; de sorte qu'au moment où une armée étrangère occupait une partie de nos provinces, à l'heure où notre métropole commerciale était menacée d'un bombardement, lorsque le premier coup de canon pouvait être le signal d'une guerre générale, le roi des Belges devait s'appuyer sur une assemblée mécontente et un cabinet démissionnaire (1) !

Mais ces susceptibilités d'amour-propre national, respectables quoique singulièrement exagérées, disparurent comme par enchantement à

(1) J'ai fait le récit de ces débats orageux, dans mes *Etudes d'histoire contemporaine*, T. II, p. 182 et suiv.

l'aspect de l'héroïsme des troupes commandées par l'une des célébrités militaires de la France. En voyant ces nobles soldats combattre et mourir pour nous mettre en possession d'une citadelle redoutable, on cessa de se préoccuper de l'inaction forcée de nos régiments, pour ne plus songer qu'à la valeur, à la discipline, à l'abnégation et à la persévérance de l'armée française. Dans la séance de la Chambre des Représentants du 26 décembre 1832, M. Gendebien fit la proposition de voter des remercîments à l'armée du maréchal Gérard et de remplacer le lion de Waterloo par un monument funéraire.

La première partie de cette proposition ne pouvait manquer d'obtenir l'unanimité des suffrages de l'assemblée; mais il n'en était pas de même de la seconde, surtout à partir du moment où l'orateur commit l'imprudence de réclamer le renversement du lion monumental, comme une protestation nationale contre la chute du premier empire. « Par la seconde partie de ma proposi-
» tion, dit-il, je vous invite à vous affranchir
» du vasselage de la Sainte-Alliance, en faisant
» disparaître l'odieux emblème du despotisme et
» de la violence qui nous ont asservis, pendant
» quinze ans, au joug humiliant que nous avons
» brisé en 1830... Puissions-nous, les premiers,

» donner au monde civilisé l'exemple d'un mo-
» nument expiatoire, là où d'ambitieux préju-
» gés élevaient, à grands frais, des trophées de
» gloire, monuments abominables, construits sur
» les ossements de l'élite des populations et ci-
» mentés par le sang humain!... Et ne craignez
» pas, Messieurs, d'offenser nos braves qui ont
» combattu à Waterloo.... Souvenez-vous que ce
» n'est qu'en surmontant de pénibles répugnances
» que le plus grand nombre a pris part à ce
» combat, et que, plusieurs années après, ils
» exprimaient encore les plus vifs regrets de s'être
» trouvés dans la cruelle nécessité de répondre
» à la voix de l'honneur, pour égorger leurs
» anciens compagnons d'armes. Tous sont con-
» vaincus aujourd'hui qu'en triomphant au 18
» juin 1815, ils ont consommé le plus funeste
» des suicides.... » Il ne s'agissait donc plus seulement de faire un acte agréable à la France :
dans la pensée de M. Gendebien, cet acte renfermait une protestation contre l'établissement du
royaume des Pays-Bas, et même, par voie de
conséquence, contre l'émancipation politique de
la Belgique.

Malgré les sentiments de sympathie et d'admiration qu'il professait à l'égard de la France, le
comte de Mérode lui répondit : « ... Je ne con-

» nais point de joug imposé à la France et à la
» Belgique par la Sainte-Alliance en 1815 ; je
» crois au contraire que la Belgique et la France
» ont été délivrées en 1815 du despotisme le
» plus intolérable pour des peuples avancés en ci-
» vilisation. Certes, la réunion à la France avait
» pour nous plus d'avantages généraux, était
» plus conforme à nos mœurs, à nos sympathies,
» que l'agrégation batavo-belge; mais, quelque
» mensongères même qu'elles fussent dans leur
» accomplissement, les dispositions de la Loi
» Fondamentale de Guillaume valaient mieux
» assurément que les sénatus-consultes impériaux
» et le régime de fer sous lequel nos efforts ne
» servaient qu'à exalter un despote guerrier, en
» sacrifiant à son égoïsme des millions de victimes
» humaines. — Je ne sais si le lion de Wa-
» terloo doit être très-odieux à la France; mais
» je connais d'excellents patriotes français qui ne
» considèrent point la bataille dont il consacre le
» souvenir comme un événement funeste et re-
» grettable. Je répéterai, à l'égard de la charte de
» Louis XVIII, ce que j'ai dit de la constitution
» du royaume des Pays-Bas. Jamais, en effet,
» la France, malgré les tentatives rétrogrades de
» son aristocratie et d'une grande partie de son
» clergé ultra-légitimiste, ne fut moins malheu-

» reuse, ne fit plus de progrès que de 1815 à
» 1830. Je n'en donnerai que l'exemple de l'ar-
» mée qui vient de s'illustrer en Belgique par
» de généreux exploits. Comparez les officiers et
» les soldats de l'armée du maréchal Gérard à
» ceux du triomphateur d'Austerlitz, de Fried-
» land et d'Iéna : vous trouverez en eux le
» même courage, le même génie militaire; mais,
» de plus, ce qui parle au cœur de l'homme
» libre, les égards, la bienveillance pour l'ha-
» bitant des villes et des campagnes, pour le
» peuple qui aujourd'hui, aux yeux du soldat
» français, constitue une nation non de *pékins*,
» mais de citoyens. Depuis la bataille de Wa-
» terloo l'armée d'un empereur est devenue celle
» de la France. — Non, Messieurs, les braves
» Ecossais qui firent alors des prodiges de va-
» leur, les Allemands, les Belges, réunis pour
» s'opposer au régime de conquête qui menaçait
» l'Europe depuis le retour de l'île d'Elbe, n'ob-
» tinrent point le triomphe de la force brutale
» sur la civilisation; et le lion de Waterloo est
» bien moins que cette colonne fameuse, deux
» fois respectée par les étrangers entrés en armes
» dans Paris, l'emblème de la violence et du
» despotisme. Ne faisons pas aux Français du
» dix-neuvième siècle l'injure de les croire di-

» rigés par les idées étroites d'un faux orgueil
» national. C'est avec le courage du lion qu'ils
» se battirent à Waterloo comme ailleurs. La
» fortune leur fut contraire, ils trouvèrent des
» adversaires dignes d'eux. Le dernier acte de
» vingt années d'une guerre immense et stérile
» en résultats fut consommé avec la chute défi-
» nitive de celui qui pouvait du moins, au prix
» de tant de sang, affranchir l'Europe. Voilà
» les souvenirs mémorables que rappelle le mo-
» nument de Waterloo ! Y toucher ne serait
» point honorer la valeur française, mais ôter
» à l'histoire, à la postérité, ce qui lui appar-
» tient. Tant que durera l'heureuse alliance (de
» l'Angleterre et de la France) qui seule peut
» amener le triomphe de la liberté sur l'abso-
» lutisme, qu'aucun acte de notre part ne tende
» à rompre des liens si pleins d'avenir pour le
» bonheur de l'humanité ! Voulez-vous témoigner
» à l'armée française votre reconnaissance, vo-
» tez-lui les remercîments qu'elle a mérités à tant
» de titres ; que parmi les amputés français trai-
» tés dans nos hopitaux, ceux qui se sont par-
» ticulièrement distingués reçoivent la croix de
» Léopold, et qu'à tous soit dévolue la pension
» attachée à l'ordre pour les sous-officiers et les
» soldats, en la doublant pour ceux dont les

» mutilations sont les plus cruelles. Cette marque
» de gratitude sera faible en comparaison des
» services rendus à la Belgique par les militaires
» français, mais elle exprimera mieux nos sen-
» timents que l'accueil sans restriction de la pro-
» position de M. Gendebien (1). »

La Chambre se rendit à ces raisons si con-
cluantes et si bien exprimées ; elle vota, à l'u-
nanimité, des remercîments à l'armée française ;
mais elle rejeta, à une forte majorité, la partie
de la proposition relative au renversement du
lion de Waterloo (2).

Nous avons vu que, pendant la première session des Chambres, le comte de Mérode accepta
l'*intérim* du département de la guerre, afin de
fournir au général Évain le moyen de venir
occuper ce poste, aussitôt que le pouvoir législatif lui aurait conféré la grande naturalisation.
Un fait analogue se passa pendant la troisième
session, ouverte le 7 juin 1833.

Au commencement de Juillet, le ministre des
affaires étrangères de Hollande s'étant rendu à
Londres, pour y plaider lui-même la cause de

---

(1) Séance du 29 décembre 1832. *Moniteur* du 1er janvier 1833.
(2) Voy. à l'Appendice (L. F.) une notice intéressante sur le monument de Waterloo, remise au comte de Mérode par l'architecte
Vanderstraeten.

son pays auprès de la Conférence, le roi Léopold crut que les intérêts de la Belgique demandaient qu'elle y fût également représentée par le chef du département des relations extérieures; et le général Goblet, entrant dans ces vues, accepta la mission d'aller, sur les lieux mêmes, combattre les arguments de son adversaire. Mais, comme le roi ne voulait pas que le général abandonnât définitivement un poste qu'il occupait avec une remarquable habileté, il s'agissait de trouver un homme qui, tout en réunissant les conditions requises pour représenter dignement son pays, consentît à prendre la signature du département pendant l'absence du titulaire, laquelle pouvait se prolonger pendant plusieurs mois. Léopold jeta de nouveau les yeux sur le comte de Mérode, et celui-ci, toujours prêt à rendre service, accepta sans faire entendre une seule objection. Il s'acquitta de cette tâche nouvelle avec tant de dévouement et de prudence, que, lorsque le général Goblet, après avoir complétement réussi dans sa mission, se retira, le 27 décembre, pour rentrer dans la vie militaire, le roi offrit au comte de Mérode la possession définitive du portefenille. Mais cette fois, comme il s'agissait de prendre pour soi-même les honneurs du pouvoir, le comte, dont les goûts simples étaient au niveau de sa modestie, opposa aux instances du chef de l'Etat une résistance insurmontable. Refusant à la fois le titre et les appointements, il ne voulut accepter que l'*intérim*, et il le conserva jusqu'à la crise ministérielle du 4 août de l'année suivante.

Sans dédaigner le pouvoir, parce qu'il y voyait un moyen de faire triompher la cause de l'ordre et de la liberté, au succès de laquelle il avait voué toutes les forces de son âme, le noble député préférait de consacrer à la défense des intérêts moraux et matériels du pays la position exceptionnelle qu'il occupait au sein de la représentation nationale.

A cette époque, la division en catholiques et en libéraux ne s'était pas encore ouvertement manifestée dans l'enceinte des Chambres ; mais les ministres y rencontraient, sur un autre terrain, une opposition active, ardente, implacable. Toutes les mesures administratives étaient critiquées avec une âpreté sans exemple ; les affaires étrangères donnaient lieu à d'interminables discussions ; le budget de la guerre était devenu un véritable champ de bataille parlementaire, et, pour comble de malheur, les débats portaient, trop souvent, l'empreinte d'une aversion personnelle, aigrie par les passions révolutionnaires qui n'avaient pas entièrement abandonné le terrain de la législature. Seul le comte de Mérode, quoique membre du conseil, échappait à ces attaques incessantes. On n'approuvait pas tous ses actes, ce que du reste il était loin d'exiger; mais on ne se livrait pas à son égard à ces personnalités blessantes, à ces récriminations acerbes, à ces critiques haineuses, qui venaient sans cesse assaillir ses collègues. Il était si franc, si loyal, si modeste, si désintéressé; il répondait avec tant de calme et de modération à ceux qui l'attaquaient à la tribune; il se montrait si bienveillant, si affectueux pour les hommes qui ne partageaient pas ses convictions politiques ou religieuses, que bientôt il put dire, sans exagération : « Je ne compte que des amis sur tous » les bancs de la Chambre. » Aussi, comme les meilleures choses sont toujours entremêlées d'inconvénients et de dangers, cette bienveillance universelle, très-avantageuse à la cause qu'il défendait à la tribune, devint, à certains égards, une pierre d'achoppement pour lui-même. Entouré d'hommes qui tous lui témoignaient une amitié sincère, il oubliait parfois la gravité du lieu où il se trouvait, et alors son langage, tout en restant toujours dans le cercle des convenances, descendait à un degré de familiarité peu compatible avec

l'austérité habituelle des débats parlementaires.
On peut citer comme exemple sa célèbre comparaison de la volière, dont la presse ultra-libérale a tant abusé. Dans la séance du 9 décembre 1833, fatigué d'entendre critiquer à tort et
à travers les actes de ses collègues du conseil,
il demanda la parole, et voici les termes dans
lesquels le *Moniteur* rapporte le début de son
discours :

« *M. F. de Mérode*. A entendre les censures
» impitoyables sans cesse à l'ordre du jour dans
» cette enceinte, on pourrait facilement se la fi-
» gurer sous l'apparence d'une volière (*On rit*),
» qui contiendrait des aigles et des oies (*Nouveaux*
» *rires*). Les oies, bien entendu, représenteraient
» les individus qui ont appartenu ou appartien-
» nent encore au gouvernement (*Hilarité*); les
» aigles, certains membres qui appartiennent à la
» fulminante opposition. Cependant la volière
» (*Explosion d'hilarité*), qui me sert ici d'image,
» n'est certainement pas occupée par ces deux
» catégories d'oiseaux si divers (*Rire général*). —
» *M. Rodenbach* : La Chambre n'est pas une mé-
» nagerie! — *M. F. de Mérode* : Tous plus ou
» moins imparfaits, ils diffèrent entre eux par-
» ticulièrement sous ce rapport que les uns re-
» çoivent force gros et lourds coups de becs

» (*nouvelle hilarité*), que les autres distribuent
» avec un bizarre acharnement. D'ailleurs, on
» n'aperçoit parmi les seconds ni un plumage
» plus beau, ni des ailes plus vigoureuses, ni
» des yeux plus capables de fixer en plein midi
» le disque du soleil; leur supériorité, si toutefois
» la chose mérite ce nom, consiste dans un gosier
» dont les modulations sont très-intenses et pénè-
» trent les oreilles, quelle que soit leur défectuo-
» sité.... Ce préambule établi contre de ridicules
» prétentions, j'entre en matière, et j'aborde le
» discours d'un membre de cette Chambre (1). »

Il y avait beaucoup d'esprit et, qui plus est, un
grand fonds de vérité dans cet apologue. Quand
le conseil des ministres, composé d'hommes capables et dévoués, rencontrait partout des difficultés
et des obstacles, au dehors dans les préventions des
diplomates, au dedans dans les inévitables froisse-
ments qu'amenait le renouvellement de toutes les
institutions nationales, quelques députés novices,
dénaturant tous les actes, méconnaissant toutes
les vues et niant tous les services, donnaient,
du haut de leur insuffisance, des leçons au roi,
aux chefs des départements ministériels, au pays
et à l'Europe. Mais il n'en est pas moins vrai

(1) *Moniteur* du 9 décembre. *Suppl.*

que les feuilles de l'opposition profitaient de ces saillies, pour décocher des épigrammes à l'adresse d'un homme dont elles ne pouvaient nier ni les convictions généreuses ni le désintéressement à l'abri de toute épreuve.

Une autre fois, — mais cette fois seulement, — il se permit un de ces mouvements d'impatience et de colère dont l'assemblée française de 1848 nous a fourni de nombreux exemples, mais qui, fort heureusement, ne sont que de très-rares exceptions à la tribune belge.

Quelques membres de la Chambre des Représentants avaient manifesté le désir de voir donner aux députés une marque distinctive qui pût les faire reconnaitre lorsqu'ils assistent aux cérémonies publiques, soit en corps, soit isolément. L'assemblée se réunit en comité secret, le 17 janvier 1835, et les questeurs, d'accord avec plusieurs membres influents dont ils avaient sondé les intentions, proposèrent l'adoption d'une plaque ressemblant beaucoup à celles dont on gratifie les grands-croix des ordres modernes. C'était une étoile à six branches en argent, taillées à facettes, séparées entre elles par des bandes alternées aux couleurs nationales, et aboutissant à un écusson en or portant le lion belge avec la devise nationale : *l'union fait la force*. Cet ornement, dont plusieurs exemplaires étaient exhibés, devait être attaché au frac noir choisi par les mandataires de la nation française. Le comte de Mérode, qui avait vivement appuyé le projet de prendre, au lieu de la plaque, un costume complet, ne put cacher son mécontentement lorsqu'il vit prévaloir les idées des questeurs. Excité par les plaisanteries passablement déplacées de deux de ses voisins, . il quitta son siége, descendit rapidement les gradins qui le séparaient de la tribune, saisit l'une des plaques qui devaient servir de modèle, la jeta sur le plancher et l'écrasa sous ses pieds. Toujours modeste et désintéressé quand il s'agissait de lui-même, il ne put rester calme en présence d'un vote par lequel une Chambre démocratique semblait vouloir assimiler tous ses membres aux grands-cordons d'un ordre de chevalerie Quelques-uns de ses collègues se fâchèrent, la plupart se livrèrent à une hilarité bruyante que le comte finit par partager, et, en définitive, la malheureuse décoration parlementaire, quoique décrétée, fut abandonnée de tous avant la fin de la session (1).

Mais ces boutades, nous l'avons déjà dit,

(1) V. Guioth, *Hist. numismatique de la révol. belge,* p. 194. Van den Peerenboom, *Du gouvernement représentatif en Belgique,* p. 213.

n'étaient que de rares exceptions. Chaque fois que la dignité du gouvernement ou les intérêts du pays se trouvaient en cause, le comte de Mérode était l'un des premiers à monter sur la brèche. Il parlait alors avec cette conviction ferme et courageuse qui sait braver tous les préjugés, qui se place au-dessus de toutes les rancunes, et qui n'hésite pas même à se mettre en opposition avec les exigences de l'opinion publique, quand celle-ci est le résultat des erreurs et des passions semées par la presse. Pour en avoir la preuve, il suffit de se rappeler le rôle important qu'il joua, pendant vingt années, dans toutes les discussions où il s'est agi de l'organisation de nos forces militaires.

Quand on relit aujourd'hui ces interminables débats, où le sort de l'armée était pour ainsi dire mis en question chaque fois qu'on présentait un nouveau budget de la guerre, il est difficile de se préserver d'un sentiment pénible. Tandis que la Hollande prodiguait l'or et les encouragements aux corps massés sur nos frontières, des membres du parlement belge, oubliant la douloureuse leçon de 1831, obéissaient à l'impulsion d'une parcimonie tellement rigoureuse qu'elle approchait de l'outrage. On discutait sur les rations de fourrage accordées aux officiers supérieurs, sur les frais de route alloués aux généraux, sur les dépenses qu'entraînait l'inspection des corps, sur les indemnités de bureau des officiers comptables, et jusque sur l'argent consacré au couchage des soldats. Les contribuables et la presse de l'opposition applaudissaient; mais l'armée, continuellement humiliée, murmurait, et plus d'un chef, malgré l'avancement rapide qu'il avait obtenu, regrettait sincèrement la position modeste, mais toujours respectée, qu'il avait occupée dans l'armée hollandaise (1).

Le comte de Mérode, il faut le dire à son honneur, ne laissait jamais passer ces critiques imprudentes, sans leur opposer une réponse immédiate. Plus que personne, il se montrait soucieux d'alléger les lourdes charges qui pesaient sur les contribuables; mais, plaçant au-dessus de toute autre considération l'honneur et le salut du pays, il ne voulait pas qu'on vînt, par des économies mesquines et mal entendues, porter atteinte au dévouement, au patriotisme et à la dignité de l'armée. A ses yeux, la formation d'une armée forte et contente de son sort était l'un des premiers besoins du moment, et dès lors les sacrifices nécessaires pour atteindre ce but lui semblaient aussi légitimes qu'indispensable.

(1) J'en ai les preuves sous les yeux.

Nous citerons, comme exemple, les discussions du budget de la guerre de 1836. Le rapporteur de la section centrale ayant proposé de supprimer la modeste indemnité de 270 fr., accordée aux généraux et aux officiers supérieurs sans troupes pour l'entretien d'un domestique, le comte de Mérode s'empressa de prendre la parole. Il entra dans des détails peut-être un peu minutieux; mais ces détails mêmes ont ici leur valeur, parce qu'ils révèlent les tendances qu'une partie du parlement manifestait à l'égard de l'armée. Il dit : « Après toutes les retenues faites, un général de » brigade reçoit par an 11,194 fr.

» Il touche en outre pour frais de
» bureau . . . . Fr.   600
» Pour solde d'un fourgonnier, en-
» tretien d'un fourgon et ferrage des
» chevaux de fourgon . . . . . »   600
» De plus, solde pour un domes-
» tique   . . . . »   270
                                   ——————
» Total,   Fr. 1470

» Mais, comme ces dernières indemnités sont » à peine suffisantes, il est obligé de suppléer ce » qui manque au moyen de ses appointements, » de manière que réellement il ne dispose que » de 11,000 fr. par an, somme bien inférieure

» aux **25,000** fr. qu'un orateur a faussement
» prétendu que je demandais pour nos généraux.
» C'est au moyen de cette modique somme qu'il
» doit vivre, être logé sans inconvenance, élever
» ses enfants comme les enfants d'un général,
» tenir sept chevaux, payer leur entretien et leur
» équipement, remplacer ceux qu'il perd (et je
» connais tel officier supérieur qui en a perdu
» sept depuis peu de temps), payer le loyer
» d'écuries supplémentaires, avoir au moins trois
» domestiques, être prêt à changer continuelle-
» ment de quartier-général (un de nos généraux
» en a changé 19 fois depuis 1830), enfin tenir
» un certain rang, sous peine d'être taxé de la-
» drerie. — Que l'on juge maintenant de la si-
« tuation d'un général de brigade, alors qu'il est
» obligé de vivre séparé de sa famille, de faire,
» comme on dit, deux ménages, de partager en-
» fin ses appointements en deux, et cependant
» de toujours vivre comme un général !... Après
» quinze, vingt, trente années de service, après
» avoir plusieurs fois passé entre les balles et
» les boulets, n'est-ce pas, Messieurs, une bien
» belle fortune que d'être, non pas le dispensa-
» teur libre, mais le dispensateur à titre oné-
» reux d'une somme mensuelle et viagère de
» 916 fr. ? En temps de paix, un général de bri-

» gade placé à poste fixe, n'étant obligé qu'à
» tenir deux chevaux, peut à la rigueur, et en
» mettant de l'ordre dans ses affaires, arriver au
» bout de l'année, tant bien que mal; mais, en
» temps de simple trêve ou de mobilisation, cela
» est de toute impossibilité. — On parle toujours
» de la rapidité de l'avancement des officiers de
» l'ancienne armée, mais jamais de l'état de stag-
» nation dans lequel ils sont restés sous le gou-
» vernement déchu. Qu'on attaque la *gradoma-*
» *nie* quand des prétentions envieuses ou excitées
» par l'orangisme cherchent à éliminer des rangs
» belges le petit nombre d'officiers étrangers qui
» ont été appelés en Belgique par le vœu una-
» nime des Chambres et du gouvernement, à la
» bonne heure! Mais lorsqu'un militaire est par-
» venu au grade de colonel ou de général, il im-
» porte peu de savoir si son avancement a été ra-
» pide, mais bien quel est en tout pays le taux
» des émoluments nécessaires à ceux qui occupent
» ces grades supérieurs. J'en dirai autant des
» grades moins élevés, dont il ne faut pas da-
» vantage inquiéter les titulaires par des rognu-
» res imaginées chaque année. Leur ôter pour
» 1836 le modique supplément de 270 fr. d'in-
» demnité pour leur domestique, serait encore
» une de ces économies décourageantes qu'il m'est

» impossible de ne pas flétrir. Toute personne
» qui a des relations avec l'armée connaît l'effet
» détestable de pareilles réductions sur le moral
» des officiers qu'elles frappent avec un si mince
» bénéfice pour l'Etat. — Prenez-y garde, Mes-
» sieurs, après avoir dépensé, je crois, depuis
» cinq ans, 293 millions pour maintenir vos in-
» stitutions contre les agressions du dehors, vous
» finirez par conserver un développement coûteux
» de forces apparentes, mais dépourvues d'âme
» et par conséquent de force réelle et disponible
» au moment du danger. Comme il y a très-peu
» de militaires dans cette Chambre, presque per-
» sonne ne prend leur parti. Quand il s'agit des
» tribunaux, au contraire, c'est autre chose ;
» aussi la position des juges a-t-elle été améliorée
» en Belgique. Loin de m'en plaindre, je m'en
» réjouis. Cependant pour que nos juges conti-
» nuent à faire exécuter les lois, pour que vous-
» mêmes, Messieurs, continuiez ici librement
» vos travaux législatifs, il faut que vous ayez
» toujours une force capable, sinon de vous
» défendre seule contre toutes les agressions ex-
» térieures, du moins de mettre avec honneur
» l'épée de la Belgique dans la balance des forces
» de l'Europe ; il faut que l'émulation dans la
» carrière des armes soit entretenue chez nous,

» comme chez nos voisins. — La Belgique doit
» avoir sans doute moins d'officiers, moins de
» généraux que la France et la Prusse; mais
» l'officier, mais le général belge doivent être
» traités avec la même considération, jouir des
» mêmes avantages que l'officier, que le général
» français ou prussien. Il n'y a dans l'opinion
» que j'exprime rien d'aristocratique : il n'y a
» autre chose que l'intelligence des vrais be-
» soins de l'Etat. Retrancher l'indemnité pour
» un domestique des généraux, comme à d'au-
» tres officiers qui en ont joui jusqu'à présent,
» serait, je le répète, la plus mesquine, la plus
» pitoyable des économies (1). »

Il est inutile de dire que cette noble persévérance à défendre en toute occasion les droits et
l'honneur des militaires valait au comte de Mérode, dans tous les régiments de l'armée, une
popularité d'autant plus grande qu'on savait que
ses efforts, toujours dictés par le patriotisme le
plus pur, étaient complétement désintéressés. A la
suite du discours que nous venons de transcrire,
le général Langerman, dont le nom était devenu
célèbre dans les campagnes de l'Empire et ensuite
sur les champs de bataille de la Pologne, lui

(1) *Moniteur* du 26 janvier 1836.

écrivit de Turnhout, où il commandait une brigade d'avant-garde : « Monsieur le comte, hier
» au soir, le discours que vous avez prononcé à
» la Chambre le 25 a été lu et commenté par les
» officiers (infanterie et cavalerie) dans leurs réu-
» nions particulières. Il me serait difficile d'ex-
» primer les sentiments que cette lecture a fait
» naître. Qu'il vous suffise de savoir que l'on
» avait résolu, par acclamation, de vous témoi-
» gner par écrit la reconnaissance des officiers,
» afin de vous prouver, au moins, que, si vous
» comptez parmi le nombre excessivement res-
» treint des membres qui ont l'intelligence des
» besoins de l'armée et le courage de l'exprimer,
» votre voix est comprise au dehors et que des
» sympathies nombreuses vous y attendent. —
» J'ai dû m'opposer à la résolution de MM. les
» officiers ; car je ne permettrai jamais à mes in-
» férieurs d'exprimer collectivement une opinion,
» fût-elle la mienne, par la raison que si l'on
» peut approuver, on peut aussi blâmer, et que
» cela conduit aux baïonnettes intelligentes. —
» Quoique je ne leur aie point dit que j'allais
» donner satisfaction à leur désir et que je ne
» veuille pas ici prendre la qualité d'organe d'au-
» trui, je viens, Monsieur le comte, vous expri-
» mer ma gratitude personnelle pour les soins

» que, dans plusieurs circonstances, vous avez dé-
» ployés en faveur des véritables intérêts de l'ar-
» mée nationale... » Un autre général, alors au
service belge, mais qui occupe aujourd'hui l'un
des premiers postes de l'armée française, lui écrivit à la même occasion : « ... Il y a patriotisme
» et talent à la fois dans ce que vous avez dit, et
» il est bien fâcheux que la Chambre, préoccupée
» comme elle l'est d'obtenir des économies à tout
» prix, ne se soit pas rendue à vos raisons...
» Tous les soins des représentants devraient ten-
» dre à avoir une armée solidement organisée,
» nerveuse, homogène, avec un esprit et des
» mœurs à elle. Si le régiment n'est pas une
» famille, si le drapeau n'est pas un *clocher,* si
» les yeux sont sans cesse tournés vers celui du
» village, vous n'aurez jamais d'armée, et vous
» serez à la merci de la Hollande, qui a grand
» soin de tenir la sienne en dehors de toutes les
» discussions politiques et de ne jamais porter
» atteinte à son existence, à son esprit, à son
» enthousiasme, par des réductions misérables,
» ou en mettant, chaque année, des existences
» en question. C'est parce que vous avez été ad-
» mirable de raison et de patriotisme véritable,
» mon cher comte, que je m'ouvre à vous.... »
Ces éloges étaient mérités; et si, après des tâton-

nements beaucoup trop prolongés, le gouvernement et les Chambres finirent par doter l'armée
d'une organisation conforme à ses besoins et à ses
droits, c'est en grande partie aux efforts incessants
du député de Nivelles que la Belgique en est re-
devable.

Le comte de Mérode avait pris l'attitude que
tout homme d'Etat digne de ce nom aurait prise
dans les circonstances épineuses où se trouvait le
pays. D'une part, il voulait rendre pleine justice
à l'armée, en tenant largement compte de ses
droits, de ses intérêts et même de ses susceptibilités légitimes ; mais, d'autre part, il ne se prêtait
pas, comme quelques-uns de ses collègues, à des
condescendances qui devaient avoir pour résultat
de relâcher les liens de la discipline et d'encourager, sous le beau prétexte de garantir l'indépendance de l'officier, l'esprit d'insubordination et de
désordre chez les subalternes. Sous ce dernier
rapport, sa pensée tout entière se manifesta dans
un discours qu'il prononça, le 25 mai 1836, à
l'occasion d'un projet de loi concernant la suspension ou la perte des grades militaires. « Des
» raisons toutes particulières, dit-il, exigent en
» Belgique des moyens plus forts pour maintenir
» dans l'armée de l'obéissance, de l'ensemble et
» un bon esprit. — Le pays est d'une faible éten-

» due, sans défense naturelle ; toute l'armée se
» connaît ; les habitudes familières entre militaires
» de grades différents se propagent plus aisément
» que dans un grand pays ; les grades n'ont pas
» été régulièrement conférés, avec les transitions
» successives d'un grade à un autre. Les brouil-
» lons trouvent ainsi facilement les moyens de
» diviser l'armée en catégories, d'exciter les ja-
» lousies et les susceptibilités. D'un autre côté, la
» Belgique est dans une situation exceptionnelle
» en Europe : elle a changé de dynastie royale,
» mais la dynastie qui régnait sur elle n'est pas en
» exil, bien loin de son territoire et dépourvue
» de tout moyen d'agression ; elle est au con-
» traire à nos portes, maîtresse presqu'absolue
» d'un pays de même force que la Belgique ;
» elle commande à une armée qui n'est séparée de
» notre capitale, du lieu où vous siégez vous-
» mêmes, par aucun obstacle de la nature, et la
» distance qu'elle aurait à parcourir pour vous
» expulser de cette enceinte, vous savez combien
» elle est courte et facile à franchir.... Dans une
» situation semblable, je m'étonne de voir tant
» de défiance contre le gouvernement que nous
» avons créé nous-mêmes, et tant de sécurité con-
» tre les périls du dehors. Il n'est pas un officier
» prudent qui craigne les effets de la loi proposée

» par le ministre de la guerre. Tous les militaires
» dévoués au pays et qui comprennent et aiment
» la profession qu'ils ont embrassée, désirent ar-
» demment les mesures conservatrices de l'esprit
» d'ensemble, d'obéissance et d'ordre, qui fait sa
» force et la garantie de l'indépendance natio-
» nale (1). »

Au commencement de l'année suivante, on vit
surgir dans la discussion du budget de l'Intérieur
un incident qui, mieux que toutes les disserta-
tions imaginables, prouve que, comme député et
comme membre du conseil des ministres, le comte
de Mérode n'était jamais sorti du rôle de modération, de réserve et de dignité, que lui imposait
sa double qualité de représentant d'un peuple
libre et de défenseur d'un trône constitutionnel
entouré d'institutions démocratiques.

Un député de Tournai, M. Doignon, qui renonça plus tard à la vie parlementaire pour
entrer dans les ordres, s'efforça de prouver que
les comtes de Theux et de Mérode, l'un ministre
de l'Intérieur et l'autre ministre d'Etat, n'offraient
pas des garanties suffisantes aux intérêts religieux
de la grande majorité du peuple belge. Au dire
de M. Doignon, l'opinion, généralement répandue,

(1) *Moniteur* du 26 mai 1836.

que leur présence au conseil suffisait pour sauvegarder les droits et les libertés des catholiques,
était le produit d'une erreur manifeste. C'était,
disait-il, une illusion d'autant plus dangereuse,
un préjugé d'autant plus funeste que, d'un côté,
leur position officielle excitait des défiances, pendant que, de l'autre, elle inspirait une fausse
sécurité. A l'entendre, tous les ministres sans
exeption n'avaient qu'un seul but : ils voulaient
établir un *pouvoir fort,* et puiser à cette fin
dans l'immense arsenal des lois peu libérales
que nous avaient légué les régimes français et
néerlandais, l'un et l'autre également jaloux des
prérogatives du pouvoir et également hostiles à
la liberté religieuse.

Habitué à s'entendre accuser de favoriser, par
ses complaisances, les empiétements de l'Eglise,
les prétentions des évêques et les exigences des
catholiques, le comte de Mérode, surpris de cette
attaque brusquement partie de son propre camp,
répondit en souriant que l'honorable député de
Tournai oubliait sa tolérance habituelle, pour
exercer une sorte d'inquisition morale et politique sur les sentiments des ministres. Il avait
parfaitement raison. Pourquoi se serait-il donné
la peine de répondre à des attaques qui, bien
mieux que tous les éloges, prouvaient qu'il n'a-

vait pas dévié de la ligne de conduite tracée par les intérêts combinés du gouvernement et de la liberté?

Sept années s'étaient écoulées de la sorte, dans une activité généreuse et féconde. Défenseur courageux et convaincu du pouvoir, quand celui-ci se maintenait dans les limites de ses droits constitutionnels; protecteur énergique et incorruptible de la liberté, chaque fois que celle-ci était menacée d'une atteinte quelconque; toujours sur la brèche, quand il s'agissait de défendre les intérêts moraux ou matériels de la nation; honoré de la confiance et de l'amitié du roi; aimé sur tous les bancs de la représentation nationale; vénéré dans toutes les classes du peuple belge, depuis le palais jusqu'à la chaumière, le comte de Mérode s'était trouvé mêlé à tous les débats d'une importance réelle, lorsque, le 11 mars 1838, le roi Guillaume, au grand étonnement de ses partisans et de ses adversaires, fit notifier à la Conférence de Londres son adhésion aux *vingt-quatre articles* du 14 octobre 1831.

VIII.

LE COMTE DE MÉRODE

A LA CHAMBRE DES REPRÉSENTANTS.

(1838—1857).

Le roi Guillaume adhère au protocole du 14 octobre 1831. — Le comte de Mérode qui, en 1831, avait voté l'adoption des *vingt-quatre articles*, se déclare cette fois leur adversaire décidé. — Motifs de ce changement d'attitude. — Mesures auxquelles le comte de Mérode participe comme membre du conseil des ministres. — Malgré les instances de ses collègues, il publie sa célèbre *Lettre à lord Palmerston*. — Analyse de cet écrit politique. — La Conférence de Londres persiste à maintenir les stipulations territoriales des vingt-quatre articles. — Lettre du comte de Mérode au comte Molé. — Projet de rachat des districts du Limbourg et du Luxembourg assignés à la Hollande. — Le comte de Mérode est chargé d'une mission diplomatique à Paris. — Instructions secrètes dont il est muni. — Echec de cette négociation. — La France adhère au protocole du 6 décembre 1838. — Le comte de Mérode revient à Bruxelles. — Dissidences parmi les ministres. — Le comte se sépare de ses collègues. — Ses hésitations au moment décisif. — Il finit par voter le rejet des propositions de la Conférence de Londres. — Les adversaires du traité lui décernent une médaille de reconnais-

230 — 230 —

sance. — La Belgique après l'adoption des vingt-quatre articles. —
Attitude nouvelle des deux grands partis nationaux. — Dissolution
de l'union patriotique conclue en 1829. — Luttes parlementaires et
électorales entre les catholiques et les libéraux. — Actes et langage
du comte de Mérode dans cette période nouvelle. — Derniers incidents de sa vie parlementaire.

Après quelques hésitations, le comte de Mérode
qui, en 1831, avait parlé et voté en faveur de
l'adoption des *vingt-quatre articles,* se montra
cette fois leur adversaire décidé.

Il pouvait prendre cette attitude nouvelle, sans
se mettre en contradiction avec lui-même. Au
moment où le funeste protocole du 14 octobre
1831 parvint à Bruxelles, la défaite de l'armée
avait humilié et découragé la nation. L'industrie
et le commerce, atteints dans toutes les sources
de leur prospérité, réclamaient énergiquement la
clôture de la période révolutionnaire. Les gouvernements étrangers, remis de la peur que la com-
motion de 1830 avait jetée dans le monde diplomatique, manifestaient nettement la volonté
d'éteindre un foyer d'agitation permanente placé
sur les frontières de la France et de l'Allemagne.
A peine arrivée à l'indépendance, inquiète de
son avenir, menacée dans son existence même,
la Belgique s'imposa des sacrifices immenses,
parce que l'Europe lui garantissait, à ce prix,

la solution immédiate de ses différends avec la Hollande.

Il n'en était plus de même en 1838. Reconnue par toutes les puissances, heureuse et calme, libre et prospère, la Belgique avait repris sa place dans la grande famille des nations euro-péennes. La dynastie qui présidait aux destinées du pays trouvait une protection sérieuse dans ses rapports de famille avec les maisons régnantes de France et d'Angleterre. L'armée, pleine d'ar-deur et de patriotisme, disciplinée et forte, était prête à prendre sa revanche du désastre de 1831. Qu'on y ajoute que les populations du Limbourg et du Luxembourg, grâce au *système de persé-vérance* si longtemps pratiqué par le roi Guil-laume, avaient oublié les douloureux engagements contractés le lendemain de l'installation de la royauté constitutionnelle; qu'on se rappelle que, depuis huit années et dans toutes les sphères de la vie nationale, les habitants des districts me-nacés se trouvaient complétement assimilés aux Belges des autres provinces; qu'on n'oublie pas que la Belgique, au lieu d'obtenir la paix immé-diate qu'on lui avait promise, avait été forcée de dépenser plus de trois cent soixante-dix millions pour entretenir ses forces militaires sur le pied de guerre, et l'on comprendra sans peine que les députés qui, en 1831, avaient voté l'adoption du traité, pouvaient sans inconséquence songer à le rejeter en 1838.

Le cabinet belge, dont le comte de Mérode faisait partie comme ministre d'Etat et membre du conseil, choisit immédiatement le rôle que les droits, les intérêts et la dignité du pays assignaient à ses mandataires. Sans prendre la résolution formelle de rejeter en tout état de cause les propositions de la Conférence, il chargea nos ambassadeurs à Paris et à Londres de faire valoir toutes les raisons de droit et d'équité qui, après un retard de plus de sept années, s'opposaient à l'exécution pure et simple du protocole du 14 octobre 1831 (1).

Les négociations étaient engagées, et leur marche permettait d'espérer, sinon le retrait des stipulations territoriales, au moins des changements avantageux à la Belgique, lorsque, fatigué des lenteurs d'une correspondance diplomatique, le comte de Mérode prit le parti de recourir aux armes du publiciste. Il avait deviné que les cours de Paris et de Londres, satisfaites d'obtenir une modification des stipulations financières du protocole, ne se feraient aucun scrupule de consen-

(1) Le récit complet des négociations se trouve au T. III de mes *Etudes d'histoire contemporaine.*

tir au démembrement de notre territoire ; il voulait, à l'aide d'un appel à l'opinion publique de l'Europe, les arrêter à l'entrée de la voie où il les voyait prêtes à s'engager au détriment de la Belgique. Ce fut en vain que ses collègues s'efforcèrent de lui faire comprendre que, dans sa position de ministre d'Etat, une brochure même anonyme le mettrait en opposition flagrante avec toutes les règles suivies dans les vieilles chancelleries de l'Europe. Ce fut tout aussi inutilement qu'ils firent valoir le danger d'encourager dans les masses des sentiments de résistance qui, dans certaines circonstances et malgré tous les efforts du gouvernement, pourraient devenir, aux yeux des cours du Nord, un motif de faire envahir les territoires contestés du Limbourg et du Luxembourg, par les soldats de la Confédération germanique. Convaincu de la justice de notre cause, plein de confiance dans le bon sens de la nation, le comte prit la plume et, le 15 juin 1838, il fit paraître sa célèbre *Lettre à lord Palmerston* (1).

Dans cet écrit, aussi remarquable par le fond des idées que par l'éclat et la vigueur de la

(1) *Lettre à lord Palmerston, par un ancien député au Congrès belge, envoyé à Londres en 1831 près du prince de Saxe-Cobourg.* Brux., Comvin, 1838, in-8°.

forme, il commence par rappeler au ministre anglais les rapports qu'il a eus avec lui en 1831, pendant la négociation qui se termina par l'arrivée du prince Léopold à Bruxelles; il lui dit que le cabinet de St-James, alors plein de sympathie pour la cause nationale des Belges, leur faisait espérer que les villes de Maestricht et de Luxembourg resteraient seules soumises à la domination hollandaise; il lui fait voir que l'onéreux traité des vingt-quatre articles n'a eu d'autre origine que la défaite de l'armée belge, à la suite d'une agression déloyale et brutale des forces hollandaises; il lui fait remarquer que toutes les puissances, en présentant ce traité à l'acceptation du cabinet de Bruxelles, prirent l'engagement de le faire exécuter dans *un bref délai;* il lui prouve que cette exécution, à la suite d'un retard de plus de sept années, serait un acte aussi contraire aux exigences de la justice qu'aux droits essentiels des peuples civilisés. « Sept années, dit-il, se » sont écoulées, laissant au roi Guillaume et à la » Hollande toutes les chances favorables qu'un tel » délai pouvait apporter à leurs combinaisons » contre l'indépendance belge. Une si longue si- » tuation provisoire, au lieu d'une situation défi- » nitive, prompte, assurée par le traité du 15 » novembre, a constitué, Milord, des faits nou-

» veaux. — Si la dette de la Belgique s'est accrue
» d'un emprunt de cent millions de francs con-
» tracté à perte, qui en est la cause? Si les po-
» pulations du Luxembourg et du Limbourg se
» sont plus intimement encore attachées à leur
» véritable patrie, qui en est la cause? Couper en
» deux, malgré leur volonté manifeste, des pro-
» vinces dont la cohésion date de plusieurs siècles,
» non pas après une guerre sanglante, mais en
» pleine paix, n'est-ce pas un acte antihumain? »
Abordant ensuite toutes les questions essentielles
du différend diplomatique, il établit que, sous
les dominations successives des ducs de Bour-
gogne, des rois d'Espagne, des archiducs d'Autriche, de la France et de la Hollande, le Limbourg et le Luxembourg, constamment unis aux
provinces belges, ont toujours partagé le sort du
pays auquel ils appartiennent par leur nationalité,
leurs mœurs, leur culte et leurs intérêts; il place
les prétentions de la maison d'Orange en regard de
cette situation neuf fois séculaire; il démontre que
la France, l'Angleterre, l'Allemagne et les cours
du Nord n'ont aucun intérêt sérieux à la mutilation du territoire belge; puis, s'appuyant sur des
considérations de l'ordre le plus élevé, il s'écrie :
« *Au lieu de découper le monde comme une*
» *feuille de papier inerte, exclusivement selon*

» les intérêts apparents des familles princières
» et les convenances de certains pays plus forts
» que les autres, les diplomates ne peuvent-ils
» désormais consulter aussi les besoins, les sym-
» pathies de l'homme, de l'être raisonnable créé
» à l'image de Dieu? Cependant les lumières se
» répandent parmi les hommes; ils s'aperçoivent
» de l'égoïsme qui préside à leurs destinées; ils
» s'en irritent, et les monarchies tombent ren-
» versées par des révoltes! C'est ainsi qu'en 1815,
» la diplomatie de la Sainte-Alliance dépensa cent
» millions pour hérisser de remparts les frontières
» des Pays-Bas vers la France, sans s'inquiéter
» ultérieurement de l'esprit public du pays où l'on
» dressait tant de bastions. En 1830, elle apprit
» avec surprise que ces ruineuses murailles
» avaient été construites en vain!... Aux yeux
» des hommes de cœur, aux yeux des amis de
» la dignité humaine, c'est, Milord, un grand
» mal que le trafic de leurs semblables, consenti
» par des ministres de gouvernements, comme
» ceux d'Angleterre, de France, de Belgique,
» dont la base est le respect pour cette dignité.
» Livrer à une domination, désormais abaissante
» pour ceux qui l'ont rejetée pendant huit ans,
» trois cent mille habitants des frontières de
» France, c'est préparer des éléments de guerre

» plutôt que des éléments de paix entre elle et
» l'Allemagne. Replanter le drapeau orange dans
» le Luxembourg allemand, réduit à une chétive
» circonscription qui le rendra malheureux, c'est
» semer des germes de troubles et de révolutions
» nouvelles, c'est méconnaître les conseils de la
» prudence, c'est oublier les leçons du passé. —
» La Confédération germanique possède militai-
» rement les garanties dont elle a joui pendant
» vingt-trois années par l'occupation armée de la
» forteresse de Luxembourg. Quelle sécurité lui
» vaudront les regrets du plat pays qui entoure
» sa citadelle? Les Hollandais, d'autre part, se-
» ront-ils plus forts en s'adjoignant cent cinquante
» mille Limbourgeois remis sous un joug qu'ils
» haïront? Enfin la Belgique, froissée, remplira-
» t-elle mieux son rôle d'État neutre? Assurément
» non ! Or, un avenir fondé sur des éléments
» d'antagonisme et de réaction ne convient ni à
» l'Angleterre, ni à la France, ni à l'Europe.
» D'étroites et jalouses combinaisons peuvent
» seules le préférer à la reconnaissance de faits
» sociaux palpables. » La conclusion de toutes
ces prémisses était que le différend hollando-belge
devait être vidé sur les bases suivantes : conservation des droits militaires et politiques de la
Hollande et de la Confédération germanique dans

les villes de Luxembourg et de Maestricht; droit reconnu à ces deux villes de faire librement le commerce régulier avec les provinces où elles sont assises; partage des dettes du royaume des Pays-Bas selon l'esprit des *préliminaires de paix* (dix-huit articles) solennellement accordés au prince Léopold de Saxe-Cobourg, maintenant roi des Belges.

Ces sentiments patriotiques, si noblement et si énergiquement exprimés, produisirent une immense sensation en Belgique; mais, il faut le dire, l'éloquent plaidoyer du comte de Mérode demeura sans influence sur la résolution des grandes puissances de faire rigoureusement exécuter les stipulations territoriales des *vingt-quatre articles*. Faiblement appuyées par le cabinet des Tuileries, systématiquement repoussées par le cabinet de St-James, les réclamations unanimes des Belges n'eurent pas le bonheur de trouver un seul défenseur officiel au sein de la Conférence de Londres. A la suite d'une longue négociation, les représentants des cinq cours signèrent, le 6 décembre 1838, un protocole *final,* déclarant irrévocables les arrangements territoriaux acceptés en 1831. Les diplomates du Foreign-Office ne firent qu'une seule concession aux exigences de la Belgique : ils nous libérèrent des arrérages échus et réduisirent notre part dans la dette des Pays-Bas à une rente de cinq millions de florins. Mais ici même nos intérêts étaient odieusement sacrifiés; car, en opérant suivant les bases admises par la Conférence elle-même, notre part ne s'élevait qu'à une rente de 2,215,000 florins (1).

La Belgique conservait un dernier espoir : le refus d'adhésion de la France. Comme le général Sébastiani, obéissant aux ordres du comte Molé, n'avait signé le protocole que sous la réserve de l'approbation de sa cour, la presse s'était empressée d'annoncer que le roi Louis-Philippe allait, dans la question belge, se séparer de l'Angleterre et des cours du Nord. Mais cet espoir même ne tarda pas à s'évanouir. Les membres du cabinet des Tuileries n'avaient pas l'intention de repousser, dans la question belge, les exigences finales des gouvernements du Nord, cette fois énergiquement appuyées par Lord Palmerston; seulement, comme ils se trouvaient à la veille de la discussion d'une adresse en réponse au discours de la couronne, ils ne voulaient pas fournir aux orateurs de l'opposition un argument très-propre à émouvoir une partie

(1) V. les preuves dans mes *Etudes d'histoire contemporaine*, T. III, pp. 272 et suiv.

de la Chambre française. Il est certain que le comte Molé, procédant ici avec une dissimulation peu digne de son noble caractère, avait pris l'engagement secret d'adhérer au protocole après le vote de l'adresse.

Tel était l'état des choses, lorsque le comte de Mérode apprit que, dans une conversation privée, le chef du cabinet français avait émis l'avis que les Belges, convaincus eux-mêmes de l'irrévocabilité des arrangements territoriaux, prodiguaient les protestations et les résistances dans le seul dessein de faire modifier à leur avantage les stipulations financières du traité. Toujours sur la brèche quand il s'agissait de défendre les intérêts du pays, toujours aussi prompt à réaliser qu'à concevoir un projet utile, il prit immédiatement la plume et adressa au comte Molé la lettre suivante, qui restera comme l'une des preuves les plus éclatantes de l'élévation de ses idées, de la noblesse de ses sentiments et de l'énergie de son patriotisme :

« *Bruxelles, le 19 décembre 1838.*

» Monsieur le Comte,

» Je viens de recevoir de mon gendre, le » comte de Montalembert, des renseignements sur

» la conversation qu'il a eu l'honneur d'avoir avec
» vous samedi dernier. Comment avez-vous pu
» croire, M. le Comte, que la Belgique ne s'oc-
» cupait plus que de la dette et avait renoncé à
» prendre à cœur les intérêts de 500,000 Belges
» destinés à subir une odieuse restauration, lors-,
» que les manifestations les plus vives avaient
» lieu de toutes parts dans le pays? Sans doute,
» il convenait d'abord de s'occuper de la dette,
» parce qu'après avoir réglé cette question équi-
» tablement, comme elle devait l'être d'après les
» protocoles mêmes, on avait l'espoir motivé que
» la Hollande, n'ayant en réalité aucun intérêt à
» violenter des populations pour les faire hollan-
» daises malgré elles, se contenterait du verse-
» ment dans ses caisses de tous les revenus que
» les pays destinés à une cession rapportaient au
» trésor belge. Mais, je l'ai dit plus d'une fois à
» M. Serrurier, votre ministre plénipotentiaire à
» Bruxelles : il s'agit pour la Belgique d'une affaire
» d'honneur et de strict devoir envers ces popu-
» lations, et non pas d'une affaire d'intérêt ma-
» tériel. Demain matin, ce soir même, la cession
» serait consentie par le ministère belge et ratifiée
» par la représentation nationale, si les Luxem-
» bourgeois et les Limbourgeois déclaraient qu'ils
» acceptent pour leur compte, sans trop de regret,

» le traité qu'on a laissé dormir pendant sept ans.

» Vous êtes dans l'intention d'abandonner leur
» cause. Eh bien! Monsieur le Comte, si vous
» parvenez à décourager le peuple belge et à lui
» arracher l'abandon du territoire que le devoir
» l'oblige à disputer, c'est l'affaiblissement du
» grand et fort pays de France que vous aurez
» obtenu. N'oubliez pas que l'esprit militaire tend
» à se perdre dans les pays constitutionnels, où
» les Chambres n'ont pas toujours malheureuse-
» ment assez d'égards pour l'armée, tandis qu'on
» la soigne davantage dans les monarchies abso-
» lues. L'armée française portant le drapeau tri-
» colore ne pourra voir d'un œil froid les Alle-
» mands exécuter un peuple aux portes de la
» France; et si elle ne sent pas immédiatement
» l'atteinte subie par ses couleurs, elle la com-
» prendra plus tard, et le gouvernement de la
» dynastie régnante perdra cette haute considé-
» ration dont il a le plus grand besoin : car ces
» couleurs sont un symbole et non pas un signe
» sans valeur !

» Je sais que dernièrement le roi disait en par-
» lant de mon frère aîné, qui était à Paris :
» « M. de Mérode est comme tous les Belges; il
» croit que nous n'avons à songer qu'à la Bel-
» gique. » Moi, je vous l'assure bien sincère-

» ment, M. le Comte, je ne songe pas exclusi-
» vement à la Belgique. J'ai été Français jusqu'en
» 1814, et j'ai continué à vivre en France jusqu'à
» l'âge de quarante ans ; sur mes quatre enfants,
» trois y sont nés ; leur mère que j'ai perdue
» repose sur la terre de France. En remplissant
» ici mes obligations envers mon pays de nais-
» sance, je n'ai pas la prétention de croire que
» les intérêts du peuple français doivent lui être
» sacrifiés ; mais je me dis, et je crois avec rai-
» son : la France du drapeau blanc a tenu dans
» le monde le premier rang ; la France de la ré-
» publique et de l'empire a conquis l'Europe con-
» tinentale ; la France du drapeau blanc de la
» Restauration avait repris une position forte de
» politique extérieure ; la France du drapeau tri-
» colore, véritablement et sagement libérale, trou-
» vait un rôle plus beau que toutes les autres
» Frances, celui de premier moteur d'une poli-
» tique généreuse favorable aux intérêts de l'hu-
» manité, avec immense avantage pour elle-même !
» — Elle a commencé à le perdre ; une occasion
» se présente de le reprendre : elle la laisse tom-
» ber de ses mains. Quel dommage ! Et pour-
» quoi ? Pour faire de la diplomatie de cabinet,
» tandis que la publicité assurait sa prépondé-
» rance ! Vous ne voulez pas de diplomatie sur

» la place publique, dites-vous; c'est pourtant
» celle-là qui garantirait en ce moment la paix
» de l'Europe, cette paix que le roi des Français
» conserve si laborieusement par la diplomatie de
» cabinet.

» Je sais par des renseignements assez positifs
» venus d'Allemagne, que si le peuple de ce pays
» croyait que la France ne défendrait en proté-
» geant les habitants du Luxembourg et du Lim-
» bourg qu'une cause du droit des gens, qu'une
» nationalité menacée injustement, il applaudi-
» rait à ses efforts. Nul doute qu'en Angleterre
» même la question, considérée sous ce point de
» vue, ne serait mieux comprise de l'opinion pu-
» blique. Mais votre diplomatie, luttant d'habileté
» dans l'ombre, perd notre affaire commune. Je
» dis commune, car la Belgique n'a pas plus à
» perdre que la France en renonçant à la partie
» de son territoire menacée de restauration. Le
» grand centre du pays, Bruxelles, Anvers,
» Gand, Louvain, Mons, Liége, Verviers, Na-
» mur, etc., vivra matériellement aussi bien sans
» le Luxembourg et le Limbourg cédés qu'avec
» eux, et quatre millions d'hommes seront plus
» excusables d'avoir laissé succomber un principe
» de haute moralité politique que les trente-deux
» millions qui leur abandonnent à eux seuls le

» soin de le défendre. Cependant, vous n'igno-
» rez pas, M. le Comte, que la Belgique n'a
» pas renoncé à une résistance effective selon
» ses moyens. Vous n'ignorez pas que la France
» peut se relever de son sommeil. *Ancône, le*
» *roi règne et ne gouverne pas*, ne sont pas
» des préoccupations assez sérieuses pour absor-
» ber toujours l'esprit public d'une grande na-
» tion. Et pourtant, si elle venait à se réveiller
» au bruit du canon que la Belgique peut du
» moins tirer même seule pendant quelques
» jours, que deviendrait l'existence morale du roi
» et de sa famille, existence à laquelle je tiens
» parce qu'elle importe au bonheur et à la sé-
» curité de la France, et que le cœur chez moi
» bat toujours pour une ancienne, noble et chère
» patrie. Que si vous l'aimez, direz-vous, M. le
» Comte, ne lui suscitez pas d'embarras; calmez
» vos compatriotes, engagez-les à la soumission.
» — Mais, dites-moi, que ferai-je alors pour les
» 300 mille Belges qui depuis sept ans ont acquis
» de nouveaux droits à la sollicitude de tout
» homme animé de quelque sentiment de confra-
» ternité nationale? — Rien? — Vous les livrerez
» au roi Guillaume! Vous verrez enfin pâlir les
» drapeaux tricolores belge et français du côté
» d'Arlon et de Thionville, et briller sur les

» clochers des communes luxembourgeoises le
» drapeau d'une restauration, le drapeau orange !
» J'avoue que ces résultats de la diplomatie de
» cabinet me semblent déplorables. Combien j'ai-
» merais à en voir d'autres ! Les circonstances
» pour apporter des modifications au traité sont
» favorables. La réunion des Chambres vous per-
» met de laisser transporter la négociation sur la
» place publique. Profitez d'une chance si heu-
» reuse, elle ne se retrouvera plus !

   » Je reconnais d'ailleurs, Monsieur le Comte,
» tout ce que vous avez fait pour la Belgique. Je
» vous en remercie cordialement, et vous prie
» d'agréer l'assurance de ma haute considération.

                         » Comte F. DE MÉRODE. »

Il était désormais évident que le Limbourg et
le Luxembourg ne seraient sauvés, — s'ils pouvaient l'être, — que dans la seule hypothèse où
l'on réussirait à amener le roi Guillaume à renoncer à ses droits moyennant une large indemnité pécuniaire. Le cabinet de la Haye éprouvait
avant tout des besoins d'argent, et la possession
de quelques cantons du Limbourg et du Luxembourg, plus onéreuse que profitable, n'était pas
de nature à améliorer ses finances. La Hollande,
conservant ses anciennes limites, pouvait sans

déshonneur accepter les millions qu'on lui offrait en échange des communes qui lui étaient attribuées par les vingt-quatre articles. Il était même permis d'espérer que les Hollandais, peuple calculateur et peu chevaleresque, placés entre les offres avantageuses des Belges et le stérile honneur de conserver à leur roi le titre de Grand-Duc de Luxembourg, se prononceraient en faveur des millions.

Saisissant aussitôt cette dernière planche de salut, le cabinet de Bruxelles chargea le comte de Mérode de se rendre à Paris et d'y joindre ses efforts à ceux de notre ambassadeur, le comte Lebon, pour faire accepter la combinaison par le roi Louis-Philippe et ses ministres. Les instructions secrètes dont il était porteur lui permettaient : 1º de porter l'indemnité à soixante-dix et même à cent millions, si la Hollande voulait entrer dans cette voie; 2º de faire mettre en avant, par une tierce personne, un projet qui, laissant Venloo à la Hollande, donnerait au roi Grand-Duc le territoire compris entre les routes de Trèves et de Thionville, plus un rayon de deux lieues autour de la forteresse de Luxembourg. Cette dernière proposition pouvait elle-même être accompagnée de l'offre d'une indemnité pécuniaire. Maestricht, dans cette hypothèse, serait

devenue forteresse fédérale, et les Belges se seraient engagés à ne construire aucune place forte
entre Maestricht, Venloo et Aix-la-Chapelle (1).

Personne plus que le comte de Mérode n'était
propre à conduire cette négociation à bonne fin.
Les nombreuses relations qu'il entretenait dans
les rangs les plus élevés de la société parisienne,
l'amitié du roi Louis-Philippe, l'estime du président du conseil des ministres, les sympathies
sincères qu'il avait toujours témoignées à la
France, le concours de son illustre gendre, tout
ce qui peut faire réussir une mission diplomatique se trouvait réuni dans sa personne. Et cependant, malgré les démarches les plus actives,
malgré les raisonnements les plus pressants, il
n'obtint ni concession ni même une seule parole
d'encouragement ou d'espérance ! Depuis que l'Angleterre s'était franchement et irrévocablement as-
sociée aux sommations des cours du Nord, le roi
des Français, malgré sa bienveillance réelle pour
les Belges, ne cessait de répéter que les stipulations territoriales des vingt-quatre articles étaient
une loi pour toutes les puissances. Le 22 janvier, le général Sébastiani adhéra définitivement
à l'*ultimatum* de la Conférence de Londres. Au

(1) Le baron de Gerlache fut chargé de faire à Londres une démarche analogue, conjointement avec M. Van de Weyer.

mépris de la justice et à la honte de la civilisation moderne, 360,000 Belges étaient arrachés
à leur patrie et replacés sous une domination
étrangère !

Le comte de Mérode s'empressa de retourner
à Bruxelles, et, le 31 janvier, le conseil des
ministres se réunit sous la présidence du roi.

Trois opinions différentes furent émises par
les conseillers de la couronne. Les ministres de
l'Intérieur, de la Guerre et des Travaux publics,
MM. de Theux, Willmar et Nothomb, étaient
d'avis qu'on devait se borner à communiquer aux
Chambres les propositions de la Conférence, sans
y ajouter des commentaires qui fussent de nature
à enchaîner la liberté d'action du gouvernement;
avant de prendre un parti définitif, ils voulaient
attendre le résultat des offres finales que M. Van
de Weyer avait été chargé de faire à Londres (1).
Les ministres de la Justice et des Finances,
MM. Ernst et d'Huart, combattant vivement ce
projet, voulaient que le gouvernement, au moment même où il communiquerait aux Chambres
l'*ultimatum* des cinq cours, déclarât hautement,
à la face du pays et de l'Europe, qu'il rejette-
rait ces conditions iniques, jusqu'au jour où il

(1) Voy. ces propositions finales dans mes *Études d'Histoire contemporaine*, T. III, p. 324.

se trouverait en présence d'une force majeure.
S'écartant en même temps des deux systèmes
précédents, le comte de Mérode proposait d'a-
dresser à la Conférence une note officielle, dans
laquelle, après avoir protesté contre la mutilation du territoire, on eût déclaré que le roi des
Belges, comprenant l'inutilité d'une lutte manifestement inégale, ne résisterait pas par l'emploi
des armes; mais que, mettant en œuvre le seul
moyen efficace qui se trouvât en son pouvoir,
il ne paierait que la part exacte et dûment jus-
tifiée incombant à la Belgique dans la dette du
royaume uni des Pays-Bas. MM. de Theux,
Willmar et Nothomb ayant persisté dans leur
projet, MM. Ernst et d'Huart offrirent leur démission, et, quelques jours plus tard, le comte
de Mérode, qui avait momentanément accepté
l'*intérim* des Finances, suivit cet exemple;
mais, avant sa retraite, il eut le bonheur de faire
admettre dans les rangs de l'armée nationale l'un
des héros de la Pologne, le général Skrzynecki,
que la bataille d'Ostrolenka avait justement rendu
célèbre (1).

Bientôt le débat fut porté à la tribune de la
Chambre des Représentants. La Conférence de

(1) Cette nomination donna lieu à des incidents diplomatiques
que j'ai rapportés dans mon ouvrage déjà cité, T. III, p. 347 et suiv.

Londres ayant rejeté toutes les propositions de
la Belgique, les ministres déposèrent, le 19 février, un projet de loi autorisant le chef de l'Etat
à conclure un traité définitif avec la Hollande et
les cinq cours, sur les bases du protocole du
6 décembre.

La plupart des députés se trouvaient dans une
perplexité cruelle. D'un côté, leurs sentiments
d'honneur et de patriotisme se révoltaient à la
pensée de livrer à une domination étrangère
360,000 compatriotes qui avaient bravé tous les
périls pour rester unis à la grande famille nationale; mais, d'autre part, ils ne voyaient qu'humiliation et ruine dans une résistance qui, bientôt réprimée par les soldats de la Confédération
germanique, ne pouvait être qu'une inutile et
sanglante bravade. Leur embarras était d'autant
plus grand que les incertitudes de la situation
politique avaient amené une crise industrielle et
commerciale pleine de redoutables menaces.

Mis en demeure de prendre un parti irré-
vocable, le comte de Mérode, voyant chaque
jour un grand nombre de ses amis adhérer au
traité, se demanda sérieusement s'il ne devait pas
suivre leur exemple. En proie aux mêmes perplexités que la majorité de ses coreligionnaires
politiques, et toujours au-dessus de toutes les

questions d'amour-propre, il n'aurait pas un seul
instant hésité à revenir sur ses pas et à voter en
faveur du traité, si sa conscience lui eût dicté
cette démarche. En attendant que la lumière
jaillît du choc des opinions, il ne se faisait aucun
scrupule de manifester ses hésitations et ses craintes. Membre de la section centrale de la Chambre
des Représentants, il émit seul un vote négatif
avec la restriction *quant à présent;* il voulait,
disait-il, s'éclairer par les débats parlementaires.
Le 29 février, dans la discussion publique, après
avoir exposé les motifs de sa démission de membre du conseil des ministres, il termina son discours par les paroles suivantes : « Je reconnais
» que les résultats d'une prolongation ultérieure
» de la résistance sont incertains; je ne me dissi-
» mule point tout ce qu'on peut lui opposer. Aussi
» me garderai-je de blâmer ceux qui essaieront
» d'en démontrer les inconvénients ! Nous avons
» à choisir entre deux partis affligeants, laborieux,
» inquiétants : tel est le sort qui nous frappe; il
» faut le subir avec une tolérance mutuelle d'opi-
» nions.... Il m'a été pénible de quitter le conseil
» auquel je n'avais cessé d'appartenir depuis sept
» ans; mais, pour adopter le projet de loi proposé
» par mes collègues, je devrais être comme eux
» convaincu de l'urgence qui le rendrait nécessaire

» au salut du grand nombre (1). » Un remarquable discours qu'il prononça le 5 mars se termina par une déclaration analogue. Passant en revue les principaux épisodes des négociations, il rétablit, *au bénéfice des ministres dont il s'était séparé*, la signification réelle des faits qui avaient été dénaturés par les attaques passionnées des adversaires du traité; il fit entendre d'amers reproches à l'adresse de l'Angleterre et de la France, qui avaient abandonné, pour complaire aux puissances du Nord, une noble cause au triomphe de laquelle tous les peuples libres avaient un intérêt égal; mais, cette fois encore, évitant d'émettre un avis formel, il se contenta d'énoncer un doute :
« Les circonstances permettent-elles à la Belgique
» d'attendre des résultats incertains avec une cou-
» rageuse persévérance? On nous dit que non,
» on nous dit que l'urgence presse notre accepta-
» tion. C'est ce dont je doute, sans blâmer ceux
» qui ne doutent point, et sans traiter légèrement
» leurs prévisions. »

Peu à peu cependant ses hésitations diminuaient, à mesure qu'il entendait les orateurs de l'opposition, dévoilant toutes les iniquités de la diplomatie de Londres, en appeler au bon droit,

(1) *Moniteur* du 20 janvier 1839. Suppl.

à l'énergie, au courage et à l'honneur de la nation. Il se rangea définitivement de leur côté, lorsqu'il vit les ministres repousser un amendement portant que le roi était autorisé à signer le traité, « sous la condition expresse que les populations cédées conserveraient les libertés civiles » et religieuses dont elles avaient la jouissance. » Avec quarante-deux de ses collègues, il émit un vote négatif.

La majorité de la Chambre fut d'un avis contraire, et nous croyons sincèrement qu'elle avait raison; mais l'attitude si patriotique, si loyale et si éminemment désintéressée que le comte avait prise, accrut encore la popularité dont il jouissait parmi les défenseurs de la cause nationale. Des milliers de citoyens se réunirent pour faire frapper une médaille portant, d'un côté, l'effigie du noble député, de l'autre, cette belle et généreuse · pensée, extraite de sa *Lettre à Lord Palmerston* : LES DIPLOMATES NE PEUVENT-ILS DÉSORMAIS CONSULTER AUSSI LES BESOINS, LES SYMPATHIES DE L'HOMME, DE L'ÊTRE RAISONNABLE CRÉÉ A L'IMAGE DE DIEU (1)?

---

(1) Une autre médaille fut frappée en l'honneur de son gendre, le comte de Montalembert, qui avait vigoureusement défendu la cause des Belges à la tribune de la cour des Pairs. Elle portait, au revers, l'inscription suivante : *La Belgique reconnaissante au généreux défenseur de la cause de la justice et de la liberté.* MDCCCXXXVIII.

On sait que la solution de nos différends avec la Hollande devint, pour la Belgique, le signal d'une lutte intestine, dont les alternatives diverses sont, depuis vingt ans, le fait capital de nos annales. Aussi longtémps qu'ils s'étaient trouvés en présence de l'ennemi commun, les deux grands partis nationaux étaient restés fidèles aux nobles et salutaires principes de cette *Union* loyale et généreuse, qui avait amené la révolution de Septembre, l'indépendance du pays et le vote de la Constitution la plus libérale de l'Europe. Dans tous les rangs de l'administration, dans la magistrature, dans l'enceinte des Chambres, au conseil des ministres, partout où se manifestaient les forces vives du pays, les catholiques et les libéraux, coalisés pour la défense de l'ordre et de la liberté, faisaient prévaloir une politique sage, modérée et vraiment nationale. Il n'en fut plus de même en 1841! Brisant un pacte librement conclu sous la domination étrangère, répudiant les traditions généreuses du Congrès, quelques chefs de la fraction libérale du parlement se mirent à proclamer les avantages, à célébrer les bienfaits, à vanter la puissance d'une *politique homogène;* et cette politique, — est-il nécessaire de le dire? —, devait être celle qui avait leurs préférences. Les catholiques, qui possédaient la majorité dans les Chambres et dont on voulait réduire le rôle à *servir de lest au navire de l'État,* tandis que les libéraux en eussent été *les voiles,* les catholiques relevèrent le gant et se coalisèrent pour conserver, dans le gouvernement du pays, la part à laquelle ils pouvaient prétendre par leur nombre, par leur position sociale et par les nombreux services qu'ils avaient rendus à la nation, avant et depuis son émancipation politique (1). Le roi Léopold, dont la haute raison prévoyait et redoutait les conséquences finales de ces débats irritants et stériles, résista longtemps au courant et se fit un devoir de se conformer aux principes de l'*Union* dans le choix de ses ministres; mais, en 1847, le corps électoral ayant donné une majorité considérable au parti libéral, l'ère des ministères homogènes fut définitivement inaugurée. Depuis lors, aux yeux d'une foule d'hommes qui se croient sincèrement éclairés et modérés, l'idéal de la politique belge consiste à diviser la nation en deux parties à peu près égales, dont l'une doit posséder le monopole du pouvoir et des avantages officiels, pendant que le rôle de l'autre se réduit à l'obligation de contribuer largement aux charges publiques.

(1) La comparaison du lest et des voiles était en grande faveur dans la polémique de la presse ultra-libérale.

Pendant dix-sept années, le comte de Mérode lutta énergiquement contre ces tendances funestes. Toujours fidèle aux généreuses traditions du Congrès, toujours loyal et désintéressé, il fut l'un des premiers à signaler les inconséquences et les périls de cette politique de passion, d'acharnement et de haine, dans un petit pays que convoitent de puissants voisins et dont l'admission dans la famille des nations indépendantes ne date que d'hier !

Aussi longtemps qu'exista la majorité mixte issue du mouvement national de 1830, il défendit avec courage l'honneur, les droits et les intérêts de ses coreligionnaires politiques; et lorsque, grâce à des événements que l'histoire saura juger, les doctrines patriotiques de l'*Union* eurent disparu pour céder la place à l'exaltation des majorités homogènes, il ne laissa jamais échapper l'occasion de revendiquer pour les catholiques belges la glorieuse épithète de *libéral* dont se paraient si fièrement leurs adversaires. Il ne comprenait pas qu'on pût dénier cette noble qualification à des hommes qui avaient doté le pays de la Constitution la plus libérale de l'Europe, et qui, après quinze années d'une influence prépondérante, abandonnaient le pouvoir en laissant toutes les garanties constitutionnelles debout, toutes les

libertés intactes, toutes les institutions parlementaires pleines de force et de vitalité. Il lui semblait
à la fois injuste, odieux et irrationnel d'assimiler
les catholiques de Belgique à ceux d'Italie et d'Espagne qui, sur le terrain des intérêts politiques,
s'étaient rangés sous la bannière du pouvoir absolu. Déjà dans le célèbre débat de Novembre
1845, provoqué par la formation du cabinet Van
de Weyer (1), il s'était écrié : « Vainement, me
» dis-je souvent à moi-même, je sens bouillonner
» dans mon cœur, depuis ma plus tendre jeu-
» nesse, la haine des oppressions religieuses,
» factieuses, monarchiques, aristocratiques ou
» démocratiques, — car peu m'importe le mas-
» que sous lequel grimace la tyrannie, — je
» dois, vu la fausse et ridicule acception que l'on
» donne à ce mot, je dois renoncer à me pré-
» tendre libéral! Que suis-je donc? Si l'on doit
» s'en rapporter au style incompréhensible main-
» tenant en honneur, je suis *antilibéral.* Et pour-
» tant j'éprouve, je le répète, la plus grande ré-
» pugnance à la vue de l'oppression! Lorsque l'on
» traquait en Espagne ceux qu'on appelait les
» *negros;* lorsque j'apprenais la mort de Riégo
» livré par l'armée du duc d'Angoulême à la

(1) Voy. mes *Études d'Histoire contemporaine*, T. IV, p. 442.

» vengeance de Ferdinand VII et des aposto-
» liques, bien qu'attaché à l'Eglise, clérical en-
» fin pour me servir de l'argot du jour, du
» sobriquet inventé pour ridiculiser le sentiment
» qui a civilisé un monde ingrat, j'éprouvais la
» plus profonde sympathie en faveur de la vic-
» time, la plus vive répulsion à l'égard du royal
» bourreau et de ses appuis.... Le même amour
» pour le bon droit et pour la liberté m'a fait
» prendre, en toute occasion, la défense des en-
» fants de la malheureuse Pologne. Au risque
» de déplaire à des vainqueurs puissants, j'ai
» prêté de mon mieux aux proscrits mon faible
» appui. Et qu'on ne dise pas que c'est parce
» que la Pologne était un royaume catholique!
» La Grèce ne l'était point, et je n'en ai pas
» moins, avec mon frère mort pour la cause
» belge, souscrit largement, l'un des premiers,
» pour ce pays, esclave depuis tant de siècles.
» Cependant je dois toujours, vu la bizarre trans-
» formation du vocabulaire, me refuser le titre
» de libéral et subir en conséquence l'exclusion
» destinée aux ilotes déclarés incapables d'être
» aujourd'hui ministres, puisque le ministère doit
» être homogène et ne peut être que libéral, à
» sa manière, bien entendu. Ainsi donc je n'ai
» plus le droit de prendre part au gouvernement

» du pays, mais seulement de me soumettre aux
» intelligences supérieures qui s'attribuent exclu-
» sivement la capacité d'exercer le pouvoir en
» Belgique, et qui daigneront peut-être me régir
» avec un orgueil bienveillant!.... Je protesterai
» sans relâche contre une pareille duperie, dont
» les conséquences sont beaucoup plus dange-
» reuses qu'on ne le croit généralement. — Il
» ne faut pas s'imaginer que la multitude rai-
» sonne avec une logique très-ferme ; qu'elle
» sache parfaitement comprendre la portée d'un
» style qui confond les notions reçues sur la
» valeur fondamentale des expressions. Elle en-
» tend dire qu'un homme est libéral quand il
» ouvre sa bourse généreusement, quand il remet
» facilement sa dette à un pauvre débiteur : elle
» attache donc, comme de raison, de la largeur,
» de la noblesse au sentiment libéral. Or, en
» opposition avec lui, vous présentez toujours le
» sentiment d'attachement sérieux et non super-
» ficiel à la religion. Vous dites : l'opinion libé-
» rale, l'opinion catholique ; et, pour ridiculiser
» celle-ci, le prétendu libéralisme l'appelle clé-
» ricale. Dès lors, fussiez-vous le plus sincère
» ami de la liberté vraie, de la tolérance civile,
» de l'égalité des droits; fussiez-vous l'adversaire
» le plus constant de tous les despotismes, vous

» ne savez plus comment vous définir, et vous
» paraissez sur la scène politique comme si vous
» n'étiez qu'homme d'Eglise, que serviteur du
» clergé, et non pas ce que vous êtes réellement,
» citoyen appartenant à l'ordre civil, dévoué à
» tous les intérêts de cet ordre, occupé des
» besoins matériels du peuple, non moins que
» de ses besoins religieux et moraux. — Il y a
» dans plus d'un pays des catholiques qui ne
» sont pas libéraux, qui ne comprennent pas
» l'ordre constitutionnel moderne : tels étaient et
» sont encore les légitimistes français. Mais chez
» nous, pourquoi la liberté sincère domine-t-elle
» depuis quinze ans? N'est-ce point parce que la
» majorité a toujours été libérale selon la langue
» vraie? Les faits sont d'irrécusables témoins de
» ce que j'avance ; car où trouverez-vous une
» Constitution mise en pratique sans réserve pen-
» dant plus de trois lustres, avec une loyauté
» pareille à ce qui s'est pratiqué parmi nous? Le
» jour de l'an, le grand rabbin disait au roi :
» « Sire, si nos croyances religieuses, héritage
» de nos pères, nous inspirent pour ceux qui
» sont appelés par la Providence à régner sur la
» terre des sentiments d'hommage et de haut res-
» pect, combien ces sentiments ne doivent-ils pas
» être vrais et sincères pour la personne d'un

» souverain sous le règne duquel la Belgique est
» devenue l'asile de la liberté, de la justice, du
» droit de l'homme (1) !.... »

Désormais réduit au rôle de simple député, la
part active qu'il prit à toutes les discussions importantes de la Chambre des Représentants le
montra constamment animé d'intentions droites,
conciliantes et vraiment libérales. Sans négliger
les problèmes de l'ordre matériel, c'était surtout
dans les débats relatifs aux exigences de la liberté
constitutionnelle, aux intérêts religieux et moraux, à la dignité du pouvoir et à la défense du
pays, qu'il se plaisait à prendre la parole; et,
comme toujours, il agit dans cette période nouvelle avec tant de désintéressement et de bonne
foi, que, malgré la vivacité parfois extrême de la
lutte, il sut défendre énergiquement ses principes
et ses vœux, sans se faire un seul ennemi personnel dans le camp contraire. Au milieu des
déceptions et des défaillances amenées par les événements de l'intérieur et du dehors, il conserva
constamment, avec l'espoir d'un avenir meilleur,
une confiance entière dans l'excellence, la vigueur
et la vitalité des institutions parlementaires de sa
patrie.

(1) Le comte renouvela ces protestations dans un discours prononcé dans la séance de la Chambre des Représentants du 22 novembre 1854.

Aussi eut-il toujours grand soin de mettre ses collègues en garde contre les abus et les exagérations qui avaient amené en France la chute des institutions de 1830 et la résurrection de la politique de l'Empire. Le gouvernement parlementaire étant à ses yeux un régime basé sur la probité, l'ordre, la modération, le respect de soi-même et des autres, il voulait préserver la tribune belge des exagérations, des clameurs et des injustices qui, à la suite de la catastrophe de 1848, avaient compromis la monarchie constitutionnelle dans la majeure partie de l'Europe.

Au milieu des preuves de cette sollicitude constante qui abondent dans les colonnes du *Moniteur,* nous nous contenterons de citer le discours qu'il prononça le 29 octobre 1855.

Un député de Bruxelles, habitué à mêler des noms propres à ses attaques contre les ministres, avait vivement critiqué un arrêté royal déclarant que les frais d'entretien et de traitement de certaines catégories de malheureuses sont à la charge des villes où elles reçoivent les soins médicaux; et à cette occasion il avait chaleureusement protesté contre la qualification de « fille publique » donnée à l'une des malades dans l'arrêté qui fixait son domicile de secours.

A cette étrange attaque, un mouvement de dés-

approbation se manifesta dans toutes les parties
de la salle; mais le comte de Mérode, loin de se
contenter de ce blâme muet, prit la parole et
se crut obligé de dénoncer énergiquement une
intempérance de langage, dans laquelle il voyait
un péril pour les institutions qu'il avait aidé à
fonder et à la défense desquelles il avait consacré la plus belle partie de sa vie. Un journal de
l'époque rapporte son discours en ces termes.

« *M. de Mérode.* Personne plus que moi, Mes-
» sieurs, ne désire le maintien d'une forme de
» gouvernement qui assure au pays l'avantage
» d'un contrôle public sur les actes de l'autorité
» administrative par une représentation nationale,
» et sur les pouvoirs divers par la liberté de la
» presse, si différente de la tyrannie et du men-
» songe organisés dans la presse sans conscience.
» Mais si le contrôle des actes ministériels est
» bon et utile à un haut degré, c'est à certaines
» conditions de justice, de convenance et de dé-
» cence, qui ne peuvent être impunément violées
» sans déconsidérer le régime libre et régulier. Le
» débat provoqué dans cette enceinte est-il con-
» forme à ces règles de justice, de convenance
» et de décence? Je dis que non ! (*Très-bien !*)
» Une femme figure dans un arrêté royal inséré
» au *Moniteur* à l'occasion d'un litige sur un do-

» micile de secours ; elle y est signalée avec son
» nom propre et une qualification qui dépasserait
» en sévérité, dit-on, la nature réelle du désordre
» moral auquel elle s'est livrée.

» Vous n'ignorez pas, Messieurs, que, pour la
» généralité du public, le *Moniteur* est une sorte
» de greffe ou de magasin d'enregistrement, qui
» n'attire sur la plupart des affaires courantes que
» très-peu d'attention. Si donc la personne incon-
» nue dont il s'agit se trouvait lésée outre mesure
» dans sa réputation par une erreur commise, il
» faudrait bien se garder de la mettre en scène,
» en décuplant, en centuplant une publicité fort
» restreinte en fait, par la publicité la plus grande
» possible ; et cela sans ménagement, sans réserve,
» sans égards, ni pour une femme malheureuse,
» ni pour la dignité de la Chambre et du gouver-
» nement. Si une erreur avait eu lieu, c'est au
» *Moniteur* qu'un homme équitable et bienveil-
» lant eût demandé la rectification désirable, se
» gardant bien de la faire retentir à l'aide d'une
» trompette de guerre à mort, sonnée dans cette
» enceinte contre un ministre, même aux dépens
» d'une pauvre femme, placée, en toute hypo-
» thèse, dans une peu flatteuse situation. (*Très-
» bien !*)

» Mais le critique, sans souci de ces considéra-

» tions, n'en a tenu nul compte. Eh! qu'importe
» le préjudice causé à cette servante dont le nom,
» ici répété avec affectation à plusieurs reprises,
» devait servir d'instrument de combat? Aussi,
» quel protecteur d'une personne à laquelle il
» porterait quelque intérêt voudrait la voir défen-
» due selon la méthode ici appliquée par M. ....,
» et remercierait celui-ci de son beau zèle en sa
» faveur? Certes, ce ne serait pas moi !

   » En effet, toute la Belgique, qui n'en savait
» rien, est informée aujourd'hui de la peu noble
» maladie que subit la victime d'une séduction,
» mais non pas précisément de la prostitution,
» selon son champion. Que d'actions de grâces
» elle lui doit !...

   » En vain, je pense, on essayerait de feuille-
» ter, soit les documents parlementaires anglais,
» soit le *Moniteur* de France, pour trouver sem-
» blable querelle suscitée aux ministres, qu'on a
» si souvent voulu supplanter ou renverser dans
» ces deux grands Etats ; mais, si nous sommes
» moins grands en Belgique, est-ce une raison
» pour amoindrir nos Chambres par des discus-
» sions dégradantes?

   » Celui qui les provoque, il est vrai, ne craint
» pas de dégrader à tort et à travers; tantôt c'est
» un fabricant auquel un tribunal défendit d'user

» de la vignette dont un autre avait la priorité,
» qu'il présente ici comme frappé d'un jugement
» pour *crime de faux;* puis c'est un procureur-
» général, coupable d'avoir demandé justice d'im-
» putations qui l'eussent, si elles étaient vraies,
» exposé aux travaux forcés à perpétuité, qu'il
» qualifie *d'audacieux* digne d'être frappé de sé-
» vères mesures pour attentat contre les préroga-
» tives parlementaires; puis un notaire nommé à
» l'étude vacante d'une grande ville du pays, dé-
» claré publiquement inapte, au point de vue
» moral et physique, à remplir ses nouvelles
» fonctions.

» Ainsi, brevet de faussaire, brevet d'audace
» punissable, brevet d'incapacité physique et mo-
» rale sont décernés par M. ....., en sa qualité de
» haut censeur sans façon, à quiconque n'obtient
» pas ses bonnes grâces; et nous, anciens membres
» du Congrès, nous sommes contraints de voir ap-
» pliquer de la sorte le régime dont nous espérions
» ne voir surgir que des idées généreuses et libé-
» rales, et non des injures, ni l'oppression des
» individus exposés à subir tous les abus de la
» franchise parlementaire, franchise qui devrait
» être appliquée avec d'autant plus de circonspec-
» tion et de mesure par ceux qui en jouissent,
» qu'elle les met à l'abri des poursuites les mieux
» motivées en droit commun.

» Si je m'élève contre la dégradation d'un ordre
» de choses auquel j'ai livré, pour le soutenir, la
» bonne moitié de ma vie depuis vingt-cinq ans,
» c'est que je ne suis pas de ceux qui sont prêts à
» se réfugier, au besoin, dans les bras du pouvoir
» absolu. Entre le maitre sans contrôle et le con-
» trôleur sans règle, il y a la règle que tous
» doivent suivre, que tous doivent respecter : il y
» a la règle morale, que nos lois et nos mœurs
» politiques devraient protéger davantage, et qui
» ne peut fléchir qu'au détriment de l'honnête
» liberté. (*Applaudissements prolongés.*) (1). »

Cette manière vive, originale et piquante de
rendre ses idées et de pratiquer en toute occasion les vrais principes du gouvernement représentatif, le faisait toujours écouter avec attention,
même à la fin de ces séances où de longs débats

---

(1) Pour révoquer en doute l'attachement du comte de Mérode
aux institutions parlementaires, on a prétendu qu'après la révolution française de Février il s'était prononcé en plein parlement
contre la liberté de la presse. C'est une erreur. Il s'était vivement
élevé contre les abus de la presse ; il avait dit que la presse se trouvait en Belgique « à l'état sauvage » ; il avait réclamé des mesures
propres à mettre un terme à des écarts d'où résultait un véritable
état d'oppression pour les citoyens inoffensifs. Mais pourquoi récla-
mait-il ces mesures? Il l'a dit en termes formels : c'était pour sauver
la presse des périls résultant de ses propres excès. « Je veux, disait-
» il, qu'elle vive longtemps chez nous, la liberté honnête chérie
» de nos pères ; et c'est pourquoi je traite hardiment, comme elle le
» mérite, la méchante idole que tant d'autres n'osent regarder en
» face. » (*Discours du 4 décembre 1852*).

avaient en quelque sorte epuisé la patience de ses collègues.

Le 23 janvier 1857, quelques jours avant son décès, il parla pour la dernière fois dans l'enceinte de la Chambre des Représentants, et cette dernière parole fut encore un hommage rendu à l'une des libertés constitutionnelles les plus importantes et les plus chères aux Belges, la liberté de l'enseignement. Il la défendit avec courage contre cette catégorie de libéraux qui, sous prétexte de sauvegarder les droits de l'Etat, voudraient organiser le jury d'examen de telle manière que l'existence de toutes les écoles privées fût, en dernier résultat, subordonnée au bon vouloir d'un ministre disposant d'une majorité complaisante ou passionnée (1).

La première fois que le comte de Mérode prit les armes du publiciste, ce fut pour défendre la liberté d'enseignement contre les entreprises des ministres français de la Restauration; la dernière fois qu'il fit entendre sa voix comme représentant d'un peuple à l'affranchissement duquel il avait si largement contribué, ce fut pour défendre la

(1) La défense de la liberté d'enseignement était l'une de ses préoccupations les plus constantes. — Afin de faire mieux connaître ses idées sur cet important objet, nous reproduisons à l'*Appendice* (L. G) le discours qu'il prononça le 19 avril 1850, dans les débats relatifs à l'organisation de l'enseignement moyen.

même liberté, cette fois menacée par les rancunes jalouses d'un faux libéralisme. Heureuse et touchante coïncidence, qui doit être signalée dans nos luttes parlementaires, comme un noble exemple à suivre au milieu des orages de la vie publique, comme une preuve éclatante de la persévérance et du courage qui distinguent les âmes à la fois généreuses et fortes, religieuses et libres!

IX.

L'HOMME PRIVÉ.

Le comte de Mérode dans la vie privée. — Il possédait l'estime et les sympathies de toutes les classes de la nation. — Il était honoré de l'amitié du roi et de tous les membres de la famille royale. — Tendances et œuvres de son patriotisme en dehors du parlement : encouragements aux arts et aux lettres; restauration des monuments nationaux; érection de statues aux hommes illustres. — Elévation de ses sentiments; noblesse et franchise de son caractère; désintéressement et loyauté de ses actes. — Sentiment profond et vif de la fraternité chrétienne qu'il portait dans toutes les relations de la vie sociale. — Ferveur de sa foi catholique. — Intérêt qu'il prenait à toutes les questions religieuses et sociales agitées dans les pays voisins. — Sa lettre à M. Thiers sur la prétendue domination politique du clergé belge. — Sa polémique avec l'évêque de Langres au sujet du caractère prétendûment athée de l'Etat constitutionnel. — Considérations respectueuses qu'il soumet, en 1848, au Pape Pie IX sur le problème de la suppression de la censure dans les matières politiques. — Après son retour à Rome, S. S. lui envoie le crucifix devant lequel Elle avait prié dans son exil de Gaëte. — Encouragements pécuniaires que le comte prodigue à toutes les institutions religieuses fondées sous l'égide de la liberté constitutionnelle. — Son inépuisable bienfaisance. — Preuves et exemples. — Il se fait le quêteur des pauvres au sein de sa nombreuse famille. — Ses études sur les moyens d'améliorer le sort moral et matériel des classes inférieures. — Ses voyages dans l'intervalle des sessions parlementaires. — Ses derniers jours sont consacrés à la fondation d'un collége pour les missions américaines. — Sa dernière maladie. — Sa mort. — Eloge funèbre prononcé par l'abbé Combalot. — Réflexions générales.

Après avoir rapidement raconté les principaux épisodes de la belle et longue carrière politique du comte de Mérode, nous devons, pour compléter notre tâche, jeter un coup d'œil sur les actes, les opinions et les sentiments de l'homme privé.

Un fait qu'il importe de constater en premier lieu, parce qu'il domine toutes les appréciations partielles, c'est que le comte jouissait du rare et enviable privilége d'inspirer de l'estime et de l'affection à tous ceux qu'il rencontrait sur la double scène de la vie publique et de la vie privée.

Dans tous les rangs et dans toutes les professions, depuis l'homme du peuple jusqu'aux sommités de l'aristocratie et de la finance, depuis l'humble artisan jusqu'au fonctionnaire de l'ordre le plus élevé de la hiérarchie administrative, partout on l'entourait d'une sympathie respectueuse dès qu'on avait le bonheur de le connaître. Au milieu des luttes les plus ardentes et les plus décisives, lorsque la presse semait partout l'irri-

tation et la haine, jamais il ne se vit en butte
à l'inimitié personnelle d'un seul de ses collègues
de la Chambre. Après la dissolution de l'*Union*,
il rencontra plus d'une fois, sur le terrain de la
politique active, des détracteurs aveugles et des
adversaires passionnés. En dehors du parlement,
des journaux hostiles combattaient sa candidature,
calomniaient ses intentions et dénaturaient ses
actes; au Palais de la Nation, il entendait parfois des paroles acerbes et des reproches immérités; mais ces critiques et ces attaques, circon-
scrites dans le cercle des opinions religieuses et
politiques, n'arrivaient jamais jusqu'à l'homme
privé. Son désintéressement, son abnégation, sa
sincérité, son patriotisme, sa tolérance. son inépuisable charité, universellement reconnus et
appréciés dans les deux camps, le plaçaient au-
dessus de toutes les rancunes et le faisaient
triompher de toutes les dissidences.

Ajoutons, à l'honneur de cet homme d'élite,
que l'estime et l'affection de ses concitoyens
avaient pour complément la confiance et l'amitié
du roi Léopold et de tous les membres de la
famille royale. Lorsque le roi, en Juillet 1832,
se rendit à Compiègne, pour unir sa destinée à
celle de la douce et gracieuse princesse que les
Belges entourèrent de tant d'amour et de recon-

naissance, il fit du comte de Mérode l'un des deux témoins de son mariage; et plus tard, chaque fois qu'un nouveau rejeton vint s'ajouter à la souche de la dynastie populaire, il ne manqua jamais d'exiger que son digne ministre d'Etat assistât comme témoin à la rédaction de l'acte de naissance. A Bruxelles et à Laeken, le comte était reçu aussitôt qu'il en manifestait le désir, et ses observations étaient toujours écoutées avec une bienveillance affectueuse (1).

Il n'est pas difficile de découvrir la source de ces sympathies universelles.

Ce n'était pas seulement dans la sphère des intérêts politiques que le comte de Mérode manifestait l'ardeur du patriotisme le plus pur et le plus infatigable. Il ne pensait, n'agissait, ne vivait en quelque sorte que pour hâter le développement moral et matériel de sa libre patrie. Aucun effort n'était au-dessus de ses forces, aucun sacrifice ne lui coûtait, quand il s'agissait d'accroître la gloire du pays ou de pousser

(1) Le comte était profondément reconnaissant de cette bienveillance du chef de l'Etat, qui lui permettait de plaider librement la cause de ses coreligionnaires, chaque fois qu'ils étaient menacés d'une mesure attentatoire à leurs droits ou à leurs intérêts. Nul plus que lui ne prenait part à tous les événements qui intéressaient la famille royale. Pour en fournir la preuve, nous croyons pouvoir, sans indiscrétion, publier quelques passages de la lettre qu'il adressa au Roi à l'occasion du mariage du prince royal (Voy. cette lettre à l'*Appendice* (L. H).

la nation dans les voies larges et fécondes du progrès véritable. Encouragements à donner aux sciences, aux arts et aux lettres; restauration des admirables monuments que la générosité de nos pères a disséminés sur tous les points du territoire, et qui tous attestent l'union huit fois séculaire du catholicisme et de la liberté; érection de statues de bronze ou de marbre aux grands citoyens, aux savants illustres, aux héros populaires, aux victimes de la tyrannie étrangère; fondation de sociétés scientifiques et littéraires; publication dès archives nationales : tout ce qui pouvait illustrer le passé ou ennoblir le présent le trouvait constamment plein d'ardeur et de zèle. Il ne se contentait pas de combattre, dans l'enceinte de la Chambre, les scrupules d'une économie malentendue; il donnait partout l'exemple en s'imposant des sacrifices personnels. Si la statue équestre du premier roi des Croisés rappelle à la foule qui traverse la place Royale les glorieuses traditions de foi, de courage et d'honneur qui guidaient nos ancêtres dans les champs de la Palestine, c'est en grande partie aux efforts et aux subsides du comte de Mérode que la capitale doit ce chef-d'œuvre de l'art moderne (1).

(1) Il contribua pour 3000 fr. aux frais occasionnés par l'érection de la statue de Godefroid de Bouillon; mais à ce don il mit pour

Dans un pays qui se distingue par le bon sens
et la loyauté de ses habitants, l'estime et l'admiration que provoquait cette attitude patriotique
devaient naturellement amener la popularité de
l'homme privé; mais celui-ci se recommandait en
outre par une foule de qualités aussi précieuses
que rares.

Appartenant à l'une des familles les plus illustres et les plus opulentes du pays, le comte de
Mérode avait cette noble simplicité qu'on rencontre si rarement chez les parvenus et qui parait
être l'apanage des vieilles races. Au lieu de se
prévaloir de son rang, de ses titres et de ses
richesses, il était le premier à les oublier pour
se mettre au niveau de ses interlocuteurs, quelle
que fût la position qu'ils occupaient dans la hiérarchie sociale. Les principes qui dirigaient ses
pensées et ses actes lui avaient inspiré un profond
respect pour la dignité humaine, et, loin de mé-
priser ceux qui mènent une vie rude et laborieuse,

condition qu'un arbre de la liberté serait figuré dans l'un des bas-
reliefs du socle, afin de rappeler que le héros des croisades avait
reçu les honneurs de la statue sous un régime de liberté constitutionnelle. — Un arrêté royal du 14 mars 1843 l'avait nommé président de la commission chargée de proposer au gouvernement toutes
les mesures relatives à l'exécution du monument.

Nous avons trouvé parmi ses papiers plusieurs lettres de conseils
communaux, de conseils de fabrique, etc., dans lesquelles on lui
manifeste une vive reconnaissance pour la part qu'il avait prise à la
restauration des monuments d'une foule de localités.

il éprouvait pour eux une estime et une affection réelles. Il recevait l'ouvrier et l'artisan avec la même aménité que les personnages les plus importants de l'aristocratie et de l'administration. Ce n'était pas du bout des lèvres, mais du fond du cœur, qu'il aimait à proclamer l'égalité des hommes devant la nature et devant Dieu; car il avait au plus haut degré le sentiment vif et profond de la fraternité chrétienne. Tous ceux qui l'ont particulièrement connu peuvent affirmer qu'il ne se croyait au-dessus d'aucun de ses concitoyens. Les distinctions, les honneurs et les dignités étaient à ses yeux des moyens que réclame le gouvernement des sociétés politiques; mais, comme chrétien et comme philosophe, il savait les apprécier à leur valeur réelle. Il avait l'habitude de dire que la vie n'est qu'un passage; que la mort se hâte de faire justice de toutes les vanités, et que le rôle le plus brillant dans les choses d'ici-bas ne présente d'importance et de valeur qu'au point de vue du bien qui peut en résulter pour nos semblables.

A des manières simples et franches, à un caractère ouvert et facile, il joignait un cœur droit, généreux et plein d'abnégation. De même que tous les hommes qui sentent profondément, il éprouvait parfois des accès de vivacité, quand il entendait combattre ses opinions ou critiquer ses actes ; mais ces mouvements irréfléchis, toujours exempts d'orgueil, de rancune et de haine, étaient aussitôt remplacés par des paroles affectueuses. Avec lui tout dissentiment sérieux et durable était impossible dans le cercle de la vie privée. Jamais il ne se servit de la langue pour voiler sa pensée ; jamais il n'eut recours à une seule de ces flatteries banales que le monde autorise, mais que la morale condamne, parce qu'elles font supposer l'existence de sentiments que l'on n'éprouve pas ; jamais il ne profita de sa haute position pour procurer des dignités et des avantages à lui-même ou aux siens ; jamais son goût très-vif pour la politique ne dégénéra en goût pour l'intrigue. Sa franchise, sa loyauté, son abnégation étaient proverbiales. C'était, dans toute la force des termes, un homme simple et bon, dont les tendances, les vœux, le langage, les actes et les aspirations étaient naturellement dirigées vers le bien.

Avec toutes ces qualités éminentes, qui, même sans le souvenir des immenses services qu'il avait rendus au pays, auraient suffi pour lui concilier les sympathies de toutes les classes de la nation, le comte de Mérode possédait encore cette foi vive et forte, cette piété solide et constante, que les hommes du monde dédaignent du bout des lèvres, mais qu'au fond de la conscience ils sont forcés de respecter et d'admirer. Il était chrétien par l'âme, par le cœur, par toutes les forces vives de son être. Il observait les préceptes et se conformait à toutes les pratiques de l'Eglise avec une exactitude scrupuleuse. Plus d'une fois on l'entendit dire à ses amis : « Je suis très-indifférent à tout ce qui » peut m'arriver sur la terre; la vie actuelle n'est » qu'un acheminement à une vie définitive, elle » est le chemin de l'éternité. » Il souffrait beaucoup à l'aspect de toutes les manœuvres à l'aide desquelles certain parti voudrait éteindre dans nos provinces la vieille foi qui fait leur gloire, et qui, malgré tous les sarcasmes et toutes les dénégations, forme encore le boulevard le plus solide de leur indépendance et l'élément le plus pur de leur nationalité; mais ses convictions ardentes ne l'empêchaient pas de se montrer toujours plein de tolérance et de bonté à l'égard de ceux qui ne partageaient pas ses croyances religieuses. Dans les apostasies et les défaillances dont il était entouré, il ne voyait qu'un motif de professer plus haut et de défendre avec plus d'ardeur la foi qui servait de fondement à toutes ses espérances (1).

(1) Voici une anecdote qui peint parfaitement l'attitude qu'il avait coutume de prendre quand on se permettait des plaisanteries déplacées sur sa fidélité aux prescriptions de l'Eglise. Un jour, pen

Aussi cette foi forte, active, guide et mobile de tous ses actes, se manifestait-elle, avec une remarquable énergie, dans l'intérêt extrême qu'il prenait à toutes les questions qui, de près ou de loin, directement ou par voie de conséquence. pouvaient influer sur les destinées du catholicisme. Chaque fois qu'un problème religieux ou social était soulevé, il l'examinait, le discutait, le sondait dans toutes les directions, et très-souvent il communiquait le résumé de ses idées aux Revues et aux journaux politiques qui avaient sa confiance. En Belgique et même en France, il se faisait un devoir de combattre l'erreur et de défendre la vérité dans la mesure de ses forces. Il en agissait surtout ainsi quand des hommes jouissant d'une autorité réelle émettaient des assertions propres à déconsidérer la liberté constitutionnelle dont l'Eglise jouit en Belgique.

En 1844, il répondit avec vivacité à M. Thiers qui, dans son rapport sur le projet de loi relatif à l'instruction secondaire, n'avait pas craint d'af-

dant qu'il était membre du gouvernement provisoire, il alla dîner avec tous ses collègues. C'était un vendredi, et le comte demanda du maigre. Aussitôt M..... se mit à réciter la tirade bien connue de Voltaire. Le comte lui répondit gaiement : « Ne venons-nous pas » de proclamer la liberté de conscience et de culte? Est-ce une co- » médie que nous avons jouée? Laissez-moi mes principes, comme » je vous laisse les vôtres; mais je crois que les miens méritent la » préférence. »

firmer que l'ordre de choses issu de la révolution de Septembre avait eu pour résultat de placer la Belgique sous la domination politique du clergé (1). L'année suivante, il publia, dans la *Nouvelle Revue de Bruxelles,* la réfutation d'une maxime que Mgr l'évêque de Langres avait développée dans son remarquable livre sur les libertés modernes examinées au point de vue de la conscience des fidèles. Le savant prélat ayant dit — après Royer-Collard, La Mennais et Odilon Barrot — que, dans les pays où le gouvernement doit tolérer et protéger également tous les cultes, *l'Etat et la loi sont athées,* le comte de Mérode vit dans cette pensée une cause de déconsidération pour

(4) Tout en réfutant victorieusement l'assertion émise par M. Thiers, le comte de Mérode profita de l'occasion pour exprimer de nouveau les sentiments vraiment libéraux dont il fut toujours animé. Il dit à l'ex-ministre de la monarchie de Juillet : « .... Si votre assertion est exacte, je ne puis qu'éprouver un pro-
» fond regret de la part que j'ai prise à la révolution dont l'indé-
» pendance belge est le résultat ; puisque l'affranchissement du
» joug hollandais se serait transformé pour nos provinces en ser-
» vitude politique à l'égard du pouvoir spirituel. Or, cette servitude
» m'a toujours paru la chose la plus funeste, le plus grand danger
» de perversion auquel puissent être exposés les peuples moder-
» nes... Si vous êtes bien informé, j'ai perdu, avec beaucoup de mes
» amis, libéraux sincères, mon temps et ma peine, en travaillant
» à fonder le contraire de ce que je voulais, une sorte de théocratie,
» une confusion de la puissance temporelle et spirituelle, que je
» croyais non moins nuisible à la Belgique qu'à la France, et que je
» me figurais impossible, tant que resterait debout les institutions
» votées par le Congrès.... » *Lettre à M. Thiers,* p. 2 et 3 (Avesnes, Viroux, 4844). Voy. le texte complet de la Lettre à l'*Appendice* (L. I).

le régime vraiment libéral à la défense duquel il
avait voué ses forces et sa vie. Il y répondit en
développant les considérations suivantes : « Si
» l'Etat, selon les institutions fondamentales de
» France et de Belgique, n'adopte point de reli-
» gion déterminée, cette règle a été admise pour
» protéger le libre exercice du culte et non pas
» pour l'anéantir. Ces constitutions ne prétendent
» nullement que les populations qu'elles régissent
» soient dépourvues de religion. La charte fran-
» çaise déclare que la majorité des citoyens fran-
» çais appartiennent à l'Eglise catholique. La
» Constitution belge ne s'exprime pas sur un fait
» palpable; mais elle oblige l'Etat à pourvoir aux
» besoins matériels du culte catholique et des
» autres cultes que professent les citoyens belges.
» Et de semblables institutions auraient pour base
» l'athéisme, c'est-à-dire, la négation de Dieu !
» Et comment nierait-on l'existence de la divinité,
» quand on prend un soin particulier d'assurer la
» célébration du culte divin, qui s'exerce par con-
» viction et librement? La religion sérieuse chez
» un peuple, est-ce un ordre de cérémonies offi-
» cielles ou bien la piété dans les cœurs? Si le
» gouvernement travaille à détruire cette piété,
» il est athée, quand même il aurait un culte
» apparent. S'il veille au contraire à ce que rien

» n'empêche le développement des sentiments re-
» ligieux les plus vrais, il accomplit son rôle
» moral et juste en ce monde.... Un principe
» n'est pas responsable de l'application mauvaise
» qui le transforme et le défigure (1). »

Toujours guidé par le même zèle, par le même
amour désintéressé de la justice et de la vérité,
il fit, au commencement de 1848, une démarché
d'une importance infiniment plus considérable.

Au milieu des espérances — hélas! si tôt déçues
— que faisaient naître les généreuses réformes
décrétées par Pie IX; au milieu des acclamations
qui, de l'une à l'autre extrémité du monde, sa-
luaient les glorieuses et nobles tentatives de l'immortel Pontife, le comte de Mérode apprit que la
cour romaine était vivement préoccupée des questions qui se rattachent à la censure des journaux
politiques. Aussitôt il se demanda sérieusement
s'il ne devait pas soumettre à l'appréciation du
Père commun des fidèles les résultats de l'expé-

(1) L'écrit intitulé *De l'Athéisme légal* parut dans la livraison de
Janvier 1845 de la *Nouvelle revue de Bruxelles*. Il provoqua deux
réponses de Mgr Parisis, suivies de deux répliques du comte de
Mérode, publiées dans le même recueil, n^{os} de Mars et d'Avril. —
Dans cette œuvre de peu d'étendue, mais très-remarquable par le
fond des idées, l'auteur se livre à des réflexions on ne peut plus
justes sur les souffrances et les humiliations qui sont, tôt ou tard,
l'inévitable prix du patronage politique que les gouvernements
accordent à l'Eglise.

rience qu'il avait acquise dans la pratique de la vie constitutionnelle, en sa double qualité de ministre et de représentant du peuple. Ses hésitations ne furent pas longues. Quand il s'agissait d'un devoir à remplir, d'un service à rendre, d'une preuve de dévouement et d'amour à fournir à l'Eglise, sa détermination n'était jamais remise au lendemain. A l'un de ses meilleurs amis, qui l'engageait à se tenir en dehors de cet épineux débat, il répondit avec une simplicité pleine de grandeur : « Si mes idées sont bonnes, on en » profitera; si elles sont mauvaises, on les reje- » tera; mais, dans l'un et l'autre cas, j'aurai » fait mon devoir. » Le 21 février, trois jours avant la redoutable révolution de Paris, il remit au nonce du Saint-Père à Bruxelles une longue lettre dans laquelle il se prononçait nettement contre le maintien de la censure, en même temps qu'il indiquait au gouvernement pontifical un moyen, facile à son avis, de neutraliser les attaques de la presse hostile. On peut ne pas être convaincu des avantages de son système; mais il est impossible de ne pas reconnaître, dans cette remarquable lettre, un esprit d'initiative peu commun, un ami sincère de la liberté, un homme d'Etat comprenant les besoins de son siècle, et, par-dessus tout, un cœur profondément dévoué à l'Eglise et au Saint-Siége. Il nous suffira de reproduire les passages suivants :

« Bruxelles, 21 février 1848.

» Très-Saint Père,

» Au milieu des circonstances toutes nouvelles
» et d'une portée si grande où se trouve le gou-
» vernement actuel du chef de l'Eglise, placé au
» centre du monde chrétien qu'il doit diriger
» jusqu'à la fin des siècles dans les voies de la
» justice et du salut, les Catholiques, quelle que
» soit leur patrie temporelle, doivent au Saint-
» Siége apostolique, plus que dans d'autres temps,
» le tribut de leur concours sous tous les rapports
» politiques ou religieux.

» La persuasion où je suis de ce devoir sacré
» m'engage, malgré mon insuffisance et ma fai-
» blesse, à présenter, avec un dévouement filial
» et le respect le plus profond, au très-aimé et
» vénéré Pape Pie IX, des considérations graves
» sur un objet de la plus haute importance pour
» la direction morale et humaine de la société, la
» paix et la sécurité intérieure des Etats.

» Dans tous les pays de l'univers civilisé où la
» liberté politique est introduite, malheureuse-
» ment accompagnée de bien des misères et de

» bien des contradictions, la presse exerce une
» influence prépondérante, spécialement le jour-
» nalisme, par son action continuelle et de chaque
» jour. Or il est un fait affligeant et *certain tou-*
» *tefois*, c'est que les journaux mauvais ont une
» puissance de diffusion infiniment supérieure à
» celle des feuilles rédigées dans un esprit honnête
» et droit, fût-il même éminemment libéral dans
» la juste acception du mot.

» De tous les pays de l'Europe régis par le
» système constitutionnel moderne, la Belgique
» est celui où ces institutions ont été appliquées,
» pendant dix-sept années, avec le plus de droi-
» ture pour tous. Là aucun privilége n'a été at-
» tribué à l'Eglise catholique; mais aussi nulle
» gêne, nulle servitude n'ont pesé sur elle. Ses
» relations avec Rome ont été libres de toutes
» les précautions méticuleuses que prennent ail-
» leurs tant de gouvernements, livrés à de tristes
» préventions! Les évêques belges ont été nommés
» sans l'intervention du pouvoir civil; les corpo-
» rations religieuses d'hommes et de femmes se
» sont établies, sans être ni reconnues ni trou-
» blées, et ont joui seulement de la même indé-
» pendance que les loges maçonniques ou autres
» associations semblables. Cependant aujourd'hui
» l'esprit du peuple paraît moins favorable au

» régime qui a respecté et conservé les droits de
» tous sans exception. Pourquoi?

» Parce que la presse hostile à la religion de-
» vient facilement la plus forte ; parce qu'elle
» s'empare de tous les lieux publics ; parce qu'elle
» reproduit sans relâche les accusations les plus
» fausses contre les prétendus empiétements du
» pouvoir spirituel sur l'autorité civile ; parce que
» tous les moyens sont à son usage pour se pro-
» pager au détriment de la presse, je ne dis pas
» religieuse, mais simplement amie de la vérité.
» Des personnes estimables s'abonnent elles-
» mêmes de préférence aux feuilles ennemies plus
» ou moins décidées du Christianisme et de l'ordre,
» par curiosité et par cette disposition naturelle à
» l'homme de manger le fruit de l'arbre de la
» science du bien et du mal.

» Si j'en crois les nouvelles que je reçois
» d'Italie, le même entraînement s'y manifeste
» vers le poison répandu par le journalisme, dont
» le but, en trompant les populations, est de les
» exciter contre les appuis de la religion et de la
» paix publique.

» Pendant sept années, Très-Saint Père, j'ai
» été membre du conseil des ministres du roi
» des Belges, et souvent j'ai médité sur les re-
» mèdes à opposer aux effets délétères du méchant

» journalisme, qui s'efforce sans relâche de per-
» vertir l'opinion, et je n'en ai jamais vu que
» deux : la censure et *la vraie publicité*.

» Le premier devient aujourd'hui caduc ; les
» peuples ne veulent plus l'accepter. Partout où
» les vieilles institutions s'écroulent, où le pou-
» voir absolu est forcé d'accorder des droits et
» des garanties aux nations, il devient impossible
» d'enchaîner la pensée propagée par l'imprimerie.
» Les esprits s'échauffent, s'irritent, quand on
» veut leur mesurer, quand on veut leur choisir
» la nourriture dont ils sont avides, et la censure
» se présente à leur imagination comme l'éteignoir
» fatal destiné à comprimer l'intelligence, à re-
» tenir son essor. Mais, si le journalisme mal-
» veillant repousse la censure qui s'exercerait au
» nom de la religion et de la morale d'une manière
» efficace, il craint plus encore, j'ose le dire, *la*
» *vraie publicité*.

» Comme la foule est superficielle et se laisse
» plus facilement circonvenir par le mal que par
» le bien, la presse mensongère a bientôt acquis
» la prépondérance, et elle l'exploite de manière à
» étouffer les bonnes doctrines, qui ne trouvent
» plus d'organes comparables, pour leur force
» expansive, aux véhicules de la pensée cor-
» rompue.

» Eh bien! ce sont ces véhicules mêmes qu'un
» gouvernement honnête, ferme et progressif, doit
» employer à la diffusion de la vérité. Qu'il ac-
» corde, avant d'y être contraint par des révoltes
» victorieuses, la liberté des feuilles périodiques;
» mais qu'il *se réserve* dans chacune de ces pu-
» blications une part, la quatrième page par
» exemple, et qu'il remplisse cette part de docu-
» ments instructifs de diverse nature; qu'il y
» rapporte les faits réels opposés aux faits in-
» ventés ou dénaturés; qu'il y donne des analyses
» de bons ouvrages; qu'il y fasse paraître des
» critiques de ceux qui sont pernicieux. Il les
» trouvera dans les excellentes publications qui
» ne manquent pas aujourd'hui dans toute l'Eu-
» rope, mais qui ne sont recherchées et lues que
» par un trop petit nombre d'amateurs de véri-
» tables lumières, de ces lumières qu'il faudra
» désormais présenter constamment aux yeux
» malades du grand nombre, sous peine de voir
» celui-ci de plus en plus frappé d'un funeste
» aveuglement.

» De la sorte tous jouiraient de la clarté mise
» à côté des ténèbres, et les ténèbres, dès que la
» lumière s'en approche, se dissipent ou devien-
» nent moins profondes.

» Par ce procédé, c'est-à-dire le recours à une

» puissante publicité, le gouvernement ne de-
» viendrait point suspect, comme par l'usage de
» la censure, d'empêcher la foule d'être bien in-
» formée ; il lui dirait chaque jour, au contraire :
» « Je veux que chacun puisse vous parler, mais
» je veux aussi vous parler à tous, vous exposer
» mes intentions par moi-même, en sorte que
» tous les connaissent ; je veux aussi tous vous
» instruire. Nul orateur n'élèvera donc une tri-
» bune sur une place publique, sans que ma
» parole ou celle que j'adopte retentisse égale-
» ment à cette même tribune ; car, si je me con-
» tentais de ne me faire entendre que dans les
» lieux peut-être les moins fréquentés, combien
» de mes administrés ignoreraient ce qu'il est in-
» dispensable que je leur apprenne ! »

» Le journal du gouvernement est presque tou-
» jours peu recherché, et se trouve ainsi dans
» l'impuissance de résister à l'immense publicité
» du journal d'opposition et d'innovation témé-
» raire. Il en est de même du journal particulier
» sincère, comparé à celui qui exploite l'astuce
» de la méchanceté et du génie satanique.

» Il ne faut pas croire du reste que le système
» de publicité conservatrice, morale et politique,
» que je signale comme indispensable, soit d'une
» exécution laborieuse et entraine de grandes

» difficultés. Quatre ou cinq hommes habiles et
» bons, placés dans la capitale d'un Etat, peuvent
» le mettre en pratique d'une manière large ; car
» il ne s'agit point de redresser, jour par jour et
» feuille par feuille, toutes les erreurs par les-
» quelles la mauvaise presse cherche à jeter le
» désordre dans les esprits. Non, il faut simple-
» ment répandre, avec l'assistance matérielle de
» cette presse même, les documents les plus capa-
» bles de contenir ses débordements, et la forcer
» à éviter le mensonge par la crainte de le voir
» mis à nu devant ses propres lecteurs. Il suf-
» fit même de s'attacher aux organes principaux
» de la publicité, et le nombre de ceux-ci n'est
» jamais très-grand ; et si chaque jour ou chaque
» semaine, selon sa périodicité, la quatrième
» partie d'un journal, comme le *Contemporaneo*
» par exemple, se trouvait remplie des meilleurs
» articles choisis dans les publications de l'Europe
» vouées au bien et à la franche vérité, quelle
» influence ne serait pas exercée sur tant d'âmes
» qui ne s'abreuvent que de préventions et de
» renseignements inexacts ou complétement faux ?
» Ainsi la commission, que je voudrais voir nom-
» mer *Commission de publicité,* enverrait d'a-
» vance à chaque Journal ou Revue d'une impor-
» tance réelle, et de manière à n'apporter aucun

» retard à sa publication, les articles qu'elle au-
» rait rédigés ou extraits d'ailleurs, afin de rem-
» plir la part réservée, laquelle serait d'un quart,
» comme je l'ai indiqué. Et qu'on ne dise pas
» qu'il y aurait dans cette mesure au moins une
» apparence d'arbitraire. Lorsqu'un particulier ou
» une association de personnes veulent traiter les
» questions politiques, s'occuper d'un gouverne-
» ment et juger ses actes, non pas privativement
» mais publiquement, il est de toute justice que
» ce gouvernement ait la faculté directe et certaine
» d'être entendu de ceux qui auront reçu diverses
» impressions sur son compte, si l'effet de ces
» impressions est nuisible à la confiance dont le
» pouvoir a besoin de la part du peuple. Si l'on
» prêche au même peuple des doctrines contraires
» à ses intérêts réels d'ordre et de paix, il est juste
» au moins que cette prédication ne s'exerce pas
» sans contrepoids, sans critique contradictoire;
» et si l'auditeur se rend de préférence à la place
» d'Espagne à Rome pour entendre des disserta-
» tions concernant l'ordre social, ce n'est point au
» *forum* que doit lui parler l'organe de l'Etat,
» mais sur cette même place d'Espagne qui l'at-
» tire. Que l'empereur Nicolas accorde aux catho-
» liques de son empire le droit de publier libre-
» ment un journal politique, à la seule condition

» d'en mettre la quatrième page à la disposition
» du gouvernement, ces catholiques ne se consi-
» déreraient-ils pas comme affranchis au moment
» où ils obtiendraient semblable concession? Que,
» dans la partie de la Suisse indignement oppri-
» mée par le radicalisme, les conservateurs qui
» voudraient user de la presse obtiennent l'assu-
» rance de n'être point exposés aux avanies de la
» populace souveraine, à la seule condition de
» publier, sur le quart du papier destiné à l'im-
» pression d'une gazette vouée au bon sens, ce
» qu'il plairait aux meneurs de la tyrannie fédé-
» rale d'y inscrire, ces conservateurs ne regarde-
» raient-ils pas une telle mesure comme la meil-
» leure garantie de retour vers la justice et le
» droit, sacrifiés aujourd'hui sans défense au des-
» potisme exercé au nom collectif des masses
» ignorantes et trompées? Non, l'arbitraire ne
» sera jamais le résultat de moyens de publicité
» franche et complète, assurés au gouvernement
» d'un pays où la critique peut se produire contre
» l'administration, contre les institutions en vi-
» gueur. C'est le monopole effectif de la presse
» dont s'emparent certains assaillants qu'il faut
» craindre; parce qu'il conduit tôt ou tard à
» l'anéantissement d'un pouvoir tutélaire, au ren-
» versement des principes sans lesquels l'édifice

» social s'écroule par des révolutions successives
» et capricieuses, si différentes des révolutions
» qui brisent un ordre épuisé par le temps et
» par des abus accumulés.

» Le monopole qu'obtient la presse qui flatte
» les passions n'est d'ailleurs pas moins oppressif,
» pour les particuliers qui ne veulent point être
» son instrument, que dangereux pour un pou-
» voir doux et bien réglé.

» « Êtes-vous un homme franc, indépendant,
» loyal, » écrivait en France, sous la Restaura-
» tion, le savant baron d'Eckstein, « les journaux
» de toutes les nuances garderont un silence ob-
» stiné sur votre compte. Quelle est donc la
» publicité aujourd'hui, si tous ses organes sont
» muets pour vous ? C'est cet état de choses que
» l'on a le cœur d'appeler *liberté de la presse!* »

» Dernièrement Son Eminence le cardinal C.
» voulait publier des observations contre certain
» écrit d'un homme en vogue suprême maintenant
» en Italie. Eh bien! si je suis exactement in-
» formé, toute ou presque toute publicité lui
» manqua! On ne l'obtiendra donc qu'en bri-
» sant, selon l'expression du même baron d'Eck-
» stein, ce faisceau oligarchique qui constitue la
» haute puissance des journaux. » — « Qu'on
» nous arrache par le plus *grand développement*

» *possible donné à la publicité*, disait-il encore.
» qu'on nous arrache à ce honteux désordre qui
» nous dévore; car la publicité tuerait la médio-
» crité, étoufferait la mauvaise foi, renverse-
» rait l'intrigue. Etablissez la censure : avec elle
» viennent la paresse, la sottise, tous les abus
» auxquels la clandestinité sert de sauvegarde.
» Admettez la licence : elle ouvre la porte au
» déshonneur, à la déloyauté, à l'imposture. La
» liberté, au contraire, produit la vérité. La *pu-*
» *blicité* fait mourir à la fois censure et licence. »
  » Et quel gouvernement est plus à même que
» le vôtre, Très-Saint Père, de se défendre par
» la publicité? Presque tous les autres ont des
» vues humaines plus ou moins étroites, plus ou
» moins incomplètes à l'égard du bien. Pour Votre
» Sainteté, au contraire, le bien matériel et moral
» de son peuple et du monde est le seul souci
» de son âme, le seul mobile de ses actions. Il
» faut donc que tous en connaissent les motifs,
» et pour qu'ils les connaissent, il faut qu'on les
» en informe sans relâche. Il faut donc que la
» vérité parvienne aux oreilles, *à toutes les*
» *oreilles*, et surtout à l'aide des organes de l'hy-
» pocrisie prétendue libérale, qui sait si bien
» s'emparer de la multitude, qui s'entend si par-
» faitement à la séduire; et c'est au but que je

» veux atteindre que servirait une part du pa-
» pier qu'elle distribue chaque jour avec l'abon-
» dance désastreuse de la grêle, part qui serait
» pour le gouvernement du Saint-Siége le véhi-
» cule des bonnes idées, le véhicule des idées
» vraies, qu'il doit s'efforcer de répandre à tout
» prix !

» Que si, au lieu de ce moyen de publicité in-
» faillible, on préférait de créer une feuille quoti-
» dienne sous le nom de *Journal général de Rome*
» et d'obliger tout journal politique à l'annexer
» à sa propre feuille, on obtiendrait un résultat
» important moins direct, mais cependant très-
» efficace et plus simple quant à l'exécution.

» Mais, quel que soit le moyen à employer,
» il est indispensable que la trompette de la
» vérité retentisse autant que la trompette du
» mensonge ou du sophisme, plus dangereux
» peut-être. Il est indispensable que la trompette
» de la justice et de la bonne foi se fasse entendre
» partout où pénètrent les sons des instruments
» de l'iniquité et de la fourberie. C'est donc à
» la presse et à la presse quotidienne spéciale-
» ment que le gouvernement pontifical doit ap-
» pliquer toute sa sollicitude, sans épargner ni
» soin ni dépense.

» Avec la *publicité* on peut vaincre le mal,

» qui en use avec tant de facilité et une ha-
» bileté si funeste; sans elle, à notre époque, la
» lutte contre lui est trop inégale et devient
» impossible........

» La thèse que je soutiens en faveur de la
» *plus forte publicité possible* par · la presse,
» comme moyen principal du gouvernement et
» de la défense de l'Eglise à notre époque, mé-
» ritait un champion plus habile que moi, Très-
» Saint Père; mais j'aurais cru manquer à ma
» conscience d'enfant dévoué du Saint-Siége apos-
» tolique, si je n'étais venu déposer mon faible
» tribut d'expérience des affaires de ce monde
» aux pieds sacrés du Père commun des fidèles,
» devant lequel je me prosterne, avec le plus
» vif amour et la plus profonde vénération.

» Comte F. DE MÉRODE,
- » *ministre d'Etat, membre de la Chambre*
» *des Représentants de Belgique* (1). »

(1) Les événements qui suivirent détournèrent l'attention du
gouvernement pontifical des idées émises par le comte de Mérode;
mais Pie IX, une fois rétabli sur le trône, se souvint de l'illustre
défenseur de l'Eglise en Belgique. En 1850, après les discussions de
la loi sur l'enseignement moyen, dans lesquelles le comte de Mérode
avait énergiquement défendu la cause de la liberté religieuse, il
lui envoya, comme un témoignage de son affection paternelle, *le
crucifix devant lequel il avait constamment prié pendant son exil à
Gaëte*. La famille de Mérode, qui conserve avec un légitime orgueil

Catholique par le cœur et par l'intelligence, le comte de Mérode l'était encore par son dévouement illimité à toutes les institutions religieuses. Il fut l'un des premiers à contribuer par ses conseils et par ses subsides à ce magnifique épanouissement d'œuvres chrétiennes qui suivit la proclamation de la liberté de l'Eglise dans la Constitution de 1831. Des écoles, des colléges, des hospices, des monastères, une Université catholique, s'élevèrent comme par enchantement, et partout la main généreuse du comte de Mérode aplanissait les premiers obstacles et procurait les moyens de prendre les précautions qu'exigeaient les incertitudes de l'avenir. Ce n'était

ce noble et touchant souvenir des sentiments du Père commun des fidèles, a fait graver sur le socle l'inscription suivante :

S . R . I

PHILIPPO . FELICI . COMITI . DE MERODE

QUOD . PRO . LIBERTATE . ECCLESIÆ . CATHOLICÆ

NUPER . IN . COMITIIS . BELGICIS

VERBA . FECIT . EGREGIA . FORTIA

PIUS . IX . PONTIFEX . MAXIMUS

HANC . SSMI . CRUCIFIXI . IMAGINEM

QUAM . IN . GAETÆ . EXSILIO

PRÆ . OCULIS . APUD . SE . TENUIT . INDIVULSE

IN . VATICANUM . REDUX . MANDANDAM . JUSSIT

PER . MANUS . XAVERII . DE . MERODE . PHILIPPI . F

IPSIUS . AB . INTIMO . CUBICULO

ROMA . DIE . IV . IDUS . MAIAS . AN . M . DCCC . L

jamais· en vain qu'on faisait un appel à ses lumières, à son expérience et à sa bourse. S'il n'avait pas eu soin de prendre Dieu seul pour témoin de ses libéralités incessantes; si les quelques notes indiquant les œuvres auxquelles il a contribué permettaient de faire l'addition de toutes les sommes fournies par son infatigable munificence, on arriverait à un capital énorme. Et ce n'était pas seulement en Belgique qu'il prodiguait les preuves de cette inépuisable générosité : la France aussi, et surtout le diocèse de Cambrai doivent le compter au nombre des fondateurs et des protecteurs de la plupart des établissements catholiques créés depuis 1830. Ses largesses allaient encourager les pasteurs des âmes jusqu'au fond de l'Orient. Une lettre, trouvée parmi ses papiers et écrite par un homme aussi célèbre comme savant que comme missionnaire, nous apprend que c'est en partie aux aumônes du comte de Mérode que nos frères de Chaldée doivent la fondation des écoles chrétiennes de Mossoul (1)!

(1) A cette occasion, M. Boré lui écrivit de Paris, le 12 janvier 1843 : « Je savais depuis longtemps que vous êtes un des glo
» rieux soutiens de la cause catholique en Belgique et en France,
» et que votre main est toujours prodigue à distribuer pour le bien
» des ressources que la Providence vous a confiées et que tant d'au
» tres emploient pour le mal. Mais je n'avais jamais espéré que
» votre œil s'abaissât sur une œuvre si lointaine et si obscure, et
» que les besoins de nos catholiques chaldéens fussent sentis et sou-

Mais c'était surtout dans l'exercice de la charité qu'il se montrait le fidèle disciple de Celui
qui a dit : « Aimez-vous les uns les autres, c'est
» à cela qu'on reconnaîtra que vous êtes mes dis-
» ciples. » Sa libéralité, sa bienfaisance étaient
réellement sans limites. Dieu seul connaît les infortunes qu'il a réparées, les misères qu'il a sou-
lagées, le nombre des malheureux qu'il a préser-
vés du désespoir ou du crime! Simple, modeste,
pénétré des conseils divins de l'Evangile, il cachait avec soin le bien qu'il faisait; mais, nonob-
stant toutes ses précautions, les infortunés dont
il allégeait les souffrances trahissaient son secret,
parlaient de ses aumônes et proclamaient hautement leur reconnaissance. Nous n'étonnerons personne en disant qu'une part considérable de sa
grande fortune était consacrée à des actes de
charité. Donnant largement et pour ainsi dire
sans compter aux pauvres de Bruxelles et à ceux
de tous les villages où se trouvaient ses domaines,
il accueillait encore avec empressement les demandes fondées qui lui arrivaient des autres parties du royaume.

» lagés, lorsqu'ils avaient un avocat aussi peu habile. Grâces en
» soient rendues à Celui qui est le maître des cœurs et des con-
» sciences et qui sait leur inspirer le sentiment de soutenir les
» siens !.... »

Il ne se contentait pas même de répondre personnellement aux appels très-nombreux qu'on lui
adressait de toutes les communes envahies par le
paupérisme. Quand les misères qu'on lui signalait
dépassaient les proportions ordinaires, il se faisait
le protecteur, le quêteur des malheureux au sein
de sa nombreuse famille, et son intervention, toujours suivie d'une abondante récolte, prenait parfois les formes les plus touchantes. Nous en citerons deux exemples.

Le 7 janvier 1847, pendant que la crise
industrielle, compliquée d'une crise alimentaire,
exerçait de terribles ravages dans les Flandres,
il reçut de Mgr l'évêque de Gand une lettre
dans laquelle le vénérable prélat plaidait chaleureusement la cause de ses malheureux diocésains.
« Nos pauvres, disait Mgr Delebecque, manquent
» de tout, ils périssent de misère. Dans la plupart
» des communes de la Flandre centrale la morta-
» lité est effrayante. Le nombre des décès en 1846
» a dépassé d'un tiers le nombre des naissances.
» Thielt compte 451 décès sur 257 naissances;
» Renaix en compte 500 sur 292 naissances. La
» même disproportion entre les décès et les nais-
» sances se fait remarquer dans les arrondisse-
» ments de Gand, d'Audenarde, d'Alost, etc.!...»
Le comte de Mérode prit aussitôt la plume, et

écrivit à la suite de la lettre épiscopale : « Je
» crois devoir communiquer la lettre de Mgr de
» Gand à tous les membres de ma famille, d'a-
» bord à mon frère, puis à mon fils Werner et
» au fils aîné de feu mon frère. Je les prie de
» vouloir de suite se la passer les uns aux autres.
» Il me semble que le dernier peut aussi la mon-
» trer à sa jeune sœur prête à contracter une
» union sur laquelle il convient d'appeler la bé-
» nédiction de Dieu *par les œuvres qui lui*
» *plaisent le plus.* » La lettre circula, l'appel
fut entendu, et 6,500 francs prirent le chemin
de la Flandre orientale!

Un autre jour, le 28 janvier 1851, la poste
lui apporta la supplique d'un humble curé de
village, placé à la tête de la paroisse la plus
pauvre et la plus malheureuse des Flandres. Le
digne pasteur y exposait d'une manière simple
mais émouvante les misères matérielles et morales de ses ouailles. Après avoir consacré ses
dernières ressources à l'établissement d'un atelier-
école, il se trouvait en présence de plus de mille
malades, disséminés dans une foule de chaumières où le travail et le pain faisaient défaut
depuis plusieurs semaines !

Cette fois encore, le comte de Mérode écrivit
à la suite de la lettre une apostille à l'adresse

d'une dame de sa famille : « Je vous commu-
» nique, ma chère nièce, la lettre de M. le curé
» de Maeter, sachant que vous aimez les bonnes
» œuvres. Je vais envoyer pour mon compte cent
» francs à ce respectable Monsieur. Si vous voulez
» y joindre une offrande, je la réunirai à la
» mienne pour la lui expédier, persuadé que ce
» secours sera des mieux placé.» — La nièce ajouta
son aumône à celle de l'oncle, et 250 fr., accom-
pagnés d'une lettre d'encouragement, allèrent relever le courage du charitable prêtre. L'aumône
fut répétée les deux années suivantes, et en 1853,
grâce à de nouvelles démarches du noble bienfaiteur, elle s'éleva à 500 francs. Alors le modeste
et pieux curé manifesta sa reconnaissance avec
effusion : « .... Pendant le reste de l'hiver,
» écrivit-il, je pourrai à midi nourrir cent en-
» fants pauvres de mon atelier-école. Sachez
» donc, Monsieur le comte, que journellement
» vous nourrissez cent enfants pauvres de la
» commune de Maeter; qu'à Maeter cent petits
» innocents prient chaque jour pour vous et pour
» votre noble famille. Chaque jour le curé et le
» vicaire de Maeter se souviennent de vous à
» l'autel (1)! »

(1) C'est M. le curé de Maeter qui, après le décès du comte, écrivit la lettre que nous avons reproduite ci-dessus, p. 29.

Ne suffit-il pas de citer ces deux traits, — auxquels nous pourrions en ajouter une foule d'autres, — pour prouver que, dans les limites de l'infirmité humaine, il est permis d'appliquer au comte de Mérode ce que l'apôtre disait du divin modèle du chrétien : « *Transiit benefaciendo?* »

Et qu'on ne s'imagine pas que le comte de Mérode, si sympathique pour toutes les souffrances, si généreux dans le soulagement de toutes les misères, bornât les efforts de sa bienfaisance à la distribution d'abondantes aumônes. La hideuse et redoutable lèpre du paupérisme, qui se montre partout à côté des merveilles de l'industrie et de l'incontestable accroissement du capital national, le préoccupait sans cesse. Il se faisait un devoir d'étudier avec un soin scrupuleux les innombrables projets successivement imaginés pour hâter l'amélioration du sort matériel et moral du grand nombre. Aimant le travail et mettant à tout ce qui l'intéressait cette ardeur courageuse qui distingue les âmes à la fois énergiques et sensibles, il lisait les livres des philanthropes et des économistes avec une attention infatigable. Laissant à d'autres cette philanthropie bruyante qui cherche le bruit et l'éloge, bien plus que le soulagement des malheureux, il poursui-

vait lentement et laborieusement la vérité, au
milieu de cette foule de systèmes de régénération sociale qui, depuis trente ans, font tour à
tour retentir les échos de la presse. Rejetant les
utopies, accueillant les idées saines et pratiques,
il appuyait avec un zèle soutenu les motions
utiles qui se produisaient, à la tribune ou ailleurs, dans l'intérêt des classes laborieuses. Il se
plaisait surtout à défendre de toutes ses forces
les institutions que la charité privée, si active
et si ingénieuse en Belgique, a créées dans toutes
les provinces, pour donner l'enseignement à l'enfant, le travail à l'adulte, un asile au vieillard
et à l'infirme. C'était avec une conviction profonde qu'il aimait à se dire le frère et l'égal du
dernier de ses concitoyens; et nous avons déjà
rappelé que ce sentiment, puisé dans son éducation chrétienne et fortifié par ses études, lui
inspirait un respect sincère, une affection réelle
pour les petits et les faibles. Un jour, dans une
rue escarpée de Bruxelles, il vit deux manœuvres traîner péniblement un fardeau au-dessus
de leurs forces. Simplement, sans affectation,
affectueusement, il se mit à leur côté, saisit un
des bouts de la corde, tira avec vigueur et ne
partit que lorsque la pente moins rapide du sol
eut rendu la tâche plus facile. Grand fut l'étonne-

ment des deux prolétaires lorsqu'ils apprirent qu'ils avaient eu pour compagnon de travail le comte de Mérode (1) !

Plus on pénétrait dans les détails de la vie intime de cet homme d'élite, et plus on était forcé de l'aimer et de l'admirer. Dès qu'on était honoré de son estime et de sa confiance, on découvrait pour ainsi dire chaque jour une vertu nouvelle, une qualité solide ou brillante. Son désintéressement extrême lui permettait une liberté d'allures et de langage qu'on rencontre très-rarement chez les ministres d'Etat. Sa conversation franche, vive, animée, parsemée de mots heureux, pleine de verve et de charme, prenait un remarquable caractère d'élévation quand il abordait les grands problèmes religieux et sociaux qui agitent l'Europe moderne. Son abnégation, son honnêteté, sa candeur, sa noble simplicité, se reflétaient en quelque sorte dans toutes ses paroles. Il n'était pas possible de l'entendre sans se sentir attiré vers lui par une sympathie respectueuse. Son amitié, une fois acquise, était inaltérable et ne disparaissait pas

(1) Il portait le même respect de l'ouvrier et du pauvre dans les actes de la vie religieuse. Quand il s'approchait du tribunal de la pénitence à l'église des Minimes, les indigents qui le reconnaissaient s'empressaient de se lever et de lui céder leur place. Jamais il ne voulut profiter de ces actes de déférence.

même avec la vie de ceux à qui il l'avait accordée; il ne cessait de regretter les amis qu'il avait perdus, et en parlait souvent avec émotion. Son cœur, ouvert à toutes les impressions généreuses, étendait son affection jusqu'aux lieux où s'était écoulée une partie de son existence; il aimait à les revoir et à s'y arrêter; il semblait leur attribuer une part du bonheur qu'il·y avait goûté dans les joies de la famille, dans les épanchements de l'amitié, dans les inspirations de sa foi toujours si active et si fervente. Sous des dehors modestes et dégagés de toute prétention, il cachait une âme très-poétique. Quand l'intervalle des sessions parlementaires lui en laissait le loisir, il se plaisait à voyager à petites journées, visitant les églises, les cloîtres, les vieux châteaux, les sites historiques, aimant à répéter, en face des ruines d'un passé triste ou glorieux, des vers ordinairement empruntés au Child-Harold de lord Byron ou aux Méditations de M. de Lamartine. Il avait un sentiment vif et profond de toutes les beautés de la nature. La Suisse, avec ses montagnes, ses lacs, ses torrents, ses glaciers, ses vastes horizons, lui offrait des attraits inépuisables et toujours nouveaux. La dernière fois qu'il visita cette belle contrée, le coucher du soleil, vu d'un point élevé, lui inspira une foule de réflexions sur le passé, sur l'avenir, sur ceux qu'il avait aimés et perdus, sur sa propre destinée, sur la brièveté du temps où il pourrait jouir encore de ce beau spectacle, sur la lumière plus éclatante qui réjouit l'âme du chrétien quand elle aborde aux rivages de l'éternité (1).

Comment un tel homme n'eût-il pas été aimé et vénéré dans toutes les classes du corps social? Comment les passions politiques eussent-elles réussi à ternir cette vie si belle et si pure, cette grande existence si noblement consacrée à la défense de la religion, de la vertu, de la patrie et de la liberté constitutionnelle?

De même que dans la carrière politique du comte de Mérode, Dieu permit que les dernières préoccupations de la vie privée de ce grand chrétien fussent en quelque sorte le couronnement de toutes ses œuvres.

Le dernier acte de sa vie parlementaire fut un discours en faveur de la liberté de l'enseignement. Les dernières sollicitudes de sa vie privée eurent pour objet la fondation d'une institution religieuse.

Afin de remédier à la disette d'ouvriers évangéliques qui se fait si cruellement sentir dans

(1) Tous ces détails nous ont été communiqués par les amis intimes du comte de Mérode.

leurs vastes diocèses, les évêques des Etats-Unis avaient conçu le projet de fonder à Louvain un collége destiné à former de jeunes prêtres pour les missions américaines. En plaçant cet établissement au centre des études religieuses de la Belgique, ils espéraient que des élèves européens ne tarderaient pas à venir se joindre aux élèves américains, et que tous pourraient puiser, dans la fréquentation des cours de philosophie et de théologie de l'Université catholique, une instruction à la hauteur de la science et des besoins de l'époque. Mais comment réunir les ressources nécessaires pour couvrir les dépenses de cette vaste entreprise? Où trouver les sommes requises pour l'achat et l'entretien des bâtiments, pour la nourriture, le vêtement et les frais de voyage des élèves sans fortune? Ils s'adressèrent aux bienfaiteurs de l'Eglise et des pauvres, et leur attente ne fut pas entièrement trompée. Le comte de Mérode manifesta l'intention de leur donner pour sa part une somme de 60,000 francs!

Il n'eut pas le bonheur de voir inaugurer cette maison religieuse; mais les catholiques américains se rappellent avec émotion que, portant déjà le germe de la maladie qui devait le conduire au tombeau, il se rendit à Louvain pour s'occuper de l'avenir de leurs jeunes lévites. Il

y arriva dans la soirée du 26 janvier 1857.
Quoique le temps fût pluvieux et froid, il ne
s'était pas même muni d'un manteau, et Mgr de
Ram, son ami intime, chez lequel il alla passer
la nuit et le jour suivant, lui reprocha vivement
de n'avoir pris aucune des précautions que réclamaient son âge et un rhume intense dont il
souffrait depuis plusieurs semaines.

Les craintes manifestées par le savant recteur
de l'Université catholique n'étaient que trop fondées. Le surlendemain de son arrivée, le comte
reprit le chemin de Bruxelles et y arriva dans
un état d'affaissement complet. Deux jours après,
il se mit au lit, les symptômes d'une pleurésie
aiguë se manifestèrent, et bientôt tout espoir de
le conserver fut perdu.

On l'avertit que la mort était là. Il écouta cet
avis sans manifester la moindre émotion. Conso-
lant lui-même sa famille en pleurs, il demanda
les derniers sacrements et les reçut avec un calme
parfait et dans toute la lucidité de son intelligence. Résigné, plein de confiance dans les promesses divines, il continuait à donner aux siens
l'exemple de cette grandeur d'âme et de cette
force de caractère dont il avait fourni tant de
preuves dans sa longue et belle carrière; puis,
quand l'heure suprême fut arrivée, il répondit

lui-même, d'une voix affaiblie mais ferme encore, à ces admirables prières des agonisants, qui rappellent si bien au chrétien mourant les espérances immortelles garanties par la parole et par le sang du Rédempteur. Il rendit le dernier soupir dans la soirée du 7 février, après avoir manifesté jusqu'à la fin cette confiance sereine qui, dès ici-bas, fait la récompense de ceux qui ne se sont jamais écartés des sentiers de la justice et de la vérité.

Quelques heures auparavant, il avait reçu la visite d'un illustre orateur français, M. l'abbé Combalot, son ancien ami, qui prêchait alors à Bruxelles. A l'aspect de tant de résignation, de ferveur et de foi, le vénérable prêtre comprit sans peine que les consolations banales étaient inutiles près du lit de mort du comte de Mérode. Il songea moins à encourager qu'à féliciter le grand chrétien qui allait recevoir sa récompense. « Rappelez-vous, lui dit-il, la parole de Notre-
» Seigneur : « *Celui qui n'a pas rougi de moi,*
» *moi je ne rougirai pas de lui devant mon*
» *Père céleste!* » Vous avez toujours confessé
» Jésus-Christ, et votre vie tout entière a été
» la manifestation publique de votre foi. C'est
» pourquoi Jésus-Christ va vous recevoir dans le
» sein de son Père, par la sainte Vierge que
» vous avez honorée, et par la sainte Eglise, son

» épouse, que vous avez servie. Allez en paix ! »
Un sourire humble et doux, expression de foi vive
et de sereine espérance, fut la réponse du mourant.

« Le soir, dit un journal, on eut une première
» preuve du sentiment public. Une foule immense
» se pressait dans l'église de Sainte-Gudule pour
» entendre M. l'abbé Combalot. Celui-ci, mon-
» tant en chaire, recommanda aux prières de
» l'assistance l'illustre comte de Mérode, qui était
» à l'extrémité. A ce nom, à cette nouvelle, il
» y eut un mouvement saisissant de pitié et de
» douleur. C'est qu'en effet nul autre nom en
» Belgique ne peignait mieux le chrétien et le
» citoyen.

» Le lendemain, M. le comte de Mérode avait
» rendu à Dieu son âme pleine de toutes les belles
» ferveurs. La même foule était à Sainte-Gudule
» pour la clôture de la mission. Un millier d'hom-
» mes se préparaient à recevoir le corps de Notre-
» Seigneur. M. l'abbé Combalot voulut annoncer
» la mort de M. de Mérode, afin de demander
» que cette communion solennelle fût faite et of-
» ferte pour lui.

» L'éloge funèbre le plus soudain, le plus at-
» tendri et le mieux justifié jaillit du cœur sincère
» de l'apôtre. L'Ecriture-Sainte le lui fournit tout

» entier. Il commenta ou plutôt il récita le psaume
» *Beatus vir qui timet Dominum,* plein de traits,
» en effet, qui peignent au . vif ce grand chrétien,
» et que chacun reconnaissait : « Heureux l'homme
» qui craint le Seigneur et qui se plaît dans l'ob-
» servance de ses lois. — Heureux l'homme qui
» plaint et secourt le pauvre. — Son cœur est
» inébranlable. — La gloire et les richesses sont
» dans sa maison, et sa justice demeure. — Sa
» postérité sera puissante sur la terre; la race
» des justes sera bénie. — Il réglera ses paroles
» selon la prudence. — Sa mémoire sera éter-
» nelle, il ne craindra pas les mauvais discours
» des hommes. » On devine tout ce que ces pa-
» roles pénétrantes, appliquées par l'abbé Com-
» balot à cette vie si connue et si constamment
» honorée, devaient exciter d'émotion et rencon-
» trer d'adhésion. Aussi l'éloquent missionnaire,
» quoique habitué aux plus doux triomphes de
» la parole, aime-t-il à dire que jamais il n'a
» senti un accord plus intime entre son audi-
» toire et lui (1). »

Comme chrétien, le comte de Mérode quitta la
terre dans l'enviable position du serviteur fidèle
qui va recevoir son salaire. Comme homme po-

(1) *Univers* (Février 1857)

litique, il mourut dans la plénitude de ses espérances libérales.

Dans le splendide anniversaire de 1856, où
tous les yeux s'étaient fixés sur l'ancien membre du Congrès et du gouvernement provisoire,
il avait salué la consécration définitive de la
monarchie constitutionnelle, à la fondation de
laquelle il avait si glorieusement contribué par
vingt-cinq années de sacrifices, de travaux et de
luttes.

Il n'eut pas la douleur de contempler les
tristes scènes de l'année suivante :

Non vidit Agricola obsessam curiam (1)!

(1) Tacit., *Vit. Agric.*, XLV.

X.

CONCLUSION.

— ◆◆◆ —

But de l'auteur en écrivant la vie du comte de Mérode. — Exemples donnés par l'illustre défunt aux familles patriciennes, aux chrétiens timides, aux ennemis du christianisme, aux riches, aux détracteurs des libertés constitutionnelles. — Pourquoi la Belgique reconnaissante honorera toujours la mémoire du comte Félix de Mérode.

Quel a été notre mobile en écrivant les lignes qui précèdent? Quel a été notre but en groupant les faits et les œuvres qui brillent dans la vie publique et dans la vie privée du comte Félix de Mérode ?

Comme chrétien, nous avons voulu glorifier les vertus, rappeler les bienfaits et honorer la mémoire de l'un de nos frères les plus illustres. Comme Belge, nous avons tenu à mettre en évidence les inappréciables services rendus à la patrie par l'un de ses enfants les plus dévoués. Comme citoyen d'un pays libre, nous nous sommes imposé la tâche de payer un légitime tribut de reconnaissance à l'un des fondateurs de l'indépendance nationale, à l'un des défenseurs les plus énergiques et les plus désintéressés de nos institutions sagement libérales.

Mais l'hommage que, dans la faible mesure de nos forces, nous avons voulu rendre à cet homme d'élite ne serait pas complet, si nous n'élevions sa vie à la hauteur d'un exemple à suivre dans les rangs supérieurs du corps social; si nous ne disions que, pour tous ceux qui ne veulent pas rester étrangers aux grands et redoutables problèmes agités dans le monde moderne, la longue et glorieuse carrière du comte de Mérode est pleine d'enseignements salutaires.

Issu d'une famille grande parmi les plus illustres; possesseur d'une fortune immense; représentant d'un nom qui brille glorieusement dans les annales des monarchies les plus puissantes de l'Europe, il se voue de toutes les forces de son âme à la défense des institutions démocratiques de la libre Belgique.

Enfant soumis et dévoué de l'Eglise; chrétien austère; observateur rigide de tous les préceptes du catholicisme; animé de cette foi vive et forte qui rayonne dans les premiers siècles de notre ère, il compromet sa grande existence, sa fortune, sa vie et l'avenir de ses enfants, pour doter son pays de toutes les libertés indispensables à la pratique loyale et généreuse du régime parlementaire : liberté des cultes, liberté de la presse, liberté d'enseignement, liberté d'association.

N'est-il pas évident que cette attitude et ces actes jettent une lumière éclatante sur plus d'un problème qui passionne la controverse contemporaine ?

A ces nombreuses familles patriciennes qui, peu soucieuses des idées et des besoins de leur siècle, craignent de ternir leur blason au milieu des luttes des partis et des orages de la tribune, le comte de Mérode a montré que l'illustration des races historiques ne fait que grandir dans la vie parlementaire franchement et courageusement pratiquée.

A ces chrétiens timides qui jettent des cris d'effroi aussitôt qu'il s'agit de sortir des ornières du passé ; qui s'agitent et se troublent quand ils entendent les mots de liberté, de réforme et de progrès ; qui, par une étrange aberration d'idées, font de l'absolutisme politique le corollaire de l'infaillibilité religieuse ; à tous ces Epiménides du dix-neuvième siècle, malheureusement trop nombreux, qui repoussent les institutions parlementaires comme incompatibles avec le dogme catholique, il a répondu par l'éclat de ses vertus et de ses œuvres, par l'alliance naturelle et constante de sa foi religieuse et de sa foi politique (1).

A ces partisans attardés de la philosophie du dix-huitième siècle, qui ne voient que faiblesse et que servitude partout où pénètre l'influence du catholicisme; qui, s'emparant des idées imprudemment émises par une partie de la presse religieuse, s'écrient à leur tour que la croyance à des dogmes immobiles est l'antithèse du progrès social et de la liberté politique; qui dénient au chrétien fidèle l'intelligence, le courage, l'indépendance et la force que réclament les institutions libérales; à tous ces ennemis avoués ou déguisés de l'Eglise, il a victorieusement opposé vingt-cinq années d'une vie publique irréprochable.

A tous ces riches qui cherchent le bruit et l'éclat dans les folles dépenses d'un luxe effréné; qui croient que les hommages de la foule s'adressent à tout ce qui brille dans une existence dégagée d'entraves; qui rangent les promesses évangéliques parmi les superstitions destinées à calmer les terreurs des esprits vulgaires; à tous ces heureux du monde qui dédaignent la mission de dévouement et de charité que la Providence leur

(1) Quelques jours avant sa mort, il disait encore : « J'ai été » libéral en 1830; je suis resté ce que j'étais alors, et je m'en » glorifie. »

impose, il a prouvé que, même au dix-neuvième
siècle, la véritable gloire s'attache aux pas du
chrétien fidèle.

Mais c'est surtout aux défenseurs désintéressés
du gouvernement parlementaire que la vie si belle
et si pure du comte de Mérode fournit un argument irréfutable.

Les injustices des partis et le dénigrement systématique des meilleurs citoyens figurent au premier rang des griefs que les amis du despotisme
articulent à charge des gouvernements libres.
« Voyez, disent-ils, ce qui se passe dans les pays
» où les libertés illimitées de la presse et de la
» tribune provoquent sans cesse les passions,
» les haines et les convoitises des partis qui se
» disputent le pouvoir. Honneur, probité, patrio-
» tisme, vertu, génie, services rendus à la patrie,
» rien n'est sacré aux yeux d'une caste de journa-
» listes sans pudeur et sans dignité, salariés pour
» jeter l'outrage à la face de tous ceux qui offus-
» quent leurs patrons. Les actes les plus utiles,
» les plus nobles, les plus désintéressés, prennent
» l'aspect de l'intrigue, de l'égoïsme et de la four-
» berie. Depuis le centre jusqu'aux extrémités du
» pays, depuis la capitale jusqu'au dernier des
» hameaux, chaque jour, à toute heure, des
» milliers de lecteurs, appartenant à toutes les

» classes de la nation, se repaissent en quelque
» sorte de la calomnie savamment distillée par les
» journaux politiques. »

On pourra désormais leur répondre :

« Les institutions parlementaires, de même
» que toutes les formes de gouvernement ima-
» ginables, ont leurs inconvénients, leurs abus,
» leurs misères. Elles reçoivent leur part des
» imperfections inévitables qui s'attachent à toutes
» les œuvres de l'homme. Pas plus que le despo-
» tisme, elles n'ont reçu la mission de faire régner
» sur la terre les monotones félicités du règne de
» Saturne. La liberté n'est pas le repos, l'indo-
» lence et l'apathie ; elle est le mouvement, l'ac-
» tion, le travail, la vie, c'est-à-dire, la lutte.
» Pour se mettre à son service, il faut ce mâle
» courage qui sait marcher droit au but à travers
» les clameurs de l'envie et les calomnies de
» l'impuissance. Mais aussi que de force, que de
» joies viriles, que de récompenses enviables on
» rencontre dans cette vaste carrière dont les
» aspérités effraient les égoïstes et les pusillani-
» mes ! Quand l'âme et le cœur de l'homme d'Etat
» sont à la hauteur de sa mission, il se trouve
» à l'abri de toutes les attaques et sort victorieux
» de toutes les épreuves. Des milliers d'hommes
» l'entourent de leurs sympathies ardentes, le

» vénèrent, le protégent; et lorsque, chargé de
» gloire et de reconnaissance, il descend dans la
» tombe, un peuple entier porte son deuil et
» pleure à ses funérailles. Voyez la vie et la mort
» du comte Félix de Mérode! »

Ainsi, dans toutes ses pensées, dans tous ses
actes, dans tous les incidents de sa vaste carrière,
le comte de Mérode, par un rare et enviable
privilége, peut et doit servir de modèle aux âmes
généreuses.

Chrétien, il édifie ses frères et consacre son
or au soulagement des malheureux, à la défense
de la vérité, à la fondation des œuvres religieuses que réclame la période si pleine de redoutables agitations qui commence avec la grande
révolution du dernier siècle. Citoyen, il donne
à tous l'exemple du patriotisme le plus élevé,
le plus courageux, le plus constant et le plus
désintéressé. Homme d'Etat, il conquiert tous
les suffrages en conciliant, avec autant de franchise que de noblesse, ses obligations de ministre et ses devoirs de mandataire du peuple.
Diplomate à Paris et à Londres, il place les
exigences de la justice et les droits des peuples
au-dessus des caprices de l'ambition et des abus
de la force. Enfin, représentant de l'une des
maisons les plus anciennes et les plus vénérées

du pays, loin de se laisser éblouir par les splendeurs d'une grande existence, il témoigne une sympathie active, une affection réelle aux petits, aux faibles, à tous ceux qui mènent une vie rude et laborieuse.

Dans une famille illustre, où abondent les nobles dévouements et les grands exemples, nul ne sut mieux que lui rester fidèle à sa mâle et glorieuse devise :

PLUS D'HONNEUR QUE D'HONNEURS.

Voilà pourquoi la Belgique ne cessera jamais de placer le nom du comte Félix de Mérode au premier rang de ceux de ses fils qui l'ont rendue grande et libre, malgré l'exiguité de son territoire. Voilà pourquoi ce nom, répété d'âge en âge, deviendra de plus en plus le symbole de la vertu, de l'honneur, du courage, du dévouement et du patriotisme !

FIN.

APPENDICE.

A.

CÉRÉMONIES FUNÈBRES ACCOMPLIES
A RIXENSART.

Le jeudi 12 février, vers neuf heures du matin, tous les membres de la famille de Mérode, qui avaient assisté la veille aux obsèques du comte Félix, se trouvaient réunis devant son cercueil à l'église des Minimes, pour l'accompagner jusqu'à sa dernière demeure. L'assistance était nombreuse et composée de personnes plus particulièrement attachées au défunt. On y remarquait M. Mercier, ministre des finances ; M. Mosselman, sénateur ; MM. Tremouroux et Mascart, représentants de l'arrondissement de Nivelles ; MM. les généraux Lamoricière et Bedeau ; M. le procureur-général de Bavay ; MM. Ludovic, Léon et Victor, comtes de Robiano, et une foule de personnes de distinction.

Après avoir procédé à la levée du corps, le convoi funèbre, composé de douze voitures de maître, se dirigea vers la station du Luxembourg.

Un convoi spécial composé de voitures de première classe reçut les membres de la famille du défunt, les personnes déjà citées et d'autres qui se trouvaient d'avance à la station. En tête de ce convoi était une voiture funèbre tendue de draperies noires et blanches, parfaitement décorée pour la circonstance et surmontée d'une croix. A l'intérieur se trouvaient agenouillés à côté du corps les pieuses religieuses qui avaient soigné l'illustre malade et son fidèle serviteur depuis plus de 40 ans. La locomotive, pavoisée de drapeaux tricolores et de drapeaux noirs, ajoutait à ce que ce convoi avait de triste et d'imposant. Il s'achemina lentement, mais sans s'arrêter, jusqu'à Rixensart où il était en vue à dix heures et demie.

M. le curé de Rixensart, assisté de M. le doyen de Wavre et d'un nombreux clergé, M. le bourgmestre et tous les habitants de la commune de Rixensart, les bourgmestres des communes voisines ou même très-éloignées, des habitants notables de Wavre et de

Nivelles, une population considérable accourue de tous côtés, atten-
daient à la station l'arrivée du convoi funèbre.

Un nouveau cortége se forma. Le corps du bien-aimé comte de
Mérode était porté par les bourgmestres ; les coins du poêle étaient
tenus par MM. Mercier, ministre des finances, Mosselman, sénateur,
Tremouroux et Mascart, représentants.

Le clergé entonna le chant des morts et le cortége traversa le village, dont les chemins, suivant l'usage, étaient jonchés de paille,
au milieu d'une foule considérable et recueillie. Comme à Bruxelles,
cette marche funèbre fut l'occasion de démonstrations non équivoques des sentiments des Belges pour le comte Félix de Mérode ;
peut-être même ces démonstrations étaient-elles plus touchantes de
la part de ces bons habitants des campagnes qui, avec une sincérité
non contenue par l'étiquette des villes, exprimaient leur douleur et
leur attachement à l'illustre défunt. Partout sur le passage du
convoi on se découvrait, partout on s'agenouillait, et bien des
larmes étaient répandues, avant même que les discours vinssent les
provoquer.

Arrivé à l'église du château, qui sert aussi d'église paroissiale, un
service solennel fut chanté. Dans l'église tendue de noir et ornée des
armoiries des Mérode, brûlaient de nombreux cierges qui formaient une chapelle ardente. Tout avait été disposé par M. le curé
avec beaucoup de soin et de goût. Avant les absoutes, M. le curé,
d'une voix émue, a prononcé les paroles suivantes, qui ont vivement
touché les assistants :

« MESSIEURS,

» Il ne m'appartient pas de prononcer l'éloge funèbre du très-bon
et très-pieux comte Félix de Mérode.

» Au nom de mes paroissiens, je viens seulement rendre un
dernier hommage à la mémoire vénérée de ce père de la patrie, de
ce père des pauvres, de ce frère en Jésus, de ce fils si dévoué de
l'Eglise.

» Jusque dans la plus humble commune du pays, on se souvient
avec reconnaissance, et on se souviendra toujours, que c'est au comte
Félix de Mérode que la Belgique doit en grande partie la conservation de sa foi et de sa liberté, ainsi que les années de bonheur et
de prospérité dont elle jouit. Aussi partout on pleure le défunt
comme un père, comme père de la patrie.

» Les pauvres de la commune de Rixensart et tous ses habitants
l'aimaient aussi, car ils ont reçu des marques nombreuses de sa
bienfaisance et de sa bonté. Qu'il leur soit permis de mêler leurs

larmes à celles de tous ceux qui pleurent la mort de ce doux seigneur, de ce père des pauvres.

» Fils soumis de l'Eglise, fils tendre et dévoué de cette bonne
Mère, il a toujours professé hautement sa foi et, avec la même
générosité que son frère Frédéric mourant pour la patrie, il aurait
à chaque instant souffert le martyre pour son Dieu.

» Pénétré de la pensée de l'éternel avenir, constamment préoccupé de la défense de la vérité, disposé à rendre service avec la
plus extrême affabilité aux grands comme aux petits, il s'oubliait
lui-même. Sa seule ambition était de faire *un peu de bien.*

» Cette simple expression peint toute sa vie consacrée à Dieu, aux
pauvres, à son pays, et nous amène à répéter pour tout éloge, mais
avec d'ineffables consolations, que le très-bon et très-pieux comte
de Mérode, à l'exemple de son divin Maître, a passé en faisant le
bien.

» La mémoire de ce juste restera en bénédiction sur la terre,
tandis que son âme agréable à Dieu est reçue au ciel. »

Les prières de l'Eglise étant terminées, on se rendit au caveau de
famille qui se trouve sous une chapelle de l'Eglise, et qui, à raison
d'un mouvement de terrain, offre un accès facile et presque de plein
pied avec le chemin qui y conduit. Ce caveau très-spacieux put
recevoir un instant plusieurs des parents et tout le clergé. Avant de
franchir le seuil de ce lieu de repos, le corps fut déposé à terre et
des discours furent prononcés par M. Mercier, ministre des finances,
M. Tremouroux, représentant, et par M. le comte Victor de Robiano.

M. Mercier, ministre des finances, s'est exprimé en ces termes :

« MESSIEURS,

» Tout finit; tout est périssable sur cette terre; tout est soumis
à cette fatale nécessité; l'homme cependant ne meurt pas, il ne fait
que changer de vie en passant à l'éternité.

» Mais que de regrets, que de douleurs cause à ceux qui restent
dans ce monde la perte de personnes qui leur sont chères! Pourquoi
faut-il que les plus belles âmes soient sitôt séparées de leur enveloppe
mortelle! Pourquoi l'homme illustre que nous pleurons autour de
cette tombe, a-t-il été enlevé si prématurément à la patrie, à ses
nombreux amis! Pourquoi ne pouvons-nous conserver de lui que la
mémoire à jamais fidèle du bien qu'il a fait!

» Des voix éloquentes ont rappelé la carrière toute de dévouement
du comte Félix de Mérode. Elles l'ont montré se rendant à l'appel
de la patrie et jetant les fondements de la nationalité belge au péril

de ses jours; acceptant et remplissant avec honneur la mission difficile et dangereuse de membre du gouvernement provisoire; siégeant au Congrès national et dans les Chambres législatives; y exerçant l'autorité du talent et l'ascendant que donne un grand et noble caractère; faisant partie des conseils du roi qui n'a cessé de l'honorer d'une confiance si justement méritée.

» Je n'essayerai pas de retracer le tableau des services signalés que le noble comte a rendus à la patrie; dès aujourd'hui il est déroulé devant la Belgique reconnaissante.

» Les qualités de l'homme privé ne sont pas moins dignes de notre admiration.

» Si la mémoire de l'homme éminent que nous pleurons est chère à tous ceux qui ont eu le bonheur de le connaître, c'est que tous ont trouvé en lui un cœur droit, généreux, désintéressé, plein d'abnégation; c'est que tous l'ont vu faisant le bien, uniquement pour le bien; et comme il avait, selon la devise de sa noble famille, l'honneur dans l'âme, il ne recherchait ni les honneurs ni les applaudissements, n'obéissant qu'au sentiment du devoir et au désir ardent d'améliorer la condition morale et matérielle du peuple, qu'il aimait de toute son âme, sans jamais le flatter.

» Animé de l'esprit de charité, jamais il n'a repoussé la main du pauvre tendue vers lui; sa bienfaisance était sans bornes.

» Mais nous voudrions en vain énumérer toutes ses éminentes qualités; son cœur était un trésor inépuisable. Disons, en toute vérité, qu'aucune des vertus chrétiennes ne lui fut étrangère et qu'il les a pratiquées toutes au plus haut degré.

» Comte Félix de Mérode, cher collègue, noble ami, le plus grand hommage que nous puissons rendre à votre mémoire, c'est d'imiter les grands exemples que vous nous avez laissés; c'est celui qui doit surtout réjouir votre âme.

» O vous qui êtes l'objet de notre vénération et de nos éternels regrets! soyez encore notre soutien dans le ciel qui s'est ouvert pour l'homme de bien, pour le chrétien dont la vie fut toujours pure. Si vous ne respirez plus sur cette terre, vos belles actions et vos sages conseils y laisseront de longues traces, et votre mémoire sera précieusement conservée dans nos cœurs reconnaissants.

» Adieu, Félix de Mérode; adieu, noble ami! »

M. Trémouroux est venu à son tour rendre ce bel hommage au défunt:

« Dire simplement la vie du comte Félix de Mérode serait faire le plus bel éloge de ce grand citoyen que tous nous pleurons. Mais déjà les organes de toutes les opinions, déjà des bouches plus éloquentes que la mienne ont répété à l'envi les pages de cette vie si belle et si bien remplie.

» En présence d'une aussi grande calamité, les partis ont fait trève à leurs dissentiments, ils se sont réunis dans un cri unanime de douleur pour déplorer la perte que fait la patrie dans l'un de ses plus illustres enfants, dans l'un de ces hommes courageux et dévoués qui ont le plus contribué à la rendre libre et indépendante.

» Et d'ailleurs, pourquoi redire encore ici ses qualités privées, ses vertus civiques ! Nous avons tous été témoins de la noblesse et de la bonté de son caractère, de sa franchise, de sa loyauté, de son dés-intéressement et de son dévouement sans bornes à la patrie.

» Sa vie entière est gravée dans notre mémoire, comme son souvenir impérissable restera à jamais dans nos cœurs; elle servira d'exemple au pays et à ses descendants. »

Après que le corps du comte Félix de Mérode eut été déposé à côté de ceux de ses deux épouses, marquises de Grammont, et de son petit-fils Herman, moissonné à la fleur de son âge, le caveau fut fermé avec une pierre scellée et recouverte de terre.

(*Journal de Bruxelles*).

B.

OPINIONS ÉMISES PAR LES JOURNAUX ÉTRANGERS A L'OCCASION DU DÉCÈS DU COMTE DE MÉRODE.

Une foule de journaux étrangers ont consacré des articles nécro-logiques au comte de Mérode. Nous nous bornerons à reproduire les réflexions que sa mort a inspirées aux rédacteurs du *Journal des Débats* et du *Czas* de Cracovie.

I.

JOURNAL DES DÉBATS.

« Il sied, disait naguère un éloquent écrivain, aux grands hommes de mourir avec modestie, et aux grands peuples d'honorer avec éclat leur mémoire. La grandeur est de plus d'un genre : une nation petite par le nombre, un homme de talent et de bien qui n'a point prétendu au génie, peuvent donner au monde des spectacles que des pays plus fameux et plus étendus n'ont pas le droit de dédaigner.

» Le 11 février 1857, tout un peuple, parlement, armée, citoyens, s'est pressé aux funérailles de M. le comte Félix de Mérode, l'un des fondateurs de la liberté moderne de la Belgique, en même temps que l'un des descendants de sa plus ancienne aristocratie. M. de Mérode était digne de ces hommages et la Belgique s'est honorée elle-même en les lui rendant. La France, à qui M. de Mérode tenait par tant de liens et par un constant attachement, se doit à elle-même aussi d'y prendre part.

» Né à Maestricht en 1791, M. Félix de Mérode fut Français, comme sa ville natale, pendant toute la première partie de son existence. Il se maria en France avec la fille de M. le marquis de Grammont, l'un des vétérans de nos assemblées, beau-frère de M. de Lafayette. Il passa dans l'intérieur de sa famille adoptive presque toute la durée de la Restauration, pendant que l'union si peu naturelle de la Belgique avec la Hollande l'éloignait à peu près complétement de la vie publique.

» Placé ainsi chaque jour en relation avec les membres les plus éminents du parti libéral de France, s'intéressant à tous leurs débats où la religion était trop souvent mêlée, il prit une partie de leurs idées politiques, sans laisser jamais ébranler les pieuses convictions de son enfance. De là naquit chez lui ce mélange de sentiments chrétiens et libéraux qui dicta sa conduite et fut l'originalité de son caractère.

» Plus tard il trouva un gendre digne de lui, et associé à toutes ses croyances, dans la personne d'un de nos orateurs éminents, M. de Montalembert, et il engagea son fils même, M. Werner de Mérode, né en France, à profiter de ce privilége pour réclamer parmi nous l'exercice des droits civiques, mériter le suffrage de ses concitoyens et siéger dans nos assemblées.

» La révolution qui éclata en Belgique en 1830, dont la liberté religieuse fut le principe et la liberté politique la conséquence, avait droit à toutes les sympathies de M. de Mérode. Il s'y jeta généreusement; il en partagea tous les périls. Membre d'abord de la commission municipale de Bruxelles, puis du gouvernement provisoire, il apportait à la révolution belge l'appui d'un grand nom, de toute une illustre maison, de talents variés et d'une réputation sans tache.

» Dans ces crises périlleuses où l'anarchie peut à tout moment sortir de la plus légitime résistance à l'oppression, la présence d'un homme de bien suffit souvent pour décider si le triomphe d'une insurrection populaire deviendra le fondement d'un gouvernement nouveau ou le commencement d'une ère de désordre. Le nom et les vertus de M. de Mérode donnèrent, pour la nation belge elle-même, le caractère d'un mouvement national et religieux, à ce qui, sans lui, n'eût peut-être été considéré que comme une conspiration démagogique.

» L'importance du concours de M. de Mérode était si bien sentie par tout le monde qu'on songea un instant à lui offrir la couronne de la Belgique émancipée. Son ambition n'en fut point séduite, et son patriotisme lui fit comprendre qu'un nouvel Etat est plus en sûreté sous la garde d'un prince d'une vieille race. Malgré la méfiance de beaucoup d'hommes de son parti, que détournait de la France d'alors la crainte des passions irréligieuses, et de l'Angleterre ses préjugés protestants, ce fut dans l'alliance de ces deux gouvernements qu'il chercha un point d'appui pour l'indépendance belge.

» Il vota pour l'élection au trône nouveau de M. le duc de Nemours; et à défaut de ce prince, à qui une sage politique ne permit point d'accepter, il fit tomber le choix sur le prince Léopold de Saxe-Cobourg. Le nouveau Roi était protestant : singulier résultat d'une révolution dont la foi catholique était le principal mobile ! Mais M. de Mérode avait compris que de nos jours la véritable protection de la conscience chrétienne se trouve dans les garanties communes des citoyens et non dans les sentiments des princes.

» Cette confiance n'a pas été trompée Un Prince protestant et une Constitution libérale ont fait de la Belgique le pays du monde où la religion catholique exerce le plus efficacement sur les peuples sa salutaire influence.

» M. de Mérode fut le meilleur serviteur de ce Roi, qu'il avait tant contribué à faire élire. Il était auprès de lui et son témoin quand la princesse Louise d'Orléans vint partager son trône et faire chérir à la Belgique ces vertus chrétiennes dont elle apportait de France le noble héritage. Successivement ministre des affaires étrangères, de la guerre et des finances, il sortit du conseil lorsque la diplomatie imposa à ses collègues la cession des deux provinces de Limbourg et de Luxembourg : non qu'il se crût en droit de blâmer ceux qui cédaient à une pressante nécessité politique, mais il ne pensait pas pouvoir abandonner des compagnons de lutte qui avaient pris part avec lui aux périls de la révolution.

» Depuis cette époque, la Chambre des Représentants l'a compté au nombre de ses membres les plus assidus; il assistait à toutes les séances, prenait souvent la parole avec une éloquence dont les saillies, parfois bizarres, ne faisaient que mettre plus en lumière le bon sens original. Dans les divisions qui survinrent entre les deux fractions du grand parti qui avait fondé le gouvernement, il trouva le moyen de concilier cette scrupuleuse fidélité aux engagements politiques, qui est le premier devoir d'un homme public dans un pays libre, avec une bienveillance générale qui lui attirait le respect et l'affection de ses adversaires.

» Le secret de cette situation exceptionnelle était tout entier dans le désintéressement bien connu de son caractère. Sans être jamais étranger aux grandes luttes de principes, il était indifférent et supérieur à tous les conflits d'ambition, source principale des ressentiments politiques. On connaissait d'ailleurs l'inébranlable constance de ses opinions, et quand il disait peu de temps encore avant sa mort : « J'ai été libéral en 1830, je suis resté ce que j'étais alors et je m'en glorifie, » pas un de ses adversaires politiques, trop pressés souvent de réclamer pour eux le monopole du libéralisme, n'était tenté de mettre en doute la parfaite sincérité de sa parole.

» C'est au milieu d'une discussion à laquelle il avait pris part, et qui touchait à la liberté d'enseignement, la plus chère de ses préoccupations, que la nouvelle de sa maladie, d'abord, puis de sa fin prématurée, a été apportée au parlement belge. Aussitôt le chef du parti opposé, M. Charles Rogier, autrefois son collègue dans le gouvernement provisoire, s'est fait l'organe de l'émotion générale, et a proposé à la Chambre d'aller en corps, par une démarche jusqu'ici sans exemple, suivre jusqu'à l'église sa dépouille mortelle. Le président de la Chambre a ensuite adressé à M. Werner de Mérode, au nom de tous ses collègues, une lettre touchante terminée par ces mots qui résument à merveille cette noble vie :

« Fondateur courageux de notre indépendance et de notre natio-
» nalité, vétéran du régime parlementaire, qu'il a puissamment
» aidé à créer, homme d'intelligence et de cœur, avant tout homme
» de bien, il emporte avec lui les regrets, l'estime et l'affection de
» tous... La Chambre des Représentants est l'organe du sentiment
» national en s'unissant à vos larmes; il appartient à la religion
» seule de les essuyer. »

» La religion, en effet, ne pouvait être oubliée sur la tombe de M. de Mérode. Elle avait été mêlée à toute sa vie publique. A l'heure où s'effacent toutes les préoccupations de la terre, même les plus nobles, elle avait seule rempli sa pensée. Elle demeure l'unique consolatrice de ceux qui l'ont aimé et qui le pleurent. »

II.

LE CZAS (de Cracovie).

Le *Czas* commença par traduire en polonais la notice biographique donnée par le *Journal de Bruxelles*. Quelques jours plus tard, il publia les réflexions suivantes :

« Nous avons donné ces jours-ci une courte biographie de cet homme célèbre. Le comte de Mérode était un homme dont la mort intéresse toute l'Europe. Non-seulement la Belgique lui doit en grande partie son existence politique actuelle, mais le catholicisme a perdu en lui son plus ardent défenseur et toute noble cause un protecteur puissant et un digne représentant. Il est rare de voir dans la sphère politique une position qui soit aussi éminente et aussi pure que celle du comte de Mérode. La disparition d'un tel homme est une véritable perte pour son pays, pour l'Eglise et pour l'humanité (1). »

C.

JOURNAL MILITAIRE
DU COMTE FRÉDÉRIC DE MÉRODE.

Nous croyons faire chose utile et agréable à nos lecteurs, en empruntant aux *Souvenirs* du comte Henri de Mérode-Westerloo le journal militaire du comte Frédéric, rédigé par son ami et son compagnon d'armes, M. Peeters, devenu plus tard membre de la Chambre des Représentants.

« Ce n'est pas sans un sentiment profond de douleur de la perte de M. le comte Frédéric de Mérode, que je prends la plume pour donner, aussi fidèlement que le permet ma mémoire, les détails les plus circonstanciés possible de la campagne où il perdit la vie. Ce n'est pas non plus sans timidité que je vais entreprendre un récit dans lequel il faudra souvent parler de moi-même, n'ayant presque pas quitté le comte Frédéric. Ces motifs, je l'avoue, m'auraient empêché d'entreprendre ce travail, si je ne regardais comme un devoir de me conformer au désir qu'en a exprimé Mme la comtesse Frédéric de Mérode.

» Tout ce qui précéda l'arrivée du comte Frédéric à Bruxelles ne m'étant qu'imparfaitement connu, je commencerai mon récit à cette époque.

» Le comte Frédéric arriva à Bruxelles au moment où les grandes

(1) Le comte de Mérode avait toujours témoigné une grande sympathie à la cause polonaise. A la fin de 1831, il avait accepté la présidence du comité établi à Bruxelles pour recueillir les dons destinés au soulagement des exilés (Voy. la circulaire publiée à cette occasion, dans le *Courrier* du 1 décembre 1831). Il fit admettre plusieurs officiers polonais dans l'armée belge, entre autres l'illustre général Skrzynecki.

journées des 23 , 24 , 25 et 26 septembre venaient de décider la délivrance de cette capitale du joug de l'étranger. A son arrivée , il entra
de suite comme simple volontaire dans les rangs du corps de chasseurs formés par M. le marquis de Chasteler, et il fit avec ces volontaires différentes sorties de nuit pour inquiéter l'ennemi retiré à
Vilvorde. Le gouvernement provisoire le chargea de coopérer avec
une commission à l'organisation d'une armée. Ayant consulté quelques habitants de la Campine, située derrière l'armée ennemie,
pour connaître les positions de cette armée et les dispositions des
habitants, il arrêta avec eux la résolution de faire marcher des
volontaires à travers la Campine, pour déterminer à prendre les
armes les Campinois, qui s'y montraient très-disposés ; puis de se
rendre à Turnhout, ville campinoise, d'y prendre position, de
couper la retraite à l'armée ennemie et de s'emparer des nombreux
chevaux que des cavaliers, nés Belges, avaient laissés au pouvoir des
Hollandais, en quittant leur régiment.

» Accompagné de ses conseillers campinois, il alla soumettre ce
plan au gouvernement provisoire, qui l'approuva et remit au commissaire de la guerre l'ordre de lui fournir des armes pour son
exécution. Des armes furent promises plusieurs fois ; vainement elles
furent attendues. Brûlant d'impatience de combattre pour la délivrance de son pays , dégoûté du rôle passif qu'il avait à remplir au
commissariat de la guerre, il ne cessait de dire : « Si, avant de
» partir de Paris, j'avais connu la situation de mon pays et le peu
» d'empressement que l'on met à nous procurer des armes, j'en
» aurais acheté à mes frais pour ces braves Campinois. » — Le 15
octobre au soir, le comte Frédéric et moi nous rencontrâmes, à la
place royale, Jenneval, auteur de la *Brabançonne,* chasseur volontaire de Chasteler, qui lui dit : « Je viens, M. le comte, de recevoir
» des lettres de Niellon ; il demande les volontaires de Chasteler,
» pour faire un coup de main sur Lierre, ville située sur les derrières
» de l'armée hollandaise. » — Niellon commandait un corps franc
qui se trouvait alors aux avant-postes entre Louvain et Aerschot.
« C'est bien , » lui répondit le comte Frédéric, « très-volontiers ;
» nous partirons cette nuit. J'ai ici avec moi un Campinois qui con
» naît le pays , il nous montrera la route : voilà que depuis huit jours
» nous demandons des armes et nous n'en recevons pas ; là du moins
» nous pourrons nous battre et repousser les Hollandais. » — Il
ajouta : « M. Jenneval, rassemblez les chasseurs pour ce soir et nous
» partirons. »

Soit défaut d'être avertis, soit que le coup de main eût paru trop
téméraire, trois chasseurs, le comte Frédéric et moi, nous fûmes
seuls au rendez-vous. Les trois chasseurs étaient : MM. Jenneval,

Spitaels et Dansaert-Ingels; sans bagages et pourvus seulement de
blouses et de fusils, nous nous mîmes en voiture à une heure de la
nuit et partîmes pour Louvain pour y rejoindre Niellon. Devant passer près des avant-postes ennemis qui se trouvaient encore à Cam-
penhout, à une lieue de la route de Louvain, nous chargeâmes nos
fusils, déterminés à nous défendre si nous étions arrêtés ou surpris.
Nous arrivâmes sans accident à Louvain à quatre heures du matin,
Niellon et son corps franc en étaient partis pour Aerschot; on résolut de l'y rejoindre sans s'arrêter. A 8 heures du matin nous arrivâmes à Aerschot; Niellon, se dirigeant sur Lierre, en était déjà parti.
Considérant la grande témérité d'attaquer, avec un corps contenant
tout au plus huit cents volontaires mal armés et équipés, et n'ayant
que quatre pièces d'artillerie et aucune cavalerie, une ville située
sur les derrières de l'armée hollandaise forte de plus de seize mille
hommes, à trois lieues de distance du quartier général de Malines
et de la forteresse d'Anvers, enfin défendue par plus de six cents
hommes de troupes régulières, je voulus engager M. le comte à se
rendre en Campine, afin d'y rassembler quelques milliers de Campinois pour seconder cette entreprise; tout fut inutile; son ardeur
guerrière ini fit rejeter ce bon conseil; il se contenta de répondre :
« Nous souperons ce soir à Lierre. » — Sa résolution étant inébranlable, ses compagnons résolurent de le suivre. On partit à pied
d'Aerschot à neuf heures du matin pour rejoindre Niellon par des
chemins de traverse. On rejoignit ce corps franc à Heyst-op-den-Berg.
M. Niellon, qui paraissait fort content de l'arrivée de M. le comte
Frédéric et de ses compagnons d'armes, nous dit : « Je vais vous
» mettre en tête des tirailleurs de l'avant-garde. » — Le comte en
témoigna sa satisfaction à M. Niellon. Nous nous mîmes donc à la tête
de ces tirailleurs, et le comte Frédéric ne quitta plus cette place. Il
était fort gai en route et s'amusa beaucoup de ce que je ne me mon-
trais pas aussi satisfait que lui de me trouver à l'avant-garde de
l'armée. La présence du comte Frédéric de Mérode, sa bravoure et
son exemple enthousiasmaient cette petite troupe. On entendait dire
de toutes parts : « Voilà le comte Frédéric de Mérode en avant
» comme simple volontaire, suivons ce noble exemple. »

» Arrivé à une lieue de Lierre, on rencontra les avant-postes
ennemis qui se replièrent aussitôt. A cette vue, un hourra général
fut poussé par la troupe, et elle se dirigea au pas de course sur la
ville en faisant retentir les airs de chants patriotiques et des cris de :
« En avant marchons....., etc. » Le comte arriva le premier à la porte
de la ville (celle de Louvain), accompagné seulement d'une dizaine
de tirailleurs; il était à trente pas de l'ennemi, séparé de lui seulement par la Nèthe qui, en cet endroit, sert de fossé à la ville, et

derrière laquelle l'ennemi, l'arme en joue, était rangé en ordre de bataille. Les habitants, du haut de leur toits, appelaient nos volontaires en agitant leurs chapeaux en l'air. Les troupes hollandaises, étonnées d'un tel trait de courage de la part de quelques tirailleurs, effrayées surtout de la bravoure des volontaires qui les suivaient, qu'elles croyaient nombreux, et qui venaient en chantant, dansant et criant se présenter en masse et sans crainte devant elles, n'osèrent tirer un seul coup de fusil : on les somma de se rendre, et des négociations furent entamées sur-le-champ; un quart d'heure après, les Hollandais rendirent la ville et eurent la permission de s'éloigner avec armes et bagages; le peu de Belges qui se trouvaient encore parmi eux furent obligés de remettre leurs armes et de se retirer chez eux. Ce fut le samedi 16 octobre, à quatre heures de relevée, que les portes de Lierre s'ouvrirent. Le comte Frédéric et ses quatre compagnons ouvrirent la marche, précédés d'un seul tambour, aux acclamations et aux vivats d'une population nombreuse, ivre de joie et d'espérance. Les femmes surtout se faisaient remarquer par leur enthousiasme; s'arrachant les bonnets, elles dansaient, folles de joie, autour de nous. Touché de cet accueil, le comte Frédéric s'écria : « Voilà le plus beau jour de ma » vie; si, en suivant vos conseils, je m'étais rendu à Westerloo. je » n'aurais pas été présent à cette journée glorieuse. » — M. Niellon offrit un dîner aux officiers belges qui étaient venus à nous; le comte Frédéric et moi nous y fûmes invités. Des motifs religieux lui firent refuser d'y prendre part. C'était un samedi, et on n'y mangeait que de la viande. Nous dînâmes ensemble chez un bourgeois de la ville que je connaissais; puis, réfléchissant à la position de l'armée ennemie, on songea à la défense de la ville. Aidé de toute la population, on s'occupa toute la nuit à élever des barricades. Les armes de la garde communale furent requises et distribuées à nos braves volontaires. Le comte Frédéric et M. Jenneval furent chargés pendant ce temps d'organiser un comité de sûreté publique. On siégea à l'hôtel de ville pendant une partie de la nuit. Le comte fut logé par billet chez un bourgeois comme les autres simples volontaires. Le lendemain dimanche, 17 octobre, il s'acquitta, comme de coutume, de ses devoirs religieux. Il alla chez le curé de la ville. J'ai appris plus tard qu'il s'était confessé à cet ecclésiastique respectable. A deux heures de relevée, la ville fut attaquée par trois portes différentes, celles de Malines, d'Anvers et de Lipse, par un ennemi fort de huit mille hommes; il fut vigoureusement repoussé sur tous les points par nos volontaires, aidés de la brave bourgeoisie. Il se retira vers le soir, après avoir perdu beaucoup de monde. Le comte Frédéric, se battant à la porte d'Anvers et voyant franchir les barricades à

une trentaine de volontaires qui sortaient de la ville pour poursui-
vre l'ennemi, dit à M. Jenneval qui se trouvait auprès de lui : « Sui-
» vons ces braves. » Aussitôt ils sortent avec eux et poursuivent
un gros d'ennemis, fort de deux mille hommes, à près d'une lieue
de la ville, en faisant le coup de fusil et leur criant sans cesse :
« Belges, venez à nous, quittez les rangs hollandais. » Les Hollandais, harcelés et fatigués de leur poursuite et de leurs cris, déchargèrent sur eux une pièce chargée à mitraille. Le comte vit tomber
à ses côtés deux braves; l'un d'eux était M. Jenneval, qui l'avait
fidèlement suivi jusque là. Il fut sensiblement affligé de cette mort
précipitée; emportant ces victimes de leur bravoure, les tirailleurs
rentrèrent dans la ville. Voyant la position dangereuse dans laquelle
on se trouvait, et voulant essayer encore d'en tirer le comte Frédéric, je lui proposai d'aller recruter du monde dans la Campine; il
l'approuva, mais refusa de me suivre, disant qu'il ne quitterait pas
la ville avant qu'elle fût entièrement dégagée; je fus donc obligé
de partir seul.

» Le lendemain, 18 octobre, le tocsin, la générale et les cris des
habitants avertirent de nouveau que la ville allait être attaquée; on
se battit toute la journée. Le comte Frédéric se trouva continuellement au feu, toujours aux avant-postes; plusieurs braves tombèrent
morts à ses côtés; l'ennemi fut repoussé.

» Le 19 octobre, nouvelles alarmes; le tocsin sonne; chacun vole à
son poste; l'ennemi s'avance en force sur tous les points, on se bat
vaillamment partout. J'arrivai en ce moment accompagné et suivi
d'une foule de Campinois que mes exhortations et le tocsin avaient
rassemblés dans toutes les communes que j'avais parcourues. Toujours préoccupé de la situation dangereuse dans laquelle se trouvait
M. le comte Frédéric, mon dévouement pour sa personne me fit
tenter un dernier effort pour l'en retirer. Prévoyant les suites funestes de son courage héroïque, je fis faire halte avant d'entrer dans
la ville et je lui écrivis une lettre que je datai de Westerloo, pour
l'engager encore à venir m'y rejoindre, lui représentant que sa présence et son secours dans la Campine y seraient d'une immense
utilité pour faire marcher plusieurs milliers de braves, tandis que
lui, aux avant-postes, n'était jamais qu'un seul homme. A la lecture
de ma lettre, il se mit à rire, la montra à ceux qui l'entouraient et
leur dit : « Voilà un Campinois qui commence à avoir peur; il vou-
» drait me faire sortir d'ici; non, non, je reste avec vous. » — Le
porteur de ma lettre me répéta ces paroles; je me hâtai donc d'entrer en ville; je me rendis de suite avec les braves qui m'avaient
suivi près du comte Frédéric. En me voyant il me dit : « A la bonne
» heure, vous voilà, je vous croyais poltron, mais je vois que vous

» êtes un brave. » — Il s'entretint familièrement avec ces Campinois, dont un petit nombre seulement parlait français, fit à leur tête une sortie et débusqua l'ennemi du village de Lispe, où il s'était fortifié par des barricades. Le comte les escalada le premier en criant : « En avant, mes amis, les braves ne meurent pas. » — On s'y régala de la soupe que l'ennemi y avait préparée pour lui-même. Ce coup hardi coûta la vie à deux de nos hommes, le jeune Niellou, neveu de notre commandant, et un autre dont j'ignore le nom ; nous eûmes une quantité de blessés. Le soir, on rentra dans la ville, ne pouvant conserver une position aussi difficile que dangereuse.

» Le lendemain, 20 octobre, l'ennemi avait repris ses positions dans le même village et s'y trouvait encore plus nombreux que la veille. On tenta deux fois en vain de l'en déloger. Enfin, repoussés vigoureusement, nous fûmes forcés de regagner la ville en toute hâte. Le comte Frédéric, conservant toujours un sangfroid inaltérable, se retira lentement le dernier, au milieu des balles qui sifflaient autour de lui et en faisant continuellement feu sur l'ennemi qui nous poursuivait de près. Le brave capitaine Emard fut grièvement blessé à ses côtés dans cette retraite. Entré dans la ville, le comte Frédéric voulut le soir régaler tous les Campinois, pour leur témoigner sa satisfaction de la bravoure qu'ils avaient montrée dans ces attaques. Ils s'entretenait familièrement avec eux. Les Campinois, frappés de la conduite héroïque du comte, et voulant lui témoigner leur admiration et leur attachement à sa personne, demandaient à ceux d'entre eux qui savaient le français les expressions dont ils devaient se servir pour se faire entendre. Un d'eux, se tournant vers lui, s'écria en mettant la main sur son cœur : « Mon ami, mon cœur à vous ! » — Un autre, se souvenant de la devise qui se trouve sur les armoiries de la maison de Mérode, et qui est placée sur la porte d'entrée du château de Westerloo et sur le tombeau de Jean de Merode et d'Anne et Ghistelles dans l'église de Gheel, s'écria d'une voix forte en le fixant : « Où serasse » Mérode ? » — Ces paroles, ces démonstrations cordiales firent une profonde impression sur le cœur sensible du comte Frédéric. Il leur dit : « Mes amis, je regrette d'avoir manqué mon état ; si j'étais » militaire, je pourrais mieux vous conduire à la victoire. »

» Le 21 et le 22 octobre, la nouvelle que M. le comte Frédéric de Mérode se battait à Lierre comme simple volontaire s'étant répandue dans la Campine, une foule immense de ses habitants vint nous y rejoindre, armés de fusils, de fourches et de bâtons. Je fus expédié en courrier à Bruxelles avec des dépêches pour le comité de la guerre, et fus spécialement chargé de la part du comte Frédéric d'acheter pour lui de petites cartouches pour fusils de chasse.

Ces cartouches étaient destinées à être distribuées aux Campinois. Je fus absent le 21 et le 22 octobre; je ne pourrai donc raconter comme témoin oculaire ce qui se passa pendant ces journées. La note donnée par M. Dansaert-Ingels, fidèle compagnon d'armes de M. le comte, pourra remplir cette lacune; je puis seulement affirmer, comme l'ayant appris dans cette ville et des témoins eux-mêmes, que Lierre ayant été constamment attaquée pendant ces deux jours par des forces supérieures, celles-ci furent toujours repoussées de toutes parts; que le comte Frédéric fut toujours au feu et qu'il fit tomber lui-même d'un coup de feu un officier supérieur hollandais (1). Tous les soirs, avant de se retirer, le comte faisait le tour de la ville pour s'assurer par lui-même que rien ne manquait à nos volontaires. Ces soins assidus et infatigables, ce courage héroïque, lui attiraient l'admiration et l'amour des bourgeois et des militaires. Dépourvu lui-même de bagages, il empruntait à ses camarades de quoi changer. Les fatigues, les marches extraordinaires et continuelles qu'il faisait lui avaient mis les pieds en sang; mais rien ne pouvait refroidir ni ralentir son zèle; toujours joyeux, il supportait toutes les fatigues et toutes les privations qui se présentaient. Jouissant d'une bonne santé, il s'estimait heureux.

» Le 23 octobre, l'ennemi résolut et effectua sa retraite sur Anvers. Le quartier général quitta Malines, et nos volontaires eurent un jour de repos. Le commandant Niellon fit afficher dans la ville, que tout volontaire aurait à signer un engagement pour toute la durée de la guerre. Cette proposition les indigna; un mécontentement général éclata dans leurs rangs : « Non, non, s'écria-t-on de tou-
» tes parts, nous ne signons pas; c'est nous insulter que d'exiger
» nos signatures; nous qui sommes accourus ici librement pour
» chasser les Hollandais, s'il faut signer, nous partons tous! Nous
» nous battrons jusqu'à ce que l'ennemi soit chassé de notre pays,
» mais nous ne voulons pas être forcés. » — Le comte, instruit d'un mécontentement si général, alla solliciter le commandant Niellon

(1) Note de M. Dansaert-Ingels : « Le 21, Jeudi, on se battit avec beaucoup de vigueur. Le comte Frédéric de Mérode combattit en tirailleur; on l'a vu résister à quatre cavaliers avec cette fermeté qui lui était éminemment personnelle. Il allait succomber sous la force de l'ennemi, quand un brave jeune homme vint le soutenir et l'engager à se retirer, observant que la position était trop dangereuse; Frédéric lui répondit : « « Votre vie est aussi précieuse que » la mienne. » Notre armée ayant obtenu peu de succès, l'ordre fut donné de se retirer dans la ville vers deux heures. Le comte passa le reste de la journée en travaux utiles pour le bien-être de la ville.
« Le vendredi 22, il continua à consolider la stabilité de la commission dont il était l'auteur. Aucun fait ne s'est passé ce jour-là. »

de retirer cette imprudente ordonnance; il alla parler lui-même
aux mécontents et parvint à les ramener tous, ce qui fût devenu
impossible sans son intervention. Le dimanche, 24 octobre, on résolut d'aller à la poursuite de l'ennemi; en vrai chrétien, le comte,
en s'exposant pour le bonheur de sa patrie, n'oublia pas ses devoirs
envers Dieu; il alla entendre la messe avant de sortir de la ville.
En partant il nous dit : « Courage, mes amis, nous allons rejoindre,
» sur la route d'Anvers, le corps du général Mellinet venant de
» Malines; si les Anversois veulent un peu nous secourir aujour-
» d'hui, nous souperons ce soir à Anvers. Voici encore un jour où
» nous montrerons que nous sommes braves. » — Le comte avait
une espèce de pressentiment du malheur qui devait lui arriver.
Chemin faisant, je lui fis voir toute la difficulté de notre entreprise;
il en convint et me dit après un moment de réflexion ou de distrac-
tion : « Si je suis blessé, je pressens que je le serai grièvement. » —
Arrivés à la jonction des routes de Lierre et de Malines sur Anvers,
nous y rencontrâmes le corps des volontaires du général Mellinet.
Là l'enthousiasme fut à son comble. Les cris de « Vive le général
» Mellinet! Vive le général Niellon! Vive le comte Frédéric de Mérode.
» défenseur de notre patrie! » se firent entendre de toutes parts;
le plan d'attaque d'Anvers fut combiné. Les Campinois furent déta-
chés du corps de Niellon et dirigés sur Wilryk, sur la route de Boom
à Anvers, à gauche de la grande route; cette séparation embarrassa
et affligea M. le comte; il voulut suivre les Campinois, mais M. Niellon et le capitaine Emard le pressèrent beaucoup de rester avec eux.
Il s'y laissa déterminer et me dit en nous quittant : « Ces messieurs
» tiennent beaucoup à m'avoir avec eux. Allez avec les Campinois;
» ils ne trouveront pas mauvais que je les quitte momentanément;
» nous nous reverrons ce soir ou demain à Anvers. » — Alors il me
considéra, et voyant que j'étais moins bien armé que lui, il me
présenta son pistolet. Poussé par je ne sais quel pressentiment, je le
refusai en lui disant : « Je ne voudrais jamais vous priver d'une
» arme qui peut vous être utile; si, par hasard, vous en aviez be-
» soin, je me repentirais toute ma vie de l'avoir acceptée. » — Je
partis avec les Campinois pour notre destination.

» Un combat opiniâtre et acharné s'engagea à l'entrée du village de
Berchem. Le comte s'y battit toute la journée, toujours aux avant-
postes; il vit tomber à ses côtés plusieurs de ses compagnons d'armes; se trouvant à peine à trente pas de l'ennemi, il reçut, vers
quatre heures du soir, une balle qui lui cassa et traversa très-haut
la cuisse droite; il tombe, tire encore les deux coups de son fusil et
s'arme de son pistolet qu'il avait voulu me donner, résolu de se
défendre jusqu'à la mort contre les soldats hollandais qui mar-

chaient vers lui. Ses compagnons d'armes, le voyant dans cette
position désespérée, s'animent davantage, et pour le sauver se pré-
cipitent avec fureur sur les soldats qui sont prêts à l'atteindre; ils
sont repoussés. Le comte encourageait les volontaires et leur criait :
« Courage, mes amis, courage; enlevez-moi d'ici, ne me laissez pas
» entre les mains de ces bourreaux. » — Quatre volontaires se
jettent sur lui et l'embrassent, le posent sur leurs fusils et l'emportent. Le comte Frédéric fut déposé dans une petite maison de campagne, située près du champ de bataille. Officiers et soldats, tous
les volontaires étaient dans la consternation et se pressaient autour
de lui. On fit venir de suite M. Bary, chirurgien, qui suivait les volontaires pour les aider de son art; il pansa et soigna le comte Frédéric qui supporta avec un courage héroïque les douleurs aiguës de
sa grave blessure. Il répondait en riant à ses compagnons d'armes
qui venaient le voir et le plaindre : « Ce n'est rien; ce sont-là,
» messieurs, les fruits de la guerre. » — Le comte passa la nuit et
la matinée du lendemain, 25 octobre, sans se plaindre de ses douleurs. Averti de ce terrible malheur, j'accourus près de lui; me
voyant, il me serra affectueusement la main et me dit : « J'avais hier
» un pressentiment de ce qui m'est arrivé; soyez tranquille, ce n'est
» rien. » — Je restai près de lui. Le chirurgien vint nous avertir que
nos troupes battaient en retraite, et qu'il serait prudent de transporter le comte Frédéric à Lierre ou à Malines. Le comte s'y refusa
et dit : « Ce déplacement va décourager et intimider nos volontai-
» res; je préfère rester, dussé-je tomber entre les mains des Hol-
» landais. » — Les volontaires se battaient avec acharnement dans
les environs. Il entendait les coups de fusil autour de lui, et s'infor-
mait avec empressement à ceux qui venaient le voir des positions
des combattants; il ne cessait de les animer et de les encourager.
Le comte Félix de Merode arriva dans l'après-midi avec deux chi-
rurgiens de Bruxelles, MM. Vleminckx et Seutin. Ces messieurs
examinèrent la blessure et décidèrent que l'amputation de la cuisse
était nécessaire. Cette décision fut communiquée à M. le comte; il
s'y résigna; l'opération eut lieu de suite. Il la supporta avec un courage stoïque sans pousser un seul cri. Le même soir, il fut trans-
porté à Malines. En route il voulut que son fusil fût placé à ses côtés.
L'état déplorable du comte Frédéric, son départ pour Malines, l'absence aux avant-postes de cet homme dont le courage héroïque, le
calme et l'intrépidité rassuraient les plus timides, encourageaient les
plus braves, fit naître un abattement général parmi les volontaires
dont il était admiré et adoré. Leur désolation était extrême et aurait
pu leur être fatale, si l'ennemi eût su profiter de cet avantage. Depuis lors je ne revis plus le comte Frédéric qu'une seule fois; ac-

compagné de son frère, le comte Félix de Mérode, il fut entouré
de sa famille et de ses amis. C'est donc à un autre qu'à moi de continuer ce récit jusqu'au dernier moment de cet homme si remarquable, mort pour l'indépendance et le bonheur de sa patrie, et
dont la mémoire sera immortelle pour tout Belge, ami de la liberté
et de la gloire de son pays. Comme témoin oculaire, j'atteste cette
narration comme exacte et véridique dans tous ses détails.

» Un membre du Congrès national,

» P.-E. PASTEAS. »

D.

CORRESPONDANCE DU COMTE DE MÉRODE
AVEC M. DE POTTER.

J'ai dit (p. 143) que M. de Potter, dans ses *Souvenirs personnels*,
parlait avec aigreur du rôle que le comte de Mérode avait joué
dans les délibérations et les travaux du gouvernement provisoire.
On ignore assez généralement que ces idées hostiles du célèbre
démocrate firent place à des sentiments d'estime et d'affection,
lorsqu'il vit avec quel inaltérable dévouement aux principes de 1830
le comte de Mérode se conduisait dans tous les actes de sa vie parlementaire. A la suite d'un discours sur l'enseignement moyen que
le comte avait prononcé dans la séance du 19 avril 1850 et que nous
reproduisons plus loin (L. G), M. de Potter lui envoya, avec un
exemplaire de ses *Etudes sociales,* une lettre ainsi conçue :

« 26 avril 1850.

» MONSIEUR,

» En parlant devant la Chambre à propos de la loi en discussion,
vous avez posé des *principes :* c'était la seule chose qu'il fallait
faire.

» Il fallait se borner à dire : La loi est fondamentalement mauvaise; donc aucun amendement ne peut la rendre bonne. Elle doit
être acceptée, non-seulement avec tous ses articles, mais encore
avec toutes les conséquences que son adoption entraînera, et qui
sont la démolition de l'édifice de 1830; ou elle doit être rejetée

purement et simplement, pour l'unique raison qu'elle est opposée à l'esprit et à la volonté qui ont fait éclore 1830 et la Belgique de 1830.

» Ce que vous avez dit, Monsieur, est éternellement vrai et juste. C'est pourquoi on ne vous a pas compris, ou plutôt on n'a pas voulu vous comprendre. On ne vous a même écouté que par surprise. Désormais on refusera de vous entendre. J'aime mieux cela : c'est au moins conséquent.

» Vous le voyez mieux que moi, Monsieur : on veut toujours et partout des corps, des corporations, non plus *comme autrefois auxiliaires de la faiblesse, du droit et de la liberté,* mais exclusivement dévoués à la force, au fait, au pouvoir. On s'occupe depuis longtemps à préparer, à coups de subsides et de gratifications, de places et d'honneurs, un corps d'hommes de lettres et d'artistes. Vient maintenant l'organisation, qui se complétera par les mêmes moyens, du corps professoral. On fera la guerre au clergé, tant qu'il ne se constituera pas volontairement en corps *salarié pour* servir le gouvernement, suivant ses opinions et ses vues. On espère, les intrigants de toute espèce aidant, ceux du pays *et surtout ceux de l'étranger,* y parvenir petit à petit et à la longue. C'est en effet le seul moyen, *la chose étant supposée possible.* Heureusement, il y a le chapitre des accidents, de l'imprévu, comme s'expriment aujourd'hui nos voisins, et ce chapitre est toujours pour ceux qui, moralement les plus forts comme ils le sont numériquement, ont la patience et le courage d'attendre.

» C'est dommage cependant pour la cause ministérielle ; car, les projets gouvernementaux se réalisant, la tâche des ministres, quels qu'ils fussent d'ailleurs, serait désormais douce et facile. Qui est-ce qui entreprendrait encore, sous un régime de majorité, de résister sérieusement à une armée d'électeurs et d'élus, rétribués plus ou moins grassement ou désirant l'être, armée bien disciplinée de fonctionnaires qu'aucune loi ne peut atteindre ? Ceux qui ne se laisseraient pas enrôler pour voter par ordre, le petit nombre par conséquent, le très-petit nombre, ne conserveraient alors d'autre liberté que celle de se retirer ou d'obéir ; et nous aurions, à défaut du Paraguay clérical, épouvantail des libéraux, le Paraguay ministériel, épouvantail de tout le monde.

» Agréez, je vous prie, Monsieur, avec cette *expression de mes anciennes idées,* l'assurance de mes anciens sentiments de haute considération.

« DE POTTER. »

Le comte de Mérode lut avec attention ces *Études sociales* où ses croyances les plus chères étaient combattues et repoussées au nom des intérêts de la société moderne ; puis, avec cette tolérance et cette noble franchise qui caractérisaient toutes ses démarches, il répondit à son ancien collègue du gouvernement provisoire :

« Bruxelles, 20 mai 1850.

» Monsieur,

» Quelques libraires m'envoient souvent des livres à l'inspection, couverts d'une enveloppe, et il m'arrive, pensant que cela ne presse point, de rester plusieurs jours sans les examiner.

» J'ai donc pris pour un de ces livres le paquet qui renfermait un petit volume et un mot de votre part, et je ne l'ai ouvert qu'aujourd'hui, en faisant ma revue.

» Ceci est la cause du retard de mes remercîments pour la seconde lettre que vous avez bien voulu m'écrire en m'autorisant à la citer au besoin ainsi que la première.

» Le résumé de vos *Études sociales* peut aussi m'être fort utile et j'en profiterai quand l'occasion se présentera.

» Votre système, Monsieur, est à mes yeux bien différent de l'odieuse hypocrisie, qui, pour tromper les simples, veut associer pour la forme l'enseignement chrétien à l'éducation sceptique, et tout cela à l'aide de sophismes et de mensonges.

» Vous croyez à une éternelle justice démontrée par la seule raison humaine, ce qui est vrai. Moi j'ajoute à cette croyance une foi plus complète, celle du peuple et des hommes saints et illustres de l'Eglise à une éternelle justice et à une morale supérieure, que le Dieu fait homme pour notre salut nous enseigne d'une manière lumineuse et que nous ne pourrions découvrir avec le seul secours de notre faible intelligence.

» Plus j'avance dans la vie, plus j'examine ce qui se passe aujourd'hui, et plus j'ai lieu de me convaincre de l'insuffisance de la raison et de la vérité de la religion née sous la croix.

» Le monde du faux libéralisme si répandu de nos jours est à la fois orgueilleux et léger. La plupart de ses adeptes se complaisent dans une ignorance qui n'a d'égale que leur vanité.

» Aussi ne prennent-ils pas plus la peine d'examiner ce que vous dites que d'étudier la doctrine évangélique. Selon l'Evangile de ce jour, ils aiment mieux les ténèbres que la lumière, parce que leurs œuvres sont mauvaises ; car, dit cet Evangile, celui qui agit pour la vérité vient à la lumière, afin que ses œuvres se montrent, étant faites selon Dieu. Son nom au contraire fatigue les adorateurs exclusifs du siècle présent, et pourtant osent-ils croire qu'ils se sont eux-mêmes créés ? Leur parler même d'une éternelle justice, comme vous la concevez, les ennuie.

» De SUE, *spéculateur-auteur* plongé dans la fange sensualiste, ils ont fait le prodige littéraire du temps ; et lui avoir expédié, par chefs et amis avoués, médailles et plumes d'or, sera la honte ineffaçable du congrès soi-disant libéral, ennemi de l'éducation religieuse libre et qui a dicté la loi menteuse et oppressive que vous flétrissez comme moi.

» Si ces admirateurs du mauvais génie se contentaient d'être tels pour leur compte, on les laisserait à leur enthousiasme déréglé ; mais, par la déception aidée de contrainte et par l'argent des contribuables, ils veulent façonner le pays à leur image, renversant ainsi le fondement essentiel de la Constitution de 1830.

» Vous, Monsieur, vous la respectez, et vous dites dans vos écrits qu'il n'y a d'éducation possible donnée au nom de la société que lorsqu'elle aura adopté des principes certains sur la distinction du bien et du mal, sur les récompenses et les punitions qui saisissent l'homme au sortir de la vie actuelle. Vous essayez d'en formuler la théorie en dehors du christianisme et de la révélation divine. C'est au moins l'œuvre d'un esprit méditatif. On peut en discuter la valeur avec vous ; mais que dire à des gens qui fuient sans cesse tout argument suivi ?

» Jugeant digne d'attention mon discours sur l'enseignement moyen, vous avez bien voulu reconnaître que je m'étais tenu sur un terrain ferme ; cependant à quoi sert cet appui contre des nuages volants et sans consistance, contre la chicane qui compte une majorité de votants décidés d'avance à ne tenir compte d'aucune raison, en un mot, contre un Paraguay ministériel ?

» J'ai l'honneur de vous réitérer, Monsieur, l'assurance de la réciprocité des sentiments que vous avez bien voulu m'exprimer.

» Comte F. DE MÉRODE. »

E.

DISCOURS PRONONCÉ AU CONGRÈS NATIONAL.

Ainsi que nous l'avons dit, le comte de Mérode ne prit que rarement la parole au sein de l'assemblée constituante. Un de ses discours les plus remarquables est celui qu'il prononça, dans la séance du 14 décembre 1830, pour engager le Congrès à voter en faveur de l'institution d'un sénat à vie. Il s'agissait de se décider entre ce système et celui d'un sénat nommé par les électeurs ordinaires et renouvelé par moitié tous les quatre ans.

Le comte de Mérode s'exprima ainsi :

« J'étais prêt à renoncer à l'établissement d'une chambre à vie, et à croire qu'une seule assemblée législative suffirait au peuple belge, lorsque les avis de plusieurs personnes, connues par les sentiments les plus libéraux dans un pays voisin, m'ont fait douter s'il était possible que le gouvernement futur de notre patrie se consolidât avec une Chambre formant seule la représentation nationale.

» J'avoue qu'il me serait plus que difficile de résoudre, en satisfaisant à toutes les objections contradictoires, la question épineuse que nous traitons aujourd'hui. Cependant, Messieurs, je présenterai conditionnellement en faveur d'un sénat à vie quelques courtes observations.

» Dans l'examen des pouvoirs nouveaux que nous sommes appelés à constituer, je me défie grandement des doctrines savantes empruntées aux livres de théorie politique, ou des exemples que peut fournir une célèbre contrée insulaire très-différente du pays que nous habitons. L'élément aristocratique, l'élément démocratique sont pour moi des mots mal choisis et sans signification exacte au milieu de nous.

» Nous n'avons plus d'aristocratie réelle, puisque la première et la plus essentielle condition de l'aristocratie, c'est le droit de primogéniture, ou du moins la succession de l'héritage paternel, assurée aux enfants mâles des familles privilégiées. Nous avons des propriétaires plus ou moins riches, titrés ou non titrés, mais tous citoyens égaux devant la loi et ne possédant aucune prérogative d'exception.

» Dans quel but veut-on fonder une chambre dont les membres conserveront à vie leurs fonctions législatives ?

» Ce n'est point, qu'on y prenne garde, pour représenter les intérêts de la noblesse, qui n'existe que par des souvenirs, mais pour arrêter les mouvements trop précipités, peut-être, d'une assemblée périodiquement élective, et donner à l'ordre constitutionnel la stabilité qui lui est nécessaire comme à tout gouvernement.

» Si une réunion d'hommes plus âgés, un conseil des anciens paraissait propre à remplir le but qu'on se propose d'atteindre, nul doute qu'il faudrait s'y rattacher plutôt qu'à d'autres combinaisons. Mais on préfère, comme garantie du repos public, un sénat de notables propriétaires, non point, comme je l'ai dit, parce qu'ils ont à défendre des intérêts spéciaux, mais parce qu'on a droit d'espérer d'eux un zèle plus calme et plus prudent pour la chose publique, parce qu'on leur suppose avec raison plus de motifs personnels de craindre les secousses qui compromettent la société.

» Ce principe admis comme base, il en résulte que notre chambre à vie ne doit offrir aucun caractère d'opposition systématique au peuple ou au chef de l'état. Elle doit être, par son essence, propre à résister aux tentatives prématurées ou dangereuses de la chambre périodiquement élective, comme à protéger la nation contre les envahissements de l'autorité qui commande à la force publique et fait exécuter les lois.

» En effet, messieurs, si un prince avide de domination parvenait, dans quelques circonstances critiques, à fausser la représentation populaire, à lui imprimer une direction antinationale, comme celle de la chambre introuvable de France en 1815, en peu de mois peut-être on verrait périr toutes les libertés du pays. Et qu'on ne dise point que cette supposition tombe sur l'impossible! La guerre suffit pour amener la chance périlleuse que je signale à votre attention. Au milieu du choc des armes, l'ascendant qu'obtient le chef des forces militaires n'est-il pas trop souvent dangereux pour les garanties constitutionnelles? Une chambre nommée sous l'influence d'événements faciles à prévoir, dans un pays que sa position géographique expose à l'invasion étrangère, ne pourrait-elle point livrer les garanties précieuses si chèrement acquises?

» Alors, messieurs, le sénat, dont l'existence serait antérieure à ces événements transitoires, opposerait sa résistance immobile et légale aux tentatives du despotisme.

» Appuyé sur l'opinion publique, il paralyserait les efforts combinés du pouvoir et de la corruption parlementaire. Aussi, pour que le sénat composé de citoyens particulièrement intéressés au maintien de la constitution puisse parvenir à la défendre avec succès au moment du péril, il faut que les membres de cette assemblée conservatrice soient en nombre fixe; que leur majorité ne puisse être brisée par les fournées ridicules dont le nom seul exprime la dérision. En un mot, il faut que le sénat ait une consistance inébranlable.

» Qu'on ne cite point l'exemple de la Grande-Bretagne, terre aristocratique par excellence, où les mœurs et les lois sont d'un siècle qui n'est plus le nôtre, où le droit fictif que possède la couronne de créer des pairs en nombre illimité n'a jusqu'ici porté aucune atteinte grave à l'indépendance de la chambre haute.

» Mais considérons la France, et nous verrons Charles X se perdre lui-même en violant la charte, parce que la chambre des pairs subissait, au gré d'un ministère conspirateur, les fournées qui la rendaient incapable de rompre efficacement les projets de contre-révolution.

» . . . .

» . . . .

» Mais, messieurs, si nous établissons un sénat à vie, sera-t-il l'organe d'une faction hostile au peuple belge comme se montrait à l'égard du peuple français la pairie en 1815? Non, sans doute; l'ordre équestre, par sa résistance à la tyrannie de Guillaume, a prouvé combien il était facile d'obtenir parmi nous une réunion de propriétaires amis de la liberté. Comment supposer qu'un tel corps, choisi par la nation, se raidisse obstinément contre les améliorations que le chef de l'état lui-même proposerait d'accord avec la chambre périodiquement élective?

» En admettant, toutefois que le sénat se refuse à voter une loi d'intérêt général, pourra-t-il pendant plusieurs sessions successives persister dans une résolution qui deviendrait odieuse? Il me semble que rien n'autorise à prévoir la conduite la plus singulière, la plus inexplicable de la part d'hommes essentiellement intéressés par leur fortune à la paix publique, d'hommes qu'aucun privilége ne favoriserait aux dépens de leurs concitoyens, d'hommes qui seraient aussi les élus du peuple; car je n'admets l'existence d'un sénat à vie, et cette existence même ne me paraît honorable et utile qu'autant que ses membres l'obtiendraient du choix de la nation. Leur élection doit appartenir, ou bien à tous les électeurs, ou bien à une portion nombreuse d'entre eux, prise parmi les plus imposés, ou à la chambre élective elle-même, ce qui me paraît préférable, si ce n'est lors de la première formation, du moins pour les remplacements que le temps rendra nécessaires.

» On objectera encore qu'il résulte du système que j'indique une sorte d'identité entre les deux chambres. Eh bien! messieurs, il en résultera l'union qui fait la force; et pourquoi deux corps appelés à donner des lois au pays doivent-ils être en opposition par la trop grande diversité de leurs éléments? Faut-il de toute nécessité qu'ils se considèrent mutuellement d'un œil défiant et jaloux?

» Non, il s'agit uniquement, je ne me lasserai point de le dire, de créer une assemblée de notables propriétaires, amis de l'ordre, qui redressent quelquefois des décisions prises avec entraînement dans une chambre plus mobile; qui, d'autre part, préservent la nation de la connivence dangereuse que des circonstances imprévues pourraient établir entre le chef de l'État et les députés du peuple, si la corruption et la crainte investissaient momentanément les colléges électoraux.

» Oui, c'est plutôt encore, messieurs, dans l'intérêt des libertés publiques que je désire une chambre à vie, que pour la conservation du pouvoir exécutif. Ce pouvoir indispensable sera fort, sera respecté dès qu'il sera juste, dès qu'il ne pourra plus se rallier à des abus, à des priviléges que le temps a irrévocablement condamnés.

» Je voterai pour un sénat à vie dont les membres payeront un cens qui fasse connaître autant que possible leur fortune indépendante; pour un sénat dont l'esprit national et la liberté seront garantis tant par l'élection du peuple ou de ses mandataires que par la limitation du nombre fixé à la moitié de celui des députés. Si les membres du sénat refusent itérativement l'adoption d'une loi adoptée par le chef de l'État et par l'autre chambre, je vote pour qu'à la seconde ou troisième session, après une dissidence inconciliable, constatée l'année ou les années précédentes, les deux Chambres soient réunies, et qu'une délibération en commun tranche la difficulté.

» Céder à la majorité de tous les représentants du pays n'a rien d'humiliant; mais l'obligation reconnue de subir une majorité qui s'impose par la multiplication arbitraire des votants me paraît la dégradation complète de tout corps constitué.

» On objecte qu'en combinant ainsi les deux chambres, la majorité de la seconde peut être forcée de céder en définitive à la minorité. Evidemment alors cette minorité serait très-forte; car, en la supposant faible, la majorité du sénat réunie à elle ne pourrait lui donner gain de cause; et si la loi en litige n'a pour elle dans la chambre élective qu'une faible majorité, son utilité doit être considérée comme douteuse, et dès lors point d'inconvénient grave à ce que la question soit décidée par la majorité de la Chambre à vie.

» Mon opinion est de rejeter l'institution du sénat, s'il est nommé directement par le chef de l'état et en nombre illimité; je préfère une seule chambre avec tous ses inconvénients. »

———

F.

LE LION DE WATERLOO.

———

Quand l'armée du maréchal Gérard, revenant du siége d'Anvers, passa à côté du lion monumental de Waterloo, elle respecta le trophée dressé par les vainqueurs de Napoléon Ier. Luttant de générosité avec les armées du Nord qui avaient laissé debout la colonne triomphale de la place Vendôme, elle n'y vit qu'un monument historique rappelant les luttes et les souffrances d'une autre époque.

Nous avons trouvé dans les papiers du comte de Mérode une curieuse note sur les travaux exécutés à Waterloo par les ordres du roi Guillaume Ier. Nous la reproduisons ici à titre de document historique; elle est l'œuvre de l'architecte Vanderstraeten.

« L'ancien gouvernement avait résolu d'élever, dans la plaine de Waterloo, un monument qui rappelât aux âges futurs la bataille du 18 juin. Les projets qu'on lui soumit, empruntés, la plupart, aux traditions romaines ou égyptiennes, n'offraient que des modifications, plus ou moins variées, du type adopté chez les peuples anciens, pour les monuments consacrés à la mémoire des héros ou à la gloire des vainqueurs. Les auteurs des projets s'étaient peu occupés des conditions de convenance et de durée, moins encore des moyens d'exécution.

» Dans cet état de choses, l'architecte des palais royaux fut chargé par le ministre de l'intérieur de lui soumettre un plan nouveau, raisonné, sans avoir aucun égard aux idées précédemment produites.

» Donner à sa composition un caractère de grandeur en rapport avec le fait historique qu'il fallait consacrer ; trouver, dans l'emploi des moyens offerts par les localités, un système de construction monumental, surtout durable, et, néanmoins, se renfermer dans une dépense inférieure au chiffre des premières évaluations : telles étaient les conditions du programme.

» Pour les remplir, l'artiste avait peu de chose à puiser dans les traditions de l'antiquité, presque aucun secours à attendre de l'art chez les modernes. On sait que, pour célébrer leurs victoires, les peuples n'ont érigé que des colonnes et des arcs de triomphe. La colonne a toujours été consacrée à la gloire d'un héros dont elle portait la statue : telle est, à Rome, la colonne Trajane, à Paris, celle de la place Vendôme. Les arcs de triomphe étaient toujours placés ou à l'extrémité des routes, ou à l'entrée des villes pour orner le passage des triomphateurs.

» Evidemment aucune de ces formes ne pouvait convenir au monument projeté. L'emplacement prescrit, la vérité historique, l'obligation d'atteindre une durée indéfinie, tout se réunissait pour exclure colonne et arc de triomphe. Aussi devait-on reconnaître que toutes les compositions formulées sur ces types classiques choquaient le grand principe de la convenance, qui marche toujours d'accord avec le beau dans les arts.

» L'auteur du projet s'est donc vu dans la nécessité de composer un monument d'un genre neuf, convenable pour un champ de bataille. Il n'a pas hésité à faire entrer dans sa composition la terre foulée par les combattants, théâtre de tant de hauts faits d'armes.

Il a pris son plan dans la nature dont les modèles ont une grandeur
que les combinaisons de l'art imitent difficilement. A l'exemple de
nos anciens tombeaux, improprement appelés celtiques, et des monuments cyclopéens dont la masse indestructible a fatigué le temps,
il s'est déterminé à proposer une montagne factice, de forme circulaire, s'élevant seule dans la plaine, sans être en concurrence avec
aucune élévation voisine.

» Ce *tumulus* est surmonté du monument proprement dit, composé d'un Lion colossal placé sur un piédestal de granit. Le lion est
le symbole de la victoire ; appuyé sur le globe, il annonce le repos
que l'Europe a conquis dans les plaines de Waterloo ; emblème de
la force, le lion honore le souvenir des braves qui ont succombé
dans cette lutte sanglante. A ses pieds, sous sa protection, vainqueurs
et vaincus reposent dans le même tombeau.

» Telle était la pensée poétique que l'auteur du monument a
réalisée. Pour la traduire avec toute la grandeur convenable au
sujet, il a donné à la montagne factice, base première de sa composition, une élévation telle que le lion, placé à 38 mètres au-dessus
du sol, se dessine de toutes parts sur le ciel, de la manière la plus
majestueuse, et que, visible à de grandes distances, il semble appeler
le spectateur à venir contempler cette terre trempée du sang des
braves. L'impression du monument, vu de près, n'est pas moins
faite pour donner une haute idée du peuple qui, en l'élevant, a si
noblement acquitté la dette de l'Europe. Peu de monuments de l'art
moderne ont un caractère de grandeur aussi grave, aussi imposant.

» Si les conditions de convenance ont été heureusement remplies,
celles de la durée et de la solidité n'ont pas moins été réalisées.
Le piédestal en granit et le lion en fonte de fer sont d'une solidité
à toute épreuve. Ils n'ont à craindre que le vandalisme stupide pour
lequel rien n'est sacré. Mais dussent-ils, un jour, tomber sous ses
coups, combien serait inexpugnable la résistance d'une masse de
maçonnerie compacte, mesurant 12 mètres de diamètre à sa base
et 38 mètres de hauteur, encore cachée et garantie par un cube de
terre de 320,000 mètres ? C'est ce que la prévoyance humaine ne
peut calculer. Nous savons tous que les montagnes factices de cette
espèce ne disparaissent entièrement qu'à la suite des révolutions du
globe. Les *Tumuli* des Romains et les monuments en ce genre des
habitants du Mexique et du nord de l'Amérique sont encore debout
et l'attestent.

» Le projet, à peine connu, obtint l'assentiment général. Le gouvernement s'empressa de le faire exécuter, et bien que, par la retraite de l'auteur, la construction puisse avoir laissé quelque chose
à désirer, elle est en général satisfaisante et bien appropriée au

caractère colossal du monument. Les hommes de goût, sans distinction, ont approuvé la pensée première, grave, solennelle, traduite en style si simple, si éloignée de blesser aucune susceptibilité nationale ; ils ont applaudi à l'exécution matérielle, remarquable par le grand résultat obtenu par l'emploi d'éléments communs et avec une dépense bien inférieure aux évaluations généralement admises.

» Sous tous ces rapports, l'auteur du monument était loin de s'attendre aux violentes attaques dirigées naguère contre sa composition par un membre de la Chambre. Autant la motion de M. Gendebien l'avait affligé, autant la décision de la Chambre l'a réjoui. Cette décision si imposante, si unanime, atteste que les arts trouveront au besoin, dans les mandataires de la nation, des défenseurs éclairés. Pour le monument de Waterloo, elle est un nouveau suffrage, une nouvelle garantie de durée. »

G.

DISCOURS SUR L'ORGANISATION
DE L'ENSEIGNEMENT MOYEN.

Dans tout le cours de sa longue carrière parlementaire, le comte de Mérode prit une part active aux débats si fréquemment soulevés dans nos Chambres au sujet de l'organisation de l'enseignement donné aux frais de l'Etat. Pour fournir au lecteur une idée exacte de sa manière de voir et d'agir dans cette importante sphère des intérêts généraux, nous ne pouvons mieux faire que de reproduire le discours qu'il prononça dans la séance du 19 avril 1850.

M. DE MÉRODE. — « Mon intention, Messieurs, n'est point de rechercher si de précédents projets de loi ont plus ou moins d'analogie avec celui que nous sommes malheureusement obligés de combattre en ce moment, lorsqu'aucune nécessité ne commande un laborieux débat actuel sur une si grave question.

» Nous avons à préserver notre pays des envahissements de l'esprit de vertige barbare qui menace nos voisins et dont nous sommes encore affranchis jusqu'à ce jour. Rien ainsi ne pressait moins que d'imiter des errements funestes aux peuples qui les avaient adoptés d'abord et cherchent maintenant à s'en écarter. Après les événements extraordinaires et déplorables, qui se sont succédé en des lieux bien éloignés les uns des autres depuis l'avortement ou l'ajournement des projets d'organisation relatifs à l'instruction moyenne en Belgique, je ne saurais éplucher, comparer les combinaisons de telles ou de telles personnes placées à leur tour au timon des affaires. Des épreuves trop frappantes ont dû nous apprendre plus qu'on n'en pouvait savoir antérieurement. Certains principes immuables existent. A ceux-là je veux exclusivement m'attacher, et si je cite des opinions émises par des individus, je le ferai ou parce qu'elles s'appuient sur des fondements solides et sont exprimées fortement, ou parce que les erreurs qu'on y découvre servent à mieux relever l'éclat de la vérité.

» Veuillez accorder d'abord quelques instants de patience à la mention que je vais faire d'un débat où je fus engagé, afin d'élucider une question de très-haute valeur, intimement liée à celle que nous traitons aujourd'hui.

» En 1845, il y a cinq ans, j'eus l'heureuse occasion de pouvoir discuter avec Monseigneur Parisis, évêque de Langres, ce qu'était l'athéisme légal dans nos constitutions modernes.

» M. Odilon Barrot, sous la Restauration, prétendit un jour, dans l'intérêt d'un client confié à sa défense, que la loi était athée et devait l'être. A la même époque, M. de Lamennais, par d'autres motifs, accusait le gouvernement d'athéisme, tandis qu'aux états généraux des Pays-Bas, la Belgique alors comprise, un député belge affirmait que la liberté des cultes ne constituait point *l'indifférence religieuse,* mais dérivait de l'indispensable assemblage, sous un même sceptre, de peuples d'opinions et de croyances divergentes, et déclarait qu'à la religion catholique suffisait la simple liberté pour se maintenir dans sa pureté et dans sa plénitude d'existence.

» Plus tard Monseigneur l'évêque de Langres, réclamant les conséquences pratiques de la charte de 1830 en faveur de la liberté d'enseignement, supposait aussi l'athéisme du système légal constitutionnel moderne, attribut qui me choquait profondément.

» Selon moi, si les institutions fondamentales de France et de Belgique n'adoptaient point de religion déterminée, c'était pour maintenir, contre les empiétements trop expérimentés précédemment du pouvoir civil, le libre exercice du culte, et non dans un sens athée; car ces constitutions, disais-je, ne prétendent nullement que les populations qu'elles régissent sont dépourvues de religion.

» La charte française de 1830 reconnaît comme étant catholique la majorité du peuple français, et la constitution du Congrès, sans s'exprimer sur un fait palpable, oblige l'Etat à pourvoir aux besoins matériels du culte catholique et des autres cultes que professent les citoyens belges. Or de semblables institutions ne peuvent avoir pour base l'athéisme, c'est-à-dire la négation ou l'oubli de Dieu.

» Comment nierait-on l'existence de la Divinité, quand on prend un soin particulier d'assurer la célébration du culte divin qui s'exerce par conviction et librement?

» Si le gouvernement veille à ce que rien n'empêche le développement des sentiments religieux les plus vrais, il accomplit son rôle moral et juste en ce monde; mais s'il travaille directement à détruire dans les cœurs la piété, il est athée, eût-il même un culte apparent. Et j'ajoutais, sur la question dont nous sommes saisis : En ce qui concerne l'éducation, par exemple, que doit faire l'État selon l'esprit constitutionnel véritable? Il doit, ou renoncer à y prendre une part directe, ou l'organiser conformément aux principes religieux des parents dont les enfants seront confiés à ses écoles; car les enfants ne sont pas les enfants de l'administration, qui ne possède aucune doctrine propre à elle; ils appartiennent à la famille où ils sont nés. Ainsi l'éducation publique donnée aux frais de l'État devrait être mise sur le même pied que les cultes dotés par l'État et qu'il ne confond pas ensemble. Les professeurs de collége et les pasteurs se tiennent de très-près. Livrer la jeunesse catholique à un maître qui n'est pas catholique sincère, c'est presque aussi absurde que de faire prêcher les catholiques dans leur église par un ministre de la réforme ou les juifs dans leur synagogue par un évêque. Ce serait là démolir les cultes les uns par les autres, et qu'importe où s'opérerait une telle œuvre? Si elle s'opère plus ou moins quelque part, fût-ce dans un collége du gouvernement, elle est indigne de lui.

» Que si l'on se figure qu'une constitution l'autorise, on aura raison de la dire fondée sur l'athéisme; mais nulle part, dans les chartes française ou belge, on ne trouvera d'article d'où découle une si funeste conséquence. Outre la garantie qu'offre la liberté promise, tout enseignement donné *aux frais* de l'État doit être l'objet d'une loi. Celle-ci, fût-elle détestable, ne prouverait que le mauvais vouloir de l'autorité législative du moment. Elle ne rendrait point athée la constitution qui, prise dans son sens naturel évident, assure d'abord la faculté d'une franche concurrence que l'athéisme déplore, et produirait ensuite un enseignement public fondé sur la religion des citoyens, de manière à ne pas effacer dans les jeunes âmes à l'école ce qui leur a été appris, soit au foyer domestique, soit à l'église.

» A ces observations qui tendaient à rejeter absolument l'idée d'athéisme légal et dont je ne puis produire ici qu'un extrait, Monseigneur Parisis me répondit :

« Notre constitution sociale veut que le pouvoir exécutif use de ses » moyens d'action pour protéger les hommages publics rendus à » Dieu. Sur cela vous me demandez comment une telle constitution » peut être athée?

» Certainement le culte public ainsi protégé exclut d'idée d'a-
» théisme *dans les populations,* mais il ne l'exclut pas nécessaire-
» ment dans l'autorité temporelle qui ne professe aucun culte pour
» son propre compte. Rien d'empêche qu'un tel gouvernement ne
» reste *subjectivement,* c'est-à-dire quant à lui-même, athée.

» Dans la lutte que je soutiens contre le pouvoir qui se présente
» comme le précepteur privilégié de la jeunesse, je l'examinais
» comme on examine *tout précepteur.* Je lui demandais non pas
» quelles étaient ses relations officielles avec les sociétés religieu-
» ses, mais quels étaient ses principes et ses actes personnels, puis-
» que c'est là seulement ce qui pourrait lui donner quelques titres
» à la confiance des familles ; or, de cet examen approfondi, j'arri-
» vais à conclure que le pouvoir civil est plus inhabile à la fonction
» d'instituteur que *le moindre des citoyens.* Il n'admet en effet, pour
» lui-même, aucun article de foi, et n'adopte comme sienne propre
» aucune pratique religieuse. Ces deux omissions réunies ne for-
» ment-elles pas un athéisme à la fois intérieur et extérieur com-
» plet ? »

» Messieurs, dernièrement en Angleterre à l'occasion du choléra,
on arrêta, dans le conseil de la reine, la prière qui devait être dite
à partir du 16 septembre, pendant la durée du fléau, dans toutes les
églises et chapelles de l'Eglise établie et dont voici la fin :

« Dieu tout-puissant et père, dont aucune créature ne peut braver
» le pouvoir et qui tiens dans ta main la vie et la mort, daigne abais-
» ser du haut du ciel tes regards sur nous, tes indignes serviteurs.
» Nous avons trop suivi les choses de ce monde, et dans notre pros-
» périté, nous ne t'avons pas suffisamment honoré. Puissent tes
» inspirations nous suggérer plus de foi ! Puissent les fréquents
» exemples de mortalité que nous avons vus nous rappeler à tous
» la proximité de la mort, afin que, vivants ou mourants, nous soyons
» trouvés les disciples fidèles de celui qui en a enlevé l'aiguillon.
» Reçois notre demande par les mérites N.-S.-J.-C. »

» En Belgique, le conseil du roi peut-il, en cas de malheur public,
faire une profession de foi, adopter pour lui-même une invocation
à la Divinité, la prescrire à quelqu'un ? Evidemment non.

« Cependant, continue M. Parisis dont je réponds l'argument,
» enseigner la jeunesse, c'est lui communiquer des doctrines à la
» tête desquelles se trouvent les doctrines religieuses. Elever la
» jeunesse, c'est la former à l'habitude des actes moraux parmi les-
» quels se trouvent nécessairement les actes religieux (par exemple
» la prière).

» Mais, à moins de changer l'enseignement et l'éducation en une
» odieuse ce stérile imposture, le maître doit croire à ce qu'il en-

» seigne, il doit remplir les devoirs qu'il veut faire pratiquer à ses
» élèves. Or, le pouvoir dont nous parlons ne croit légalement à
» rien. Donc il ne peut par lui-même donner les leçons les plus
» essentielles, les exemples les plus importants; donc il est le plus
» incapable de diriger l'éducation et l'enseignement de la jeunesse,
» et l'athéisme dont je parle n'est pas nommé ainsi par métaphore
» ou par hyperbole; il est essentiel et absolu. Il consiste dans la
» privation de l'élément divin, dans une manière d'être tout à fait
» en dehors des choses de Dieu, selon l'expression de Royer-Collard
» que j'ai citée. *Reléguée à jamais aux choses de la terre, la loi
» humaine ne participe pas aux croyances religieuses; dans sa
» capacité temporelle, elle ne les connait ni ne les comprend.*

» Maintenant si le pouvoir, après avoir donné à tous la liberté
» d'enseigner, voulait organiser lui-même un enseignement, nous le
» placerions en présence d'obligations qui, dans *leur objet,* c'est-à-
» dire les rejetons des familles, excluent l'idée d'athéisme; mais
» quand même le gouvernement accomplirait fidèlement ces obli-
» gations saintes, comme le fait celui de Belgique (nous étions
» en 1845), il ne cesserait pas pour cela d'être intrinsèquement
» athée; parce que ces obligations ne prendraient leur source que
» dans un état de choses placé *hors de lui,* c'est-à-dire dans les
» droits *individuels* des membres de la société qu'il dirige selon
» l'ordre public. »

» Aussi, messieurs, lorsque fut votée la loi sur l'instruction primaire, on la traita tout à fait selon les besoins du peuple *objet de
cette instruction,* peuple au point de vue religieux bien distinct du
pouvoir civil; et comme notre sol est couvert d'églises catholiques
fréquentées par lui, on agit avec bon sens pratique et respect pour
le culte de Dieu, en donnant au clergé une part spirituelle, nécessaire et légale d'autorité sur les livres et les maîtres dans l'enseignement, avec égards pour d'autres cultes; et lorsqu'on fit alors des
allusions à l'instruction moyenne, je me contentai de dire que la
religion n'est pas moins nécessaire aux messieurs qu'au peuple, car
les messieurs ne sont pas plus destinés à vivre éternellement ici que
les ouvriers.

» C'est parce qu'elle est conforme à la raison, à la vérité des faits,
que notre loi sur l'instruction primaire, dans son application d'ensemble (rien n'est parfait en ce monde), produit de bons fruits; et si
l'on y touche avec l'imprudence de l'orgueil, qui ne tient pas compte
de l'expérience, on la gâtera.

» Malgré l'appéciation rigoureuse qui semblait, au premier coup
d'œil, incompatible avec une complète approbation de notre régime
constitutionnel, Monseigneur Parisis, au contraire, s'exprimait ainsi
dans ses conclusions finales :

« Vous établissez « *que notre gouvernement constitutionnel n'est pas*
» *autre chose qu'un ordre temporel distinct de l'ordre spirituel ;*
» *rien de plus, rien de moins.* »

» J'admets cette définition sans aucune réserve, je l'ai toujours
» admise ; j'en ai fait et j'en fais encore la base de tous mes raison-
» nements, *et je reconnais qu'un gouvernement ainsi constitué,*
» *quand il est fidèle à sa constitution, mérite beaucoup de sympa-*
» *thies et d'éloges.*

» Serait-il même nécessaire de prouver qu'il vaut mieux pour la
» religion être seulement libre sous un gouvernement neutre que
» protégée sous un gouvernement même catholique, cette thèse se-
» rait très-facile à prouver.

» Tant que le gouvernement constitutionnel reste dans sa sphère,
» ce régime est bon en lui-même, et sous bien des rapports il est
» meilleur qu'aucun autre, même dans l'intérêt de la religion ; mais
» dès qu'il sort de son centre, dès qu'il envahit le domaine immense
» des libertés publiques, il est, comme l'athéisme, mauvais, très-
» mauvais. Il est alors beaucoup plus dangereux pour la religion
» que les gouvernements absolus ; parce que, n'ayant lui-même au-
» cun principe religieux, il peut se livrer aux écarts les plus incal-
» culables. »

» Trois ans plus tard, en février 1848, le gouvernement de France,
dont les professeurs s'étaient livrés à tous les écarts, se voyait en un
instant renversé de fond en comble, attaqué, non pas seul cette fois,
mais avec l'ordre social tout entier. Et les pairs de France, auxquels
je puis comparer la majorité de cette chambre, sans lui manquer
de respect, ces pairs, hommes de haute expérience politique, qui
avaient souvent entendu les plus graves objections contre l'instruction universitaire, étaient remplacés, au palais du Luxembourg, par
des docteurs qui se moquaient d'eux et du bon sens. Alors, mais
trop tard, l'un des membres les plus instruits et les plus habiles de
cette assemblée, qui comptait tant d'illustrations, disait à un plus
jeune dont il n'avait pas compris les persistants efforts contre cette
éducation ruineuse : « Quelle bêtise nous avons faite d'élever ainsi
la jeunesse ! »

» Messieurs, c'est la même bêtise dont nous cherchons à vous
préserver, ainsi que nous-mêmes ; car nous sommes tous embarqués
sur le même navire et, coupables ou non des fautes qui se commet-
tront dans sa manœuvre, nous périrons de concert, et nous sommes
exposés à périr, quoi qu'en ait dit hier, à la fin de la séance, un orateur trop confiant, sans savoir même si nous trouverons un radeau.

» Je reviens aux définitions exactes, mathématiques, de l'homme de
conciliation par excellence, que M. Victor Hugo a nommé le vénérable

évêque de Langres, et qu'il a même expressément distingué du parti clérical, pour lui faire honneur sans doute; et quant à moi, je le déclare ici, j'adopte entièrement les opinions du savant prélat si parfaitement d'accord avec notre Congrès national, dont l'intention a toujours été de conserver à la religion son influence légitime par la liberté sérieuse et sincère, et de doter la Belgique de ce gouvernement constitutionnel ferme sur le maintien des libertés promises et, selon monseigneur Parisis, bon en lui-même et meilleur peut-être qu'aucun autre dans l'intérêt de la religion.

» Selon le sens étymologique du mot athée, le pouvoir civil, qu'on ne doit pas confondre avec la nation comprenant aussi l'Eglise, est privé de toute doctrine à l'égard de Dieu, par conséquent *sans Dieu.*

» Je défie qui que ce soit, en effet, de me montrer non-seulement un catéchisme quelconque du pouvoir civil, mais de m'expliquer le Dieu qui est le sien. Est-ce le Dieu du déisme fataliste de Mahomet, le Dieu en trois personnes des chrétiens, le bon Dieu de M. Destriveaux, le Dieu de M. Cousin si longtemps grand-maître du corps professoral de France et que M. Gioberti, pendant son séjour à Bruxelles, dans un écrit imprimé qu'il voulut bien m'offrir, a démontré n'être que le *Dieu nature,* c'est-à-dire le Dieu des panthéistes; enfin est-ce le Dieu de notre compatriote M. de Potter expliqué dans son livre intitulé *la Justice et sa sanction religieuse,* plein d'observations très-justes qu'admettent les chrétiens avec une conclusion singulière, mais logique à sa façon, où il repousse tout à la fois le Dieu-personne et le Dieu-nature qu'il déclare être le matérialisme déifié et tous les cultes qui ont eu, dit-il page 124, leur époque d'utilité, de nécessité même, et sont devenus une irrationabilité ridicule?

» Or, dans l'enseignement donné directement par *le pouvoir civil,* écartera-t-on du professorat tout Belge qui pensera comme M. Cousin, ex-grand et fort illustre maître du corps professoral de France sous le roi Louis-Philippe?

» Exclura-t-on tout professeur qui partage sur la Divinité et les cultes le sentiment de M. de Potter? Et il en est peut-être plus d'un ! Exclura-t-on celui qui aime mieux tout simplement l'*otium cum dignitate,* c'est-à-dire le loisir avec la dignité qu'ont réclamé les membres du congrès professoral de Belgique, et qui se contenterait de bons appointements, puis d'une pension pour subvenir aux besoins de la vie présente, sans prendre souci d'aucune croyance en ce qui concerne le Créateur ou la vie future?

» Et si l'on exclut ces professeurs, quel sera le point d'arrêt de l'exclusion officielle? Et préalablement à leur admission sur quoi portera l'examen de leurs doctrines, en vertu desquelles ils seront reconnus bons ou mauvais?

» Je suppose la loi qu'on vous présente votée, quel sera probablement d'abord le grand pontife de l'éducation dite de l'Etat, payée par tous les contribuables? Ce sera M. Rogier; mais quelle est la philosophie de M. Rogier? Est-ce celle de Platon, d'Aristote, d'Epicure, de Descartes, de Spinoza, de Malebranche, de M. Cousin, de M. de Potter? Je n'ai pas le droit de le lui demander.....

» Si M. de Potter, libéral sincère, antilibéraliste, devenait chef du corps professoral officiel, je saurais au moins ce qu'il croit, ce qu'il désire faire prévaloir dans l'enseignement; parce qu'il a écrit, qu'il a publié ses opinions franchement, qu'il ne me promène pas dans un labyrinthe, mais dans une avenue large où je puis distinguer le point vers lequel il me mène.

» Quant à M. Rogier, je le vois bien lever les bras au ciel chaque fois qu'on se permet de soumettre à une sérieuse analyse sa théorie de l'éducation du pouvoir civil, sans critérium philosophique ou religieux; mais c'est pour moi, je l'avoue, comme le jeu du télégraphe que les passants ne comprennent pas et qui ne s'explique qu'au point d'arrivée. Or, pour le père de famille prévoyant et sensé, il faut que la voie morale et religieuse sur laquelle il va diriger son fils lui soit connue dès le point du départ et dans tout son cours, sinon il peut être fort ébahi de la révélation finale qui le surprendra quand ce même fils aura traversé l'adolescence, pendant laquelle se forment les plis de l'âme comme la taille et les contours du corps matériel qu'elle habite.

» Je viens de dire que je ne connaissais pas les doctrines de M. Rogier, et qu'en sa qualité de ministre il m'était interdit de lui en demander l'explication. Je ne pourrais donc, sans agir en aveugle, lui confier l'éducation d'un jeune homme qui dépendrait de moi. Lui, d'autre part, ne voudrait peut-être pas me livrer un pupille dont il serait chargé. Je ne m'en offenserais certes pas, surtout si j'étais ministre de l'éducation du hazard au nom du pouvoir civil, que je me déclare incapable de diriger. Je sais bien, sans doute, qu'on établirait devant moi la série des langues, des connaissances mathématiques et physiques que je devrais faire distribuer aux élèves; mais à quel point et comment devrais-je établir dans cet enseignement la morale, la part de Dieu grande ou petite, apparente ou réelle, solide ou creuse, vague ou déterminée? Quelle direction devrais-je donner à l'enseignement de la littérature, de l'histoire? Chose singulière! c'est au nom du système qui a découvert l'homogénéité pour le gouvernement politique, de telle sorte qu'une administration mixte est, selon son principe, un contre-sens intolérable, c'est au nom de l'homogénéité qu'on veut une éducation très-répandue aux frais de l'Etat avec la plus complète mixture professorale qu'on puisse imaginer! Les maîtres peuvent sous ce régime appartenir à toutes les religions, à toutes les absences de religion. Ainsi le professeur protestant enseignera l'histoire où l'Eglise joue un si grand rôle à de jeunes catholiques, et le professeur rationaliste, en leur enseignant la littérature, vantera spécialement les auteurs hostiles à toute religion révélée et les présentera comme supérieurs sous le rapport du style et du génie. Puis le prêtre sera invité à venir donner une leçon de religion!

» Aussi, dit quelque part M. de Lamartine, « quand l'Eglise vous demande, avant de vous prêter son ministère dans vos colléges, de lui laisser connaître les doctrines de vos professeurs, consciencieuse et convaincue, elle a raison; car elle ne peut pas jouer une comédie sacrée, couvrir complaisamment de son manteau les fraudes de l'enseignement philosophique qui lui dérobe les âmes entre le pupitre et l'autel. C'est indigne d'elle, c'est se jouer des hommes, c'est trafiquer des enfants, c'est vendre Dieu; et ses ministres sont respectables dans leur vigilance, ils sont dans leur droit et leur devoir. »

» Messieurs, une difficulté insoluble, que n'apprécient point ceux qui veulent une forte intervention de l'Etat dans l'éducation par intérêt pour la science humaine, c'est qu'on ne peut pas recueillir toute espèce d'avantages de toutes les formes et de tous les principes de gouvernement. Vous voulez un ordre de choses qui assure la plus parfaite indépendance de conscience. Vous ne voulez plus l'action du bras séculier en faveur de l'Eglise. Vous voulez un gouvernement qui ne peut s'immiscer en rien dans la publication des livres et journaux, vous repoussez toute censure de sa part. Vous ne lui accordez aucune autorité d'ordre moral, pour le for intérieur. A peine s'il peut faire respecter extérieurement les convenances que la décence la plus commune exige. Et tout d'un coup vous trouvez parfaitement rationnel de lui livrer une part énorme aux frais du trésor dans l'éducation de la jeunesse! Le gouvernement ne peut pas agir directement en faveur de l'Eglise, et vous lui donnez la mission de faire directement concurrence aux écoles religieuses qui ne devraient avoir à subir que la concurrence particulière. Vous établissez même des empêchements à l'égard des communes qui voudraient adopter les écoles vraiment chrétiennes. De la sorte vous affaiblissez tellement l'action du christianisme que vous le rendez incapable de protéger la société par sa libre expansion, et tout cela se fait pour l'avantage de la science, au détriment du budget! Sachez donc qu'on ne peut faire vivre un Etat sans principes ayant leurs conséquences *coordonnées entre elles*. Le principe de liberté pure et simple, faussé dans son application, devient un poison.

La vérité parfaitement libre a peut-être la puissance de contre-balancer l'erreur libre aussi; mais si la foi livrée à elle-même trouve l'indifférentisme religieux non plus livré à lui-même, mais patroné, aidé par le gouvernement, l'équilibre est rompu.

» Je ne crains pas de reconnaître que la liberté de l'enseignement est favorable à la religion plus qu'au rationalisme sceptique, et je reconnais que l'Eglise libre pour l'instruction est plus forte que ses adversaires, et c'est là ce qu'on appelle dérisoirement monopole. Cependant d'autre part ceux-ci, libres également, l'emportent par la presse, par le journalisme qui a tant d'influence, aussi par les passions humaines que l'Eglise est forcée de combattre sans ménagement, passions désordonnées qui attirèrent sur elle pendant trois siècles les sanglantes persécutions du paganisme et la poursuivront jusqu'à la fin du monde.

» L'on peut donc à notre époque se rassurer sur l'exubérance de son pouvoir, et ceux-mêmes qui le suspectent doivent redouter bien plus aujourd'hui qu'il ne suffise point pour résister à l'action subversive, dissolvante, terrible, qui menace l'Europe entière.

» Qu'il y ait dans un pays un certain nombre de personnes sans foi religieuse positive, elles se soutiendront avec le reste comme les arceaux interrompus de vieux édifices, qui s'appuient sur des arcades encore entières. Mais si le pouvoir civil se met du parti sceptique, insouciant dans l'éducation, au lieu de s'abstenir, sauf pour le nécessaire; s'il écarte fatalement, par la nature de la mission limitée qui lui est dévolue, sa construction de science humaine du fondement du temple divin, il périra; car aucun peuple ne peut vivre avec la nullité religieuse, non pas seulement tolérée et libre, mais organisée dans l'éducation par la puissance publique, payée, soutenue par elle-même, et tel sera l'effet inévitable du développement large de l'instruction moyenne dite de l'Etat et qu'on peut appeler hardiment *contre l'Etat*.

» Maintenant, qu'oppose-t-on à ces arguments si justes, si profondément vrais, qu'on ne peut les entamer d'aucune manière?

» M. de Lamartine, lui, car je ne veux pas le citer à demi pour ma cause, trouve que les ministres de la religion ne sont plus libres parce qu'ils reçoivent un salaire : il oublie toujours que la société religieuse, à laquelle nous devons notre société civile, le savant jurisconsulte Troplong l'a démontré, s'était dotée elle-même pour ses besoins matériels, et que l'assemblée constituante, après une spoliation complète, remplaça le strict nécessaire de ces besoins par une indemnité assurée de nouveau par le concordat de 1802.

» Quant à la Constitution belge, elle n'admet en rien ce faux raisonnement de M. de Lamartine. Mais on lui attribue une autre erreur qui ne lui appartient pas le moins du monde, et sur laquelle se dresse tout l'échafaudage de la loi qu'on nous présente. L'art. 17 de la Constitution est ainsi formulé : « L'enseignement est libre, toute mesure préventive est interdite, la répression des délits n'est réglée que par la loi. L'instruction publique donnée aux frais de l'Etat est également réglée par la loi. »

» L'enseignement donné sous la direction du pouvoir civil, que notre Constitution rend impropre à l'éducation par la mission purement temporelle qu'elle lui attribue, est sans nul doute une cause absolue de ruine pour le pouvoir lui-même et pour la société ; cependant, si j'avais encore à voter la Constitution, j'accepterais l'art. 17, qui ne dit ni trop ni trop peu sur la matière ; en effet, pouvait-on la remplacer par une disposition ainsi formulée : « Aucun enseignement ne sera soldé ou aidé pécuniairement par le trésor public ? » Alors aucune école de droit, aucune école de médecine, aucune école militaire ou du génie civil n'aurait pu être organisée aux frais de l'Etat.

» Certes, malgré mon opposition bien ferme et bien motivée contre l'enseignement étendu à toutes choses aux frais des contribuables, je n'aurais pas admis l'exclusion de toute participation de l'Etat à l'instruction ; j'aurais donc dû me borner à faire assurer par la loi fondamentale que cette instruction, quelle qu'elle fût, serait réglée par l'autorité législative et non confiée au simple régime des arrêtés royaux comme la nomination aux emplois civils et militaires. L'art. 17 ne prescrit évidemment qu'une seule chose, c'est que l'enseignement donné aux frais de l'Etat sera l'objet d'un acte législatif. Lui faire dire plus, l'établir comme une sorte de machine de siége contre l'instruction libre et vraiment religieuse, c'est torturer la langue pour pouvoir nuire à l'éducation chrétienne au profit de l'éducation sans croyance.

» On a proclamé ici souvent une sorte d'axiôme qui ne se trouve pas dans la Constitution : *L'Etat est laïque*. Définissons donc exactement ces deux termes : l'Etat, c'est l'ensemble d'une société complète, organisée de manière à constituer une nation. L'Etat se compose de magistrats, de militaires, d'employés divers d'administration publique, de ministres de la religion, puis d'agriculteurs, de commerçants, etc. L'Etat n'est exclusivement ni financier, ni légiste, ni prêtre, ni militaire, ni agriculteur, ni commerçant ou médecin. Il est l'ensemble de toutes ces fonctions ou professions. Le sacerdoce fait partie essentielle, indispensable de cette société et figure au budget. L'*Etat* n'est donc pas exclusivement laïque.

» Cependant on peut et l'on doit dire que le *pouvoir civil* chargé d'assurer l'ordre matériel et la sécurité de l'Etat, avec lequel on ne

doit pas le confondre dans un langage exact, est lui purement laïque, c'est-à-dire distinct du pouvoir religieux et par cela même,
n'étant *que laïque*, il lui manque la qualité la plus essentielle pour
l'éducation de la jeunesse. Et certainement on ne contestera point
qu'un catholique ne peut pas confier son fils à un précepteur dont
la foi lui est inconnue! En vain lui dirait-on : Ce précepteur ne doit
être à vos yeux qu'un homme de science. Pour la religion vous for-
merez votre fils vous-même; vous l'enverrez à l'église entendre des
sermons. Il répondrait : Si mon père avait traité si légèrement mon
éducation, je ne serais pas ce que je suis !

» Aussi la Constitution s'est bien gardée de dire : Il y aura un
enseignement à tous les degrés et dans toutes les branches *dirigé
par le pouvoir civil.* Elle a supposé l'utilité, la convenance, le besoin même d'un certain enseignement public donné *aux frais* de
l'Etat; elle n'en a déterminé ni les conditions, ni les limites, ni la
nature, ni même l'agent. L'enseignement du droit pourrait être
confié à une commission prise dans la cour de cassation qui nomme-
rait les professeurs de cette science. L'enseignement médical pourrait être l'attribut de professeurs choisis par l'Académie centrale de
médecine, et dans un pays chrétien, parfaitement tolérant d'ailleurs,
une immense majorité de catholiques pourrait confier à des institutions religieuses, avec certaines conditions, l'éducation moyenne
donnée aux frais de l'Etat, c'est-à-dire à l'aide de contributions
payées par eux-mêmes, en réservant aux autres cultes proportion-
nellement une part de ces frais. Y a-t-il rien dans l'article 47 ou
ailleurs qui empêcherait qu'on donnât des subsides à l'université de
Louvain, comme établissement d'utilité publique, de même que la
province de Brabant favorise de son assistance et à ses frais l'université de Bruxelles ?

» Les dépenses matérielles des cultes sont *aux frais de l'Etat*,
et cependant le culte divin n'est pas dirigé par le pouvoir civil, il lui
est même interdit de s'en mêler. Tout cela prouve à la dernière évidence que l'article 47 n'entraîne aucune des conséquences forcées
et funestes qu'on lui prête et qu'on ne lui attribuait pas en 1834,
trois ans après les travaux du Congrès constituant. A cette époque
primitive, dès que les populations belges se virent affranchies des
entraves apportées à l'enseignement religieux, sous le règne du roi
Guillaume, elles appelèrent avec bonheur le clergé pour l'organiser.
L'exposé des motifs de la loi qu'on nous présente et le rapport de la
section centrale nous l'apprennent, en signalant cette tendance
pieuse comme un excès. « L'enseignement *privé*, dit le rapport
(page 2), et nous comprenons sous ce nom l'enseignement donné par
les corporations religieuses ou le clergé séculier, profita surtout de

la nouvelle situation. Dans beaucoup de localités secondaires, les *régences* se déchargèrent de l'obligation d'entretenir un établissement coûteux, en le cédant au clergé. Ces cessions étaient habituellement indirectes. Un vote du conseil communal supprimait le collége; une autre délibération mettait à la disposition de l'évêque diocésain les bâtiments ainsi que le matériel; le collége se rouvrait sous les auspices et sous l'autorité de l'évêque. Il n'était pas rare que la commune allât (ô! abomination!) ajouter un subside sur les fonds communaux aux autres avantages déjà concédés à l'évêque. » C'est-à-dire, à l'œuvre que lui confiait la commune.

» Ainsi donc, au lieu d'entretenir chèrement une éducation qui ne convenait pas aux familles chrétiennes, celles-ci, représentées par les conseils communaux, préféraient la direction d'un évêque à celle d'un laïque flanqué d'autres laïques, dont il était infiniment difficile de connaître les principes moraux et religieux; elles imitaient ce que j'ai vu et vois encore dans presque toutes les maisons aisées, où l'on préfère les précepteurs ecclésiastiques, quand on peut en avoir, aux précepteurs laïques. Et ce serait en vertu de l'article 47 qui proclame l'enseignement libre, non pas seulement en faveur de ceux qui sont assez riches pour donner à leurs enfants des précepteurs, mais pour la multitude; ce serait malgré la disposition qui défend toute mesure préventive, que la loi nouvelle, ironiquement déférente envers cet article, mettrait tout en jeu afin que les communes ne choisissent plus, conformément aux désirs des pères de famille quand ils sont pieux, le mode d'éducation qu'un grand nombre adoptent le plus volontiers ?

« Déjà une circulaire de 31 mars 1840 (c'est le rapport qui le dit) » avait servi de base à un système au moyen duquel on s'efforça de » *reconquérir sur les communes,* en échange *de subsides,* une par- » tie des prérogatives abandonnées depuis 1830. »

» La clef d'or est toujours un excellent moyen d'action. Maintenant à cette clef d'or la loi ajouterait des menottes de métal moins précieux qui lieraient les mains aux communes pour qu'elles ne les tendent plus au clergé !

» Une chose curieuse se passe de la sorte à l'égard des familles chrétiennes et qu'on ne remarque pas assez. On leur dit : La liberté vous suffit; vous savez faire surgir des colléges chrétiens pour vos enfants, vous n'avez besoin d'aucun subside; mais à vos frais on organisera des colléges éclectiques, où la religion sera le moindre des soucis, et ceux-là s'appelleront les colléges de l'Etat, qui leur donnera l'avantage officiel sur les vôtres, lesquels ne peuvent prendre que le titre de colléges privés; s'il y a des bourses payées par le trésor, on ne les donnera qu'à ceux-là.

» Cependant, de deux choses l'une, la société prise en masse, qu'on appelle l'État, ne doit se mêler en rien de l'enseignement moyen, trop intimement lié à l'éducation religieuse, ou bien elle doit faire la part à toutes les familles qui la composent en raison de leur nombre.

» Si nous étions tous, en Belgique, ou catholiques, ou protestants, ou israélites, ces parts respectives se feraient facilement.

» Malheureusement le rationalisme arrive, et comme l'absence d'éducation religieuse réelle lui convient parfaitement, que le pouvoir civil en religion est zéro, il met le pouvoir sur le trône scientifique officiel, et sous le nom commode et sonore de l'État, le rationalisme prend pour lui seul l'argent du trésor, livré à l'incapacité religieuse du pouvoir laïque. « Tant pis pour vous, dit-il ensuite aux familles chrétiennes, si l'éclectisme professoral ne vous convient pas! A nous, libres penseurs, il nous convient; car si nos enfants expliquent Homère, Démosthènes, Horace, Cicéron, Virgile, s'ils connaissent les langues modernes, les gaz et les acides, les nombres, les surfaces, les cubes, cela nous suffit. Vous croyez, vous, que cela ne suffit pas à l'homme complet, soigneusement élevé, non-seulement pour la terre, pour le temps présent, mais plutôt encore pour Dieu et l'éternité dont chaque mesure de vie humaine la plus longue n'est qu'un atome. Nous sommes fâchés pour vous de ces hautes prétentions. Pourquoi êtes-vous si difficiles? Pourquoi portez-vous vos regards au delà du siècle présent? Nous sommes, nous, les enfants de ce siècle. Le pouvoir civil est exclusivement dévolu au siècle, il nous doit toutes ses faveurs! »

» Mais Dieu, que vous mettez à la merci du hasard et à la queue de votre enseignement, ne vous laissera pas même jouir de ce bonheur temporel. Vous userez de mille découvertes ingénieuses, et malgré tous ces progrès matériels l'inquiétude des esprits ne fera qu'augmenter avec l'orgueil!

» Vous le verrez en Belgique comme on le voit hors de Belgique, si vous perdez les traces de votre Congrès national, la seule assemblée politique de ces temps modernes qui ait voulu franchement la liberté, libérale, sincère, sans contrainte d'aucun genre pour ou contre l'Église, liberté bien différente de ce libéralisme qui cherche toujours à entraver l'action naturelle et bienfaisante du christianisme, et qui voit, par exemple, avec colère, avec jalousie, l'agglomération des familles généralement unies par la même foi dans une commune préférer l'éducation confiée à la direction d'un évêque à celle d'un délégué de la bureaucratie scientifique ministérielle, qu'on décore du nom d'*État*, comme les proconsuls de la Convention se disaient les représentants du peuple. Et cependant, quoi qu'on fasse.

messieurs, jamais de cette source ne sortira une éducation vraiment, solidement religieuse et sociale. L'expérience a été faite dans divers pays; elle n'a produit que les plus tristes résultats.

» Lorsque, en 1833, M. Guizot fit voter aux chambres des députés et des pairs, toutes deux dynastiques en si grande majorité, la loi qui organisait les écoles normales destinées à former les maîtres de l'instruction primaire, il disait :

« Vous le savez, messieurs, l'instruction primaire est tout entière dans les écoles normales primaires ; ses progrès se mesurent sur ceux de ces établissements. L'Empire qui, le premier, prononça le nom d'école normale primaire, en laissa *une seule*. La restauration en ajouta cinq à six ; nous, messieurs, en deux ans, nous avons perfectionné celles-là, dont quelques-unes étaient dans l'enfance, et nous en avons créé plus de trente, dont une vingtaine sont en plein exercice et forment dans chaque département un *vaste foyer* de lumières pour l'instruction du peuple. Enfin, messieurs, *nous nous croyons* sur la route du bien. Que votre prudence soutienne la nôtre ; que votre confiance nous soutienne et nous encourage, et *le temps n'est pas éloigné* où nous pourrons dire tous ensemble, ministres, députés, départements, communes, que nous avons accompli autant qu'il était en nous les promesses de la révolution de Juillet et de la charte de 1830, dans ce qui se rapporte le plus directement à l'instruction et au vrai bonheur du peuple. »

» Pourtant ce bonheur du peuple, élevé par les soins du ministère de l'instruction publique que dirigeait le très-savant M. Cousin, panthéiste, selon M. Gioberti, non suspect de jésuitisme, comment s'est-il manifesté depuis? Par la fuite d'un roi très-clément, très-humain, et de son ministre, M. Guizot, en Angleterre; par des combats affreux dans les rues de la capitale; par les plus grands pouvoirs accordés ensuite aux préfets *contre* les maîtres d'écoles primaires de l'État, qui devaient les transformer en un vaste foyer de lumières et qui ont contribué à en faire un immense foyer d'incendie socialiste; par la réunion de 75,000 hommes casernés ou bivaqués dans Paris et ses environs, à Lyon et dans les départements qui l'entourent; par l'état de siége; enfin, par les troupes d'infanterie, de cavalerie, d'artillerie qui bivaquent constamment dans les cours du palais de l'Assemblée législative de France, tandis que nos quatre ou cinq bons factionnaires placés, on ne sait trop pourquoi, dans les tribunes, n'y peuvent certes rien pour nous protéger, et tout ce que nous risquons ce sont quelques trépignements improbateurs ou quelques bravos de commande contraires au règlement. Et cependant, que n'ont pas débité les journaux libéraux français, même conservateurs, contre cette pauvre Belgique courbée sous la domination politique du clergé?

» Dans son rapport de 1844 sur la loi française concernant précisément l'instruction moyenne, M. Thiers se faisait l'écho de ces sortes de jugements prononcés sur nous, et je me permettais de lui adresser ce court résumé de la domination cléricale en Belgique :

« Comment ce clergé, maître de la politique intérieure, supporte-» t-il que plusieurs journaux l'accusent, lui attribuent des projets, » des intentions propres à le rendre suspect et même odieux? Com-» ment aucun publiciste anticlérical n'a-t-il été condamné en Belgi-» que, ainsi que l'a été en France M. Combalot, antiuniversitaire, à » la prison et à plusieurs milliers de francs d'amende? Le domina-» teur qui supporterait ces censures, ces attaques même violentes » de son sujet avec tant de bénignité, serait vraiment trop bon. Com-» ment le clergé, politiquement maître, permet-il aux états pro-» vinciaux du Brabant d'accorder des subsides à l'université de » Bruxelles, tandis qu'ils n'accordent rien à l'université catholique » de Louvain, également située en Brabant, et qui ne vit que de » souscriptions? Comment ce clergé souffre-t-il que les écoles des » frères de la doctrine chrétienne, reconnues excellentes par » MM. Guizot et Villemain, n'obtiennent à Bruxelles et à Liége au-» cun secours de la caisse communale, largement ouverte à d'autres » établissements d'instruction primaire? Comment, enfin, le clergé » dominateur politique n'oppose-t-il aucun moyen coërcitif au tra-» vail du dimanche, qui empêche souvent trop d'ouvriers d'assister » au service divin, tandis qu'ils chôment le lundi? Si le clergé belge » est politiquement dominateur à ces conditions, vous conviendrez, » monsieur, qu'on ne peut rencontrer nulle part d'autorité moins » redoutable à tous les hommes, quelle que soit leur religion ou » leur insouciance du culte. »

» Ceci, messieurs, me dispensera d'une dissertation trop longue sur Rome et les Etats romains, enveloppés dans cette révolution italienne despotiquement propagée par le poignard, pays dont le régime n'avait rien de commun avec celui que nous avons adopté, et qui consiste dans la simple liberté d'action de l'Eglise pour le bonheur de l'Etat

» En France, en Allemagne, on a beaucoup gêné cette liberté dans l'éducation de la jeunesse; on a beaucoup donné au pouvoir civil. En Belgique, on a beaucoup laissé faire à l'Eglise, avec le consentement et le vœu des laïques, pas autrement, bien entendu, et jusqu'ici on n'a point organisé de corps professoral qu'on peut appeler exclusivement *corps,* parce qu'il n'aura jamais d'autre *âme* qu'un bureau scientifique, et la science seule ne sera jamais le fondement d'un Etat, l'histoire entière le démontre. Pour le prouver mieux encore sans doute, la grande école normale de Paris a voté en masse pour le socialisme destructeur de la société, et j'ajouterai que si la Montagne de l'Assemblée législative était appelée à voter dans cette enceinte, elle accorderait avec joie ses suffrages, probablement unanimes, à toutes les écoles qu'on vous propose de créer, même aux athénées royaux, dont le monarchisme nominal ne la rebuterait pas un instant.

» Messieurs, je me suis permis de vous entretenir cette fois plus longtemps que de coutume; vous me rendrez cependant la justice que je me renferme strictement dans le sujet du débat. Je n'ai fait appel à aucun texte d'anciens discours pour embarrasser ceux qui les avaient prononcés. Je n'ai fait la guerre ni aux journaux ni aux brochures publiés dans un sens adverse au mien. Je n'ai rien dit de moi-même. Tous les éloges que je m'accorderais, toutes les assurances personnelles de mes sentiments libéraux ne prouveraient rien sur la question que j'examine dans sa nature propre et non dans un but hostile à qui que ce soit, comme toutes les protestations fort honorables de son attachement à l'Eglise catholique de la part de M. le ministre Rolin ne changent point les mauvaises bases de la loi : j'ai donc seulement, à l'aide de principes et de faits certains, démontré clairement, d'abord, que le pouvoir civil est impropre à la direction de l'éducation, qu'il ne doit être appelé à s'en mêler que le moins possible et par nécessité; ensuite, que l'art. 17 et spécialement son dernier paragraphe 2 « l'enseignement public donné *aux frais* de l'Etat est également réglé par la loi », n'attribuent rien au pouvoir civil; puisque l'enseignement aux frais du trésor public pourrait être constitutionnellement distribué d'une manière plus équitable et plus conforme aux besoins de l'humanité et de chaque homme pour lequel l'existence n'est pas bornée à la vie fragile de ce monde, *comme celle du pouvoir civil.* Enfin, j'ai rappelé quelques faits patents qui prouvent combien il est dangereux de beaucoup remettre en ce genre à un pouvoir dont les fonctions, selon notre charte libérale, se bornent à l'ordre temporel et le rendent ainsi, de fait et de droit, incapable d'élever les âmes vers Dieu, par l'ensemble de l'éducation, tâche bien plus difficile encore que d'instruire l'esprit par les sciences.

» On a cru quelquefois m'embarrasser en me rappelant, ailleurs qu'ici, l'éducation de Voltaire par un ordre religieux. Je ne prétends et ne prétendrai jamais que l'Eglise n'élèvera que de bons sujets. Je ne prétends pas davantage qu'il n'y ait point d'autre cause de corruption que la mauvaise éducation. Sous les gouvernements si longs de Louis XIV, du Régent et de Louis XV, les affreux scandales de la cour, ceux que donnait la haute noblesse follement concentrée à Versailles, démoralisèrent la capitale et une grande partie des provinces de France; tandis que la Belgique ne subissait pas ces mauvais exemples d'en haut. La trop grande richesse ecclésiastique mal employée devint encore une cause corruptrice, et bien d'autres que je ne puis énumérer et parmi lesquelles je citerai la licence de la presse et des théâtres.

» Ce que j'affirme, c'est que pour être convenablement initié aux doctrines et aux pratiques de la foi chrétienne, pour se soumettre aux sacrifices qu'elle exige, même imparfaitement, pour résister aux mauvais penchants si multipliés qu'elle réprime, le jeune homme a besoin d'être encouragé à marcher généreusement dans cette voie laborieuse, et qu'il lui faut autre chose de la part de ses maîtres que l'*otium cum dignitate,* devise du congrès professoral belge. Il lui faut l'exemple dans ce combat spirituel que nous devons, depuis l'âge de raison jusqu'à la mort, soutenir contre nous-mêmes, en invoquant constamment, chaque jour, la grâce de Dieu, pour qu'elle vienne en aide à notre faiblesse.

» Et le pouvoir civil, qui ne prie pas, comment nous enseignera-t-il l'art de bien prier, la science de bien mourir? Car, messieurs, si le Créateur avait voulu que l'Etat fût notre dernière fin, notre fin principale, le but essentiel de notre existence, il nous eût accordé l'immortalité sur la terre. Notre catéchisme catholique répond à cette question : «Pourquoi l'homme a-t-il été créé et mis au monde? — Pour connaître Dieu, l'aimer, le servir et, par ce moyen, obtenir la vie éternelle. »

» Ce n'est certes pas la réponse de la *statolâtrie* exclusivement occupée du temps présent. Et cependant, qui, pour l'humanité, a rendu la vie actuelle et de passage moins misérable, malgré les histoires de Josué et Galilée (qui ne m'empêchent pas de défendre ici l'observatoire)? Les faits universels l'attestent, c'est le christianisme; ce n'est pas cette morale vague et sans autorité, inspirée à chaque homme, dont a parlé l'honorable M. Destriveaux.

» Les Grecs et les Romains étaient parfaitement formés par les arts et la littérature, et néanmoins, quelle était l'affreuse barbarie de leurs mœurs! Barbarie si complète que, sous les meilleurs empereurs de Rome païenne, comme Trajan, le peuple et les grands, passionnés pour les combats de gladiateurs, condamnés à se tuer pour l'amusement public, y demeuraient des journées entières. De jeunes esclaves venaient de temps en temps dans l'arène retourner le sable avec des râteaux pour lui faire boire le sang qui l'inondait. Personne, à Rome, n'accusait ces combats d'inhumanité, et Cicéron, le meilleur moraliste de la République, ne les trouvait pas blâmables quand on n'y faisait paraître que des criminels.

» La morale des Indous, comme celle des Germains, nos ancêtres, que convertirent les saints dont plusieurs de nos communes, de nos églises portent le nom, saint Eleuthère, saint Amand, saint Remacle, saint Liévin, faisait un devoir aux veuves de s'enterrer avec les cadavres de leurs maris ou de se brûler sur un bûcher.

» La morale des Mahométans leur permet de dégrader les femmes, en les enfermant dans des harems; la morale des Chinois, de laisser mourir les enfants qui les gênent. Celle des Carthaginois, habiles dans le commerce, trouvait bon qu'ils immolassent les leurs à Saturne; et, selon la morale de Rousseau :

« Le premier qui ayant enclos un terrain s'avisa de dire : Ceci
» est à moi, fut un imposteur, et le bienfaiteur de l'humanité eût
» été l'homme qui, arrachant les pieux et comblant les fossés, se
» fût écrié : N'oubliez pas que les fruits sont à tous, et que la terre
» n'est à personne! »

» C'est après cette morale qu'arriva le culte de la déesse Raison, avec tous les massacres, toutes les turpitudes qui l'accompagnèrent, religion bestiale à laquelle succéda le culte imbécile de la législation humaine, et je me rappelle encore avoir vu dans mon enfance inscrit sur le fronton de notre église de Caudenberg en lettres maximes : *Temple de la loi ou de l'Etat déifié;* car la signification est absolument pareille. Le Dieu Sauveur de l'Evangile, qui seul a civilisé les nations, était chassé de son sanctuaire pour l'idole dite l'Etat, et la même idole lui sera substituée ou préférée comme maîtresse suprême dans l'éducation publique qu'on nous prépare !

» Messieurs, la morale de la spoliation et de la terreur sanglante menace l'Europe civilisée par la foi chrétienne, depuis que les princes, les ducs, comtes, marquis, qui furent leurs ministres, enfin la classe moyenne aujourd'hui régnante, ont cru pouvoir s'en passer, plus ou moins ont cru bien faire de suspecter la croix, d'entraver, de restreindre, de combattre l'enseignement dont elle est la sanctification, gêne, restriction, concurrence privilégiée, qui se montrent comme un nouveau progrès par le texte clair, formel, évident du préambule de la loi que nous discutons, si différent de l'exposé des motifs et des termes du projet proposé par le même ministre en 1834.

» Cependant on pourrait demander à propos de l'éducation librement développée en Belgique en vertu de la Constitution et sans secours de l'Etat, ce que Pilate demandait aux Juifs en leur montrant Jésus auquel ils préféraient Barabbas, *quid enim mali fecit?* Qu'a-t-elle donc fait de mal? On pourrait demander quel mal a-t-elle donc fait à l'Etat, cette éducation, pour qu'il lui enlève une très-grande partie de la jeunesse avec la clef d'argent aidée par des liens artistement tressés au profit d'un corps professoral, construit de toutes pièces, qui coûtera cher, se dira l'Etat docteur sans doctrine et se pavanera dans l'*otium cum dignitate*.

» Tel ne fut pas, messieurs, l'esprit de notre Congrès national et c'est à lui qu'il convient de revenir, si nous voulons continuer de vivre en paix et n'être pas démolis par la science isolée de la conscience.

» En face des résultats produits par cette sorte de science, M. Ch. Dupin, dans une de ses leçons au conservatoire, s'est vu forcé de dire : « N'est-ce pas un fait très-étonnant et qui renverse toutes les idées reçues jusqu'à ce jour que la plus complète ignorance s'allie à la moindre proportion de crimes contre les personnes, et que l'instruction supérieure l'emporte sur toutes les autres, par la multiplicité des crimes! En la rapprochant de la classe complétement ignorante, on trouve qu'elle la surpasse en crimes contre les personnes dans la proportion de 55 pour cent. »

» Un ancien appelait une bibliothèque le remède de l'âme. Lorsqu'elle est remplie de livres mauvais, elle se transforme en poison de l'âme. Il en est de même de l'instruction mal dirigée sur une grande échelle, comme sera l'enseignement d'un pouvoir civil incapable au point de vue moral et religieux, puisque sa morale, sa religion, ne sauraient se définir légalement, ni s'expliquer autrement que par les articles du Code qui punit certains crimes et délits. Et c'est pourquoi l'on ne saurait trop le redire, trop le répéter, le gouvernement constitutionnel sans culte déterminé peut être excellent lorsqu'il reste dans ses attributions temporelles. S'il prétend s'en donner d'autres, il devient, comme l'athéisme, mauvais, très-mauvais.

» Maintenant, messieurs, s'il arrive ce dont se plaignait Lamotte à Voltaire, que l'on réfute tout ce que je n'ai pas dit et qu'on ne réponde presque pas un mot à ce que j'ai dit, ce ne sera point, je l'espère, faute d'exactitude, faute de précision dans mon langage; car je crois n'avoir usé d'aucune réticence, d'aucune ambiguïté.

» Je n'ai pas fait allusion à la loi française nouvelle, parce que la France cherche à sortir de son bourbier universitaire, qu'elle a parfaitement raison, et que nous n'avons aucun motif de venir à sa rencontre dans une fondrière si dangereuse.

» Je n'ai pas non plus défendu des projets anciens que toujours je voulais repousser de toutes mes forces, fussent-ils conçus par mes amis; et si j'en avais soutenu de mauvais, je les retirerais.

» Je n'en vois qu'un seul acceptable, l'application absolue et rigoureuse de la meilleure logique étant rarement possible : c'est le projet présenté en 1834, auquel je donne la préférence avec les honorables préopinants MM. de Brouckere et Osy, vu qu'il ne contient rien d'hostile envers l'éducation à la fois économique, libre, pieuse et fondée sur la confiance des familles.

24

» Je reconnais, il est vrai, qu'après le projet de loi de 1846 il était difficile de se borner à la proposition des trois athénées du projet de 1834; mais rien n'obligeait d'aller plus loin, rien n'obligeait à regretter, dans un exposé des motifs, la disposition heureuse qui porte les Belges, quand on ne les séduit point par des amorces, à préférer l'éducation ecclésiastique à l'éducation laïque, éducation qui, paraît-il, n'a aucune force propre, que des amis généreux n'aident point, et qu'il faut soutenir à beaux deniers comptants du trésor public, sous le nom d'éducation de l'Etat:

» Messieurs, dans la limite qui m'était tracée, j'ai fait ce qui m'était possible pour convaincre vos esprits en faveur des seuls principes conservateurs de l'avenir, principes sur lesquels nos pères ont vécu tant de siècles, et j'estimerais heureuse ma soixantième année qui commence, si j'avais aujourd'hui le bonheur d'obtenir quelque succès pour notre salut commun, pour le salut du peuple, qui, soyez-en persuadés, ne vous adresse pas des pétitions sans motifs et niaisement, comme on se plaît trop à le dire. Ce ne sera jamais le peuple de pétitionnaires honnêtes et chrétiens, dont je me fais honneur d'être complice, qui bouleversera la société. »

H.

LETTRE DU COMTE DE MÉRODE
AU ROI LÉOPOLD Ier.

« *Trélon, 14 août 1853.*

» SIRE,

» Je viens de lire dans nos journaux la publication légale du mariage de S. A. R. le duc de Brabant. — Si je n'ai pas encore félicité votre Majesté à l'occasion de cet événement très-heureux pour vous, Sire, et pour notre Belgique spécialement, ce n'est point faute de l'apprécier et de m'en réjouir autant qu'on peut se réjouir en ce monde où se succèdent tant de vicissitudes. — Naguère, revenant d'un voyage jusque près des frontières d'Espagne, après avoir conduit ma fille aux eaux des Pyrénées, j'ai voulu revoir, avant le mariage de notre cher Prince, le lieu où j'étais, Sire, le témoin du vôtre, il y a vingt-cinq ans. — Je me suis promené solitaire dans les appartements du château de Compiègne, où j'avais vécu une semaine avec tant de personnages illustres. J'ai exploré le parc magnifique et toujours charmant, entretenu avec un soin parfait. Un ancien domestique de Madame Adélaïde me conduisait. Vous pouvez juger, Sire, si j'ai pensé à vous, à notre reine si digne d'éternel souvenir, à sa famille devenue la vôtre. Depuis l'époque de votre union, féconde pour le bonheur de la Belgique, je n'avais plus revu Compiègne que de loin, en passant sur le chemin de fer de St-Quintin à Creil. — Maintenant on y trouve le buste de l'empereur Napoléon III; et je n'ai pas manqué de me dire que les puissances nouvelles ne doivent pas se laisser éblouir par leur fortune subite, et que véritablement sages sont les esprits qui mettent leurs espérances en plus haut lieu que les palais! — Notre jeune Duc de Brabant a été, par la constante et si noble persévérance de Votre Majesté, élevé dans les sentiments qui portent à ces réflexions. Vous ne trouverez donc pas déplacé, Sire, que j'en fasse ici mention, en vous exprimant de nouveau la part la plus vive que je prends à toutes les circonstances qui intéressent Votre Majesté, ses enfants et le pays qui les a vu naître, et en Vous réitérant l'hommage du plus sincère, du plus respectueux et du plus affectueux dévouement de votre très-obéissant et très-fidèle serviteur

» Cᵗᵉ Félix de Mérode. »

I.

LETTRE DU COMTE DE MÉRODE
A M. THIERS.

Voici le texte complet de la lettre adressée par le comte de Mérode à l'ancien président du Conseil des ministres du roi Louis-Philippe :

« *Trélon* (Dépᵗ du Nord), 17 *juillet* 1844.

» Monsieur,

» Je viens de lire votre rapport sur le projet de loi relatif à l'instruction secondaire. Ne possédant point en France de droits politiques, je n'ai pas la prétention de me mêler de la discussion de ce projet, bien que de nombreux liens de famille et de propriété m'intéressent au bonheur matériel et moral du pays; mais il me semble permis de rectifier, tant pour vous, Monsieur, que pour ceux qui vous écoutent dans le monde civilisé où retentit votre parole, une assertion qu'il m'est pénible de voir produire par un homme aussi éminent. « Nous avons entendu émettre quelquefois, dites-» vous dans le rapport, le vœu d'une autorité politique pour faire » des examens, exercer la surveillance chez les ecclésiastiques, » apparemment comme en Belgique où les pouvoirs publics élisent » les examinateurs : ce recours à des autorités politiques a réussi » au clergé en Belgique, parce qu'il *domine même la politique*. Il » réussirait moins en France où la politique n'est pas disposée à » *subir une telle domination.* »

» Ainsi, vous, Monsieur, qui avez visité la Belgique, rapidement peut-être, mais qui l'avez vue de vos propres yeux, vous qui avez exercé longtemps en France les hautes fonctions de ministre des affaires étrangères et de l'intérieur, qui vous êtes nécessairement occupé de la situation politique de la Belgique, de ses tendances tant à l'intérieur qu'à l'extérieur, vous pensez qu'elle vit, qu'elle se meut sous la domination politique du clergé. Si votre appréciation est exacte, je ne puis qu'éprouver un profond regret de la part que j'ai prise à la révolution dont l'indépendance belge est le résultat ; puisque l'affranchissement du joug hollandais s'est transformé pour nos provinces en servitude politique à l'égard du pouvoir spirituel. Or, cette servitude m'a toujours paru la chose la plus funeste, le plus grand danger de perversion auquel puissent être exposés les peuples modernes.

» Antérieurement à 1814, j'habitais l'ancienne France, que je ne quittai point après la chute de l'Empire. Je pus voir de près le régime de la Restauration, l'enthousiasme dévot qu'excitait le retour des princes de la maison de Bourbon ; je pus entendre les homélies politiques de certaines missions à la suite desquelles on plantait des croix fleurdelysées. J'adorais la croix, j'honorais les fleurs de lys comme antiques et nobles armes de France (je ne puis comprendre la répudiation d'un passé glorieux) ; mais la croix fleurdelysée signifiait alors croix mise au service du roi ou gouvernement accolé à l'Église ; je ne voyais là rien d'approprié à l'état des esprits, rien de fécond, de progressif vers le bien. D'autre part, je ne lisais dans les journaux libéraux qu'attaques perpétuelles contre le clergé, contre les frères de la doctrine chrétienne, contre les jésuites qu'il fallait expulser à tout prix. On avait dépossédé M. Ferluz du collége de Sorreze, saisi M. Manuel au sein de la représentation nationale ; puis on chassait de leurs maisons des prêtres dits jésuites, et grand nombre de leurs élèves les suivaient dans l'exil ; je sentais pour ces actes divers une profonde répulsion. Humble inconnu que j'étais, je me hasardai de publier à Paris une mince brochure intitulée : *Les Jésuites, la Charte, les Ignorantins, l'enseignement mutuel. Tout peut vivre quoiqu'on en dise.*

» Bientôt vinrent les fameuses ordonnances destinées à garantir *la sûreté de l'Etat* et qui enfantèrent la révolution de Juillet, puis celle de Septembre à Bruxelles. Je m'y trouvais en ce moment ; une crise périlleuse menaçait mes compatriotes ; j'essayai de leur être utile, soit comme membre d'un gouvernement provisoire, soit comme député à un congrès constituant. Là furent proclamés et inscrits dans la constitution, en présence de treize ecclésiastiques siégeant sur les mêmes bancs que moi et avec leur assentiment, les principes les plus larges de liberté politique et de liberté de conscience. Depuis quatorze ans, ce pacte national est en vigueur sous un roi qui n'appartient pas à l'église catholique, appliqué par des ministres d'opinions diverses ; et cependant, Monsieur, si vous êtes bien informé, la Belgique subit la domination politique du clergé, domination que la France ne veut pas, et qu'elle a, selon moi, grande raison de ne pas vouloir. Si vous êtes bien informé, j'ai perdu, comme beaucoup de mes amis, libéraux sincères, mon temps et ma peine, en travaillant à fonder le contraire de ce que je voulais, une sorte de théocratie, une confusion de la puissance temporelle et spirituelle, que je croyais non moins nuisible à la Belgique qu'à la France, et que je me figurais impossible, tant que resteraient debout les institutions votées par le Congrès.

» Je ne me livre pourtant pas, Monsieur, au désappointement non motivé que me laisserait votre opinion. Comment, en effet, le clergé, *maître* de la politique intérieure, supporte-t-il que plusieurs journaux l'accusent, lui attribuent des projets, des intentions propres à le rendre suspect et même odieux ? Comment aucun publiciste anticlérical n'est-il condamné en Belgique, ainsi qu'en France M. l'abbé Combalot, antiuniversitaire, à la prison et à plusieurs milliers de francs d'amende ? Le souverain qui supporterait les censures, les attaques même violentes de son sujet, avec tant de bénignité, serait vraiment trop bon ! Comment ce clergé politiquement maître permet-il aux Etats provinciaux du Brabant de subsidier l'université éclectique de Bruxelles, tandis qu'ils n'accordent rien à l'université catholique de Louvain, également située en Brabant et qui ne reçoit que des dons volontaires ? Comment ce clergé souffre-t-il que les écoles des frères de la doctrine chrétienne, reconnues excellentes par MM. Villemain et Guizot, n'obtiennent à Bruxelles et à Liége aucun secours de la caisse municipale, largement ouverte pour d'autres établissements d'instruction primaire ? Comment enfin ce clergé dominateur politique, n'oppose-t-il aucun moyen coërcitif au travail du dimanche, qui empêche tant d'ouvriers d'assister au service divin, tandis qu'ils chôment le lundi ? Si le clergé belge est politiquement dominateur à ces conditions, vous conviendrez, Monsieur, qu'on ne peut rencontrer nulle part d'autorité plus acceptable par tous les hommes, quel que soit leur culte ou leur insouciance de la religion.

» Cependant le clergé n'est point en Belgique dénué d'une influence morale qui réagit en certaines circonstances sur les lois. Le clergé libre forme librement des citoyens catholiques qui s'occupent sérieusement d'établir, de maintenir légalement la liberté de l'Église, parce que cette liberté est pour eux-mêmes la liberté de conscience ; comme ils veulent respecter franchement la liberté des protestants, des israélites, des éclectiques (je désigne sous ce nom ceux qui ne tiennent à aucun culte déterminé), ils ne reconnaissent pas à l'État le droit d'entraver l'éducation, compagne de l'enseignement. Ils prennent contre toute usurpation semblable des mesures efficaces ; parce que rien n'est plus cher au père de famille catholique et réfléchi, que le droit de ne pas laisser son fils exposé à tout vent de doctrine.

» Atteindre la justice absolue est difficile. Ne sachant à qui confier la collation des grades scientifiques en droit et en médecine, on a cru le concours des Chambres et du pouvoir exécutif préférable à toute autre combinaison, afin d'assurer l'impartialité d'un grand jury d'examen, nommé pour trois septièmes par le Roi, et respectivement pour deux septièmes par chacune des Chambres. Les épreuves des candidats se sont loyalement faites jusqu'ici ; mais ce mode offre des inconvénients dont on cherche le remède ; aussi n'est-il que temporairement admis. Et parce que la Belgique envoie dans les Chambres qui la représentent une majorité catholique très-soucieuse de conserver l'éducation chrétienne parfaitement libre, sans gêner d'ailleurs l'éducation vague pour ceux qui l'aiment, s'en suit-il que le clergé règne politiquement ? Que s'il obtient par la liberté vraie, complète, une supériorité de confiance justement acquise, ce n'est là qu'un avantage légitime favorable à la société. Nous n'en voulons pas d'autre ; nous repoussons la contrainte matérielle, les lois pénales, comme cette loi du sacrilège si bien combattue par M. Royer-Collard et qu'un zèle suranné voulait introduire dans le Code Français.

» Loin de ces tentatives malencontreusement rétrogrades, paraissent en France aujourd'hui les écrits d'évêques qui possèdent la pleine intelligence de leur temps. Rien de commun *politiquement* entre les mandements d'un prélat signalé par Mᵐᵉ de Staël dans ses *Considérations sur la Révolution française*, et les récentes observations si logiquement constitutionnelles de M. l'évêque de Langres.

» Charles X croyait la *sûreté de l'Etat* menacée par l'exercice libre de la prérogative parlementaire en désaccord avec ses vues personnelles; il interpréta la Charte selon ses craintes. Vous, Monsieur, vous jugez *l'unité de l'Etat* compromise par l'application pure et franche de l'article 69 de la Charte, telle qu'elle a lieu en Belgique : de là vos préjugés contre l'ordre politique de ce pays; de là ce long rapport, habile et laborieux travail digne d'une meilleure cause : la cause qui se montre en Belgique noblement appuyée sans réserve inquiète et défiante sur la seule justice envers tous, sur la seule liberté.

» Veuillez agréer, Monsieur, l'assurance de la haute considération avec laquelle j'ai l'honneur d'être votre très-obéissant serviteur

» Comte Félix de Mérode. »

FIN DE L'APPENDICE.

ERRATA.

Pag. 12, ligne 9, au lieu de *de Mérode,* lisez *Mérode*.

» 115, » 3, » » » *exellent,* » *excellent*.

» 125. en note, » » » 368, » 358.

» 133, ligne 20, » » » *Némours,* » *Nemours*.

TABLE DES MATIÈRES.

———

FIN DE LA TABLE DES MATIÈRES.

Lightning Source UK Ltd.
Milton Keynes UK
UKHW020607021118
331641UK00009B/581/P

9 781528 039642